쉽고 재미있는

경남의 숨은 매력

쉽고 재미있는 경남의 숨은 매력

초판 1쇄 발행 2022년 4월 26일

글쓴이   김훤주
펴낸이   구주모

디자인편집 송은정
유통마케팅 정원한

펴낸곳   도서출판 피플파워
주소   (우)630-811 경상남도 창원시 마산회원구 삼호로38(양덕동)
전화   (055)250-0190
홈페이지   www.idomin.com
블로그   peoplesbooks.tistory.com
페이스북   www.facebook.com/pepobooks

ISBN   979-11-86351-46-8 (03090)

쉽고 재미있는
경남의 숨은 매력

김훤주 지음

차례 ···

머리말

어디 보람 있고 재미있는 여행 없나요?

여행은 이제 일상적인 문화로 자리를 잡았습니다. 그러다보니 휴일이면 어디로 떠나야 할지를 두고 고민을 하는 사람들이 많아졌습니다. 인터넷 속에는 맛집이나 유명 장소에 대한 정보들이 넘쳐납니다

여행을 다니면서 맛있는 음식을 먹고 인증샷을 찍고 분위기 좋은 카페에서 차를 마시며 즐깁니다 그러면서도 한편으로 좀 더 유익하고~ 좀 더 보람있는~ 뭐 그런 게 없을까? 싶은 아쉬움을 느껴본 적이 다들 있을 겁니다. 원가 조금 더해지면 참 좋을 텐데 싶은 거지요.

통제영은 통영의 중심 문화재입니다. 늘 관광객으로 붐비는 곳이다 보니 통제영을 찾는 사람들이 많습니다. 그런데 가만히 살펴보면 사람들은 주로 세병관 앞에서 기념사진을 찍은 후에 십이공방을 휙 둘러보고 나갑니다. 그러면 통제영을 다 본 것입니다.

알고 보면 통제영은 볼거리가 넘쳐나는 곳입니다. 세병관이 무슨 용도로 쓰였는지, 마루 한가운데에 단을 세워 높은 자리를 만든 까닭도 있습니다. 세병관이라는 이름에도 의미가 담겨 있습니다. 돈을 찍어냈던 주전소 터도 그대로 남아 있습니다. 그럼에도 사람들은 서둘러 통제영을 나갑니다.

　역사를 어렵고 딱딱하고 재미없다고 생각하는 사람들이 많은 것은 아무래도 학창시절 암기식 역사 공부로 인해 생겨난 현상이 아닐까 싶습니다. 그런데 제대로 알고 보면 역사만큼 재미있는 것도 없습니다. 다른 것도 그렇지만 아는 만큼 보이는 것이 바로 역사이기 때문이지요

　중앙 관청이 아닌 지방에 있던 통제영에서 어떻게 돈을 찍어낼 수 있었는지, 통영이 많은 예술인들을 배출한 것이 십이공방과 어떤 관련이 있는지, 이런 통제영의 역사에 대해서 조금만 알고 찾아간다면 통제영이 훨씬 흥미로운 장소로 다가오지 않았을까요.

책속에 경남의 18개 시·군의 역사 문화를 꼼꼼하게 담았습니다. 역사 교과서에서는 잘 다루지 않았던 지역의 이야기를 누구나 어렵지 않게 접할 수 있도록 쉽고 재미있게 풀어서 썼습니다.

역사를 알고 싶어하는 사람들에게는 지역의 역사와 문화를 기록한 역사서이기도 하고, 여행객들에게는 경남을 소개하는 좋은 여행 안내서이기도 합니다. 여러 모로 두루 도움이 된다면 공탁공탁 다니며 발품을 판 보람이라 여길 수 있겠습니다.

2016년 <경남의 숨은 매력-역사 문화 스토리텔링>을 펴내고 세월이 제법 흘렀습니다. 그 때에 비해 역사를 바라보는 시각이 많이 달라졌습니다. 딱딱하고 어려운 공부가 아니라 보람있는 여행의 소재로 삼는 사람들이 많아졌지요.

이번에 그런 시대의 흐름에 맞추어 내용을 수정 보완하고 표현을 부드럽고 알기 쉽게 다시 정리를 했습니다. 제목을 취지에 걸맞게 <쉽고 재미있는 경남의 숨의 매력>으로 고쳐 책을 펴내게 되었습니다.

2022년 4월

중부

창원시
함안군
의령군

창원

2010년 통합이 된 이후로 10년이 넘는 세월이 흘렀습니다. 그럼에도 여전히 마산·창원·진해를 제각각 분리해서 생각하는 사람들이 드물지 않습니다. 하지만 서로 인접해 있다 보니 역사나 문화가 이리저리 연관이 되어 있는 경우가 많습니다. 창원이라는 하나의 큰 틀 안에서 같이 혹은 따로 들여다보면 의미가 색다릅니다.

마산·창원·진해 세 곳의 지명을 두고 가장 오래된 순서대로 나열해 보라 하면 대부분 사람들은 마산~진해~창원 순으로 답을 합니다. 낡은 원도시를 근거로 마산을 가장 오래된 도시로 꼽는 반면, 잘 다듬어진 도로와 새 건물들이 들어서 있는 창원을 신도시라고 여기는 거지요. 그렇다면 정답은 무엇일까요? 이야기 속으로 들어가보면 자연스럽게 답을 알 수 있습니다.

진해

 진해 하면 사람들은 자연스럽게 벚꽃을 떠올리게 됩니다. 나이가 지긋한 어르신들이라면 진해 벚꽃을 배경으로 찍은 흑백 사진 한두 장 정도는 있을 만큼 역사와 전통을 자랑하지요. 지금이야 어디를 가도 벚꽃을 흔하게 볼 수 있지만 예전에는 진해 벚꽃장을 보기 위해 전국에서 사람들이 모여들었습니다. 군항제 행사를 텔레비전에서 생방송으로 중계할 정도였으니까요.

 진해의 원래 지명은 웅천이었습니다. 그런데 일제강점기에 웅천이라는 지명이 진해로 바뀌게 됩니다. 그 과정을 살펴보면 일본 사람들이 진해를 어떻게 활용했는지, 진해에 일본과 관련된 흔적들이 많이 남아 있는 까닭이 무엇인지를 어렵지 않게 알 수 있습니다.

 사람들은 벚꽃 하면 일본의 꽃이라고 생각을 합니다. 마산·창원·진해가 통합이 되면서 시화를 벚꽃으로 정했을 때 일본 꽃을 왜? 그런 반응들도 있었지요. 그런데 벚꽃은 일본의 꽃이 아니라고 하지요. 옛날부터 우리나라에 자생해온 토종 벚꽃이 있었습니다. 어찌 됐든 일제강점기에 진해라는 이름이 붙여진 역사와 벚꽃의 이미지가 자연스럽게 맞아떨어지는 느낌이긴 합니다.

 일제강점 당시 일본은 진해를 해군기지로 사용했습니다. 하지만 해군기지의 역사는 그 이전으로 거슬러 올라갑니다. 1895년 청·일전쟁에서 이긴 일본이 1905년 세계 최강이던 러시아 발틱함대에 치명상을 입히고 러·일전쟁에서도 사실상 승리를 거두게 됩니다.

당시 기록을 보면 같은 해 5월 27일 일본 함대 주력이 진해 만 가덕(가덕도가 지금은 부산 땅이지만 전에는 진해 땅이었 습니다.) 수로에서 발진했다고 되어 있는데, 말하자면 강점 이 전에도 이때에 이미 일제가 진해를 군항으로 썼다는 것을 알 수 있습니다.

본격적인 경영은 1906년에 시작됩니다. 조선을 사실상 장 악한 일제는 그해 8월 진해만 일대를 군항 예정지로 고시한 데 이어 경계 지정과 토지 수용 같은 준비 작업을 거친 다음 1909년 6월 군항 건설에 들어갔습니다.

'진해'의 원래 주인은 삼진 지역

지금의 진해가 일제강점기에 생긴 이름이라고 하면 막연하 게 오래되었을 거라고 짐작했던 사람들은 짧은 역사에 놀랍 니다. 진해는 한자로 보면 누른다(鎭)와 바다(海)로, 바다를 제압한다는 뜻입니다. 정복욕에 불타던 당시 일본의 입장에 서 보자면 무척 매력적인 이름이 아닐 수 없습니다.

그렇다면 진해라는 이름을 일본 사람들이 새로 만들어서 붙 인 것일까요? 그런 것은 아닙니다. 그 이전에는 삼진 지역 일 대를 진해라 했습니다. 창원시 마산합포구 진동·진북·진전면 을 '삼진'이라 하는데, 진동은 진해 동쪽을, 진북은 진해 북 쪽을 이릅니다. 진전은 1914년 일제강점기 행정구역 통·폐합 을 할 때 창원부 진서면과 진주군 양전면이 합해지면서 생긴 지명으로 진해의 서쪽을 뜻합니다.

이를 일러주는 유적이 진동에 남아 있는데 1832년 세워진 진해현 관아가 바로 그 흔적들입니다. 마산에 무슨 진해현 관아가 있지? 일본이 자기들 마음대로 남의 동네 이름을 가져다 붙인 역사를 잘 알지 못하는 사람들은 고개를 갸웃거리기도 하지요.

진해현 관아는 옛 진동면사무소를 중심으로 동헌과 형방소·마방·사령청이 둘러싸고 있습니다. 수령이 고을을 다스리던 장소가 동헌이었습니다. 화류헌이라는 고유한 이름 대신 동헌이라는 일반 명사가 적힌 현판이 걸려 있습니다.

형방소는 요즘으로 치면 경찰서이고, 마방은 주차장 정도로 생각하면 맞습니다. 사령청은 옛날 허드렛일을 하던 심부름꾼인 사령들이 모여 있던 장소입니다. 동헌 건물에는 우물마루 같은 장식과 겹서까래가 있어서 격조가 높지만 사령청에는 이런 것들이 없습니다.

사령청 뒤에 서 있는 250살은 넘었음 직한 팽나무가 아주 그럴듯합니다. 동헌 앞 오동나무를 압도할 정도지요. 낮은 신분의 사람들이 머물렀던 사령청의 나무가 고을 수령이 업무를 보던 동헌 앞 나무를 능가하는 자태는 지금의 사람들에게 묘한 감흥을 불러일으킵니다.

동헌으로 드나드는 문 앞에는 선정비들이 무리 지어 서 있고, 건너편 삼진중학교에는 객사 자리가 주춧돌로 남았습니다. 객사는 임금의 궐패를 모셔놓고 초하루와 보름마다 수령이 임금을 향해 절을 올렸던 고을의 중심 건물입니다. 임금의 명을 받아 서울에서 오는 벼슬아치들을 접대하는 자리이기도 해서 동헌보다 훨씬 커 정면이 열한 칸이었습니다.

1983년 불에 타버린 객사는 여태 복원이 되지 않았습니다. 그동안의 사례로 보자면 문화재가 제대로 복원되지 못하는 경우가 많았지요. 국보 제1호로 꼽혔던 숭례문조차 복원 과정에서 말이 많았을 정도니까요. 그럴 바에야 그대로 두는 것도 괜찮을 듯합니다. 묵직하게 남아 있는 객사 주춧돌이 건네는 느낌이 가볍지 않습니다.

마산향교로 바뀐 진해향교는 진해현 관아에서 1km 남짓 떨어져 있습니다. 진해향교도 옛날에 이곳 지명이 진해였음을 일러줍니다. 1414년 조선 초기에 들어선 이 향교는 임진왜란으로 불탄 후 영조 때 다시 지어졌다가 일제강점기에 철거되었습니다. 지금의 향교는 1990년 복원된 것입니다.

향교와 서원을 제대로 알고 있는 사람들이 의외로 많지 않습니다. 막연하게 제사를 모시는 사당 같은 데가 아닐까 그렇게 여기기도 하지요. 향교는 지금으로 보자면 공립 중·고등학교, 서원은 사립 중·고등학교로 생각하면 맞습니다. 요즈음 학교에서는 공부만 하지만 옛날 향교와 서원에서는 성현에 대한 제사를 함께 지냈으니 전혀 틀린 건 아니긴 합니다.

마산향교는 명색만 남은 다른 대부분 향교들과 달리 지금도 선비대학을 여는 등 명맥을 이어가고 있습니다. 1909년 일제에 철거당할 때 공자 등 여러 선현들의 위패를 묻은 자리를 알리는 빗돌이 들머리에 서 있는 점도 색다릅니다.

일본 해군의 전승지

다시 진해 이야기를 이어갑니다. 진해는 일본 해군의 전승지였습니다. 1926년 진해선 철도를 개통해 내륙까지 연결한 일제는 러·일전쟁에서 이겼던 바다와 시가지가 한눈에 내려다보이는 제황산 꼭대기에 높이 34.85m 러·일전쟁전승기념탑을 세웠습니다.

1927년에 세워진 이 탑은 해방 이후 헐리게 됩니다. 대신 그 자리에 1967년 군함 마스트 모양으로 높이 28m 진해탑이 들어섰습니다. 지금 사람들은 과연 일본 전승기념탑을 헐어 낸 것이 옳았냐 아니냐를 두고 설왕설래합니다.

물론 그대로 보존이 되었다면 훌륭한 역사의 증거물이 될 수 있었을 겁니다. 일제강점기의 흔적을 제대로 보존한 지역에서는 관광자원으로 잘 활용하는 경우도 드물지 않으니까요. 하지만 아쉬운 마음 한편으로는 탑을 부술 수밖에 없었던 당시 고통받았던 사람들의 분노도 충분히 짐작이 됩니다.

진해탑 전망대에서 내려다보면 진해 옛 시가지가 한눈에 담깁니다. 여기 와서 살았던 일본 사람들을 위해 조성한 일제의 산물입니다. 1912년부터 중원로터리를 중심으로 여덟 갈래로 길을 냈습니다. 중원·남원·북원로터리를 두고 많은 이들이 일제 침략의 상징인 '욱일기'를 본떠 만들었다고들 합니다. 하지만 실제로 그렇다고 일러주는 문서나 증거는 없습니다.

당시에는 이같은 방사상 도로 구조가 세계적으로 유행을 했습니다. 가장 효과적인 교통망으로 인정을 받았던 거지요. 1853~70년 만들어진 프랑스 파리 신시가지도 개선문을 중심으로 열두 갈래 도로를 냈고, 대한제국 정부도 1896년에 한양도시개조사업을 벌여 궁궐을 가운데 두고 시가지를 방사상 구

조로 바꾸려고 한 적이 있으니까요.

어느 것이 맞다 틀리다 시비는 별 의미가 없을지도 모르겠습니다. 시가지를 보면서 욱일기를 떠올리는 사람들의 마음 바탕에는 여전히 일본에 대한 분노와 사무침이 깔려 있기 때문이 아닐까 그리 생각하면 맞을 것 같습니다.

근대와 현대의 문화유산이 빼곡한 옛 시가지

중원로터리를 중심으로 한 진해 옛 시가지 주변에는 근대 문화유산이 곳곳에 있습니다. 1912년 준공되어 2000년까지 제 구실을 했던 진해우체국 사다리꼴 목조건물의 당당한 모습에서 그 당시의 위상을 느끼게 합니다.

지금은 세상이 달라져 택배나 보험이 주 업무가 돼버렸지만, 당시는 우체국이 대단한 기관이었습니다. 모든 정보는 우체국을 통하지 않고서는 안으로 들어올 수도 없고 밖으로 나갈 수도 없었으니까요. 휴대폰으로 개인 정보가 관리 유통되는 지금 세상에서 보자면 상상하기 어려운 일이지요.

값비싼 동판 지붕에서도 당시 우체국의 위상을 느낄 수 있습니다. 지금의 동판 지붕은 제2차 세계대전 태평양전쟁 말기에 물자가 부족해 걷어갔다가 해방 이후 우리나라 경제가 발전하면서 1984년에 다시 씌운 것입니다.

지역화가 유택렬이 1955년부터 운영한 '흑백다방'도 있습니다. 어려운 시절 이중섭·윤이상·조두남·유치환·김춘수·전혁림 같은 지역에서 활동하던 문화예술인들의 사랑방 노릇을 톡톡히 한 곳입니다. 이분들이 훗날 전국적으로 유명해지면서 흑백다방도 덩달아 의미있는 공간이 되었습니다.

지금은 다방 영업을 접고 '문화공간 흑백'으로 바뀌었습니다. 1999년 유택렬 화가가 세상을 떠난 다음 뒤이어 운영해 오던 딸 유경아 씨마저 2020년 삶을 마감하자 이제는 지역 공동체 흑백운영협의회가 명맥을 이어나가고 있습니다.

문화공간 흑백

문화재를 잘 보존해서 후손에게 물려주는 일도 중요합니다. 하지만 문화재를 보존하는 것 못지않게 그 안에 담긴 정신을 이어가는 것이 어쩌면 더 의미있는 일이라 할 수 있겠지요. 그런 면에서 '흑백다방'이 지금 사람들에게 건네는 이야기가 적지 않은 것 같습니다.

중국집 원해루는 세월의 흔적이 느껴지는 허름한 건물입니다. 이곳에 무슨 특별한 역사가 있을까 싶지요. 하지만 알고 보면 역사가 깊습니다. 한국전쟁 중공군 반공포로였던 장철현 씨가 거제도포로수용소에서 나와 중국으로 돌아가지 않고 1956년 이곳에서 '영해루'라는 간판을 걸고 장사를 시작했습니다. 이승만 대통령이 종종 찾았다는 단골집으로 유명하지요. 지금은 이름도 주인도 바뀐 채 중국집 영업을 이어가고 있습니다.

중원로터리와 남원로터리 사이에는 적산가옥이 아직도 줄지어 있습니다. 일본말로 '나가야'라 하는데 기다란 집이라는 뜻으로 일본의 연립주택이나 다세대 주택을 일컫는 말입니다. 거리를 따라 길게 늘어선 2층 건물은 1층은 상업용이고 2층은 주거용이었습니다.

1912년 지은 진해요항부 해군병원장 관사는 '선학곰탕' 식당으로 변했습니다. 곰탕을 맛보기 위해 찾아온 손님들은 덤으로 얻는 것이 많습니다. 정각이 되면 여전히 '댕댕' 울리는 괘종시계와 축음기·전화기 등, 옛 주인은 떠나고 물건은 남아 요즘 사람들의 환대를 받고 있습니다. 마당에도 볼거리가 많은데요, 옛 것들의 소중함을 알고 간직해 온 주인의 안목이 고맙습니다.

이순신 장군의 빛나는 전승지

진해는 일제의 전승지이기도 하지만 그보다 앞서 이순신 장군의 전승지였습니다. 이순신 장군은 임진왜란 첫해인 1592년 합포해전과 안골포해전에서 왜적을 무찔렀고 이듬해 1·2차 웅포해전에서는 상륙작전까지 펼치면서 싸운 끝에 승리를 거두었습니다.

해군기지 들머리 북원로터리에는 6.25전쟁 와중에 해군 장병 등의 성금으로 세운 이순신 장군 동상이 있습니다. 1952년 4월 13일 장군의 탄신일(4월 28일)을 앞두고 우리나라 최초로 만들어진 작품입니다. 이순신 장군 동상은 여러 장소에 다양한 모습으로 등장하지만 과하지 않고 품위 있기로 치자면 북원로터리의 이순신 장군 동상만 한 것이 드물다 싶습니다.

백범 김구와 충무공 이순신은 살았던 시대는 달라도 일제와 맞서 목숨 걸고 싸웠다는 공통점이 있습니다. 남원로터리는 충무공 이순신 장군과 백범 김구 선생이 350년의 세월을 뛰어넘어 손을 맞잡은 뜻깊은 자리입니다. '백범김구친필시비'가 두 분을 이어주는 주인공입니다.

1947년 8월 15일 해방 2주년을 맞아 진해를 찾은 백범은 이순신 장군이 지은 한시 '진중음'의 글귀를 써서 남겼습니다. '서해어룡동 맹산초목지', '바다에 맹세하니 고기와 용이 감동하고 산에 맹세하니 초목이 알아주는구나.' 선조 임금이 압록강만 건너면 중국땅인 북쪽 국경 의주까지 피란을 갔다는 소식을 듣고 왜적을 반드시 무찌르겠다는 굳은 맹세의 결의가 담긴 글귀입니다.

북원로터리의 이순신 장군 동상   남원로터리의 백범김구친필시비

이승만·박정희 대통령의 자취도

원래는 북원로터리에 있던 '백범김구친필시비'가 남원로터리에 서 있게 된 사연도 알고 보면 우리나라 현대사의 한 단면을 보여줍니다. 백범 김구와 이승만은 당시 서로에게 정적이었습니다. 진해를 찾았던 이승만의 눈에 해군기지 입구에 서 있던 '백범김구친필시비'가 어떻게 보였을까요?

싫은 기색이 역력한 이승만을 보고 측근들이 알아서 바로 철거를 했다고 합니다. 그리고 그 자리에 이순신 장군의 동

상을 세우게 됩니다. 그 후로 진해역 창고 등 여기저기 옮겨 다니다 1960년 4.19혁명 이후 지금 위치에 자리 잡게 된 것이지요. 10년 남짓 떠돌며 윗부분이 일부 깨어지기도 했는데 살펴보면 땜질을 한 흔적이 있습니다. 그래도 그만하기 다행입니다.

이순신 장군 동상이 서 있는 곳은 해군기지 입구이고 '백범김 구친필시비'가 서 있는 곳은 해군사관학교 들머리입니다. 어떤 사연으로 자리가 뒤바뀌었던 것인지 상관없이 동상과 시비는 이제 적절한 장소에 제자리를 잡고 있습니다.

진해에는 '10월유신기념탑'도 있습니다. 우리나라에서 유일한 것입니다. 그러면 당연히 세계에서도 유일한 것이겠지요. 1973년 옛 육군대학 앞 삼거리 관문교차로에 들어섰다가 1976년 지금 자리인 진해우체국 건물 옆으로 이사를 했습니다.

독재를 정당화·합법화했던 유신헌법을 군인·노동자·학생·시민이 떠받치고 있습니다. 주권자 위에 헌법이 군림하는 형상입니다. 세상의 절반을 차지하는 여성도 여기에는 등장하지 않습니다. 50년 전 이 나라를 통치하던 이들의 인식을 엿보게 됩니다. 다시 돌아보고 싶지 않은 시절이지만 되풀이하지 말아야 할 역사의 본보기로 삼는 것도 좋을 듯합니다.

해양 방위 요충지 웅천읍성과 제포진성

일제가 새 이름을 쓰면서 제황산 앞으로 신시가지를 형성하기 이전에는 지금의 웅천동 일대가 중심이었습니다. 웅천동에는 웅천읍성이 남아 있는데 이는 남쪽으로 바라 보이는 고

10월유신기념탑

개마루의 제포진성과 그 너머 제포왜관을 함께 생각해야 제
대로 재구성이 됩니다.

 제포진성은 고려 시대 수군만호영이 있던 자리로 조선 초기
에는 경상우수영이 있었습니다. 그만큼 해양 방위에서 중요
한 위치였지요. 이는 진해 산마루에 우뚝 솟아있는 바위 시
루봉과도 관련이 있습니다. 시루봉은 모양이 떡을 찌는 시루
를 닮았다 해서 붙여진 이름이랍니다.

지금처럼 등대가 없었던 옛날, 바다를 항해하는 처지에서는 시루봉보다 더 뚜렷하고 좋은 표지는 없었습니다. 바다에 고기 잡으러 나간 이들은 시루봉을 지표 삼아 돌아오곤 했으니까요. 대마도에 거점을 둔 왜구들도 이 시루봉을 바라보고 곧장 오면 바로 웅천 앞바다 사도섬 일대에 닿을 수 있었습니다.

　일본의 침략이라 하면 우리는 임진왜란을 가장 크게 떠올리지만 훨씬 이전인 고려 말기부터 남해안과 서해안에는 왜구들이 엄청나게 들끓었습니다. 조선 건국 이후에도 조정에서는 이를 막기 위해 제포에 왜관을 설치하고 왜인들로 하여금 장사나 거주를 위해 머물 수 있도록 허용하는 유화책을 폈습니다.

　이렇게 했음에도 왜구의 준동이 그치지 않자 세종 시절 이종무 장군이 대마도를 정벌하고 왜구를 소탕하기에 이릅니다. 이어서 남해 연안 일대를 정비하게 되는데, 그 가운데 하나가 1439년에 웅천읍성을 쌓은 것이었습니다. 그러면서 남산 고개마루에 있는 제포진성을 통해 그 아래에 있던 왜관을 통제했던 거지요.

　하지만 왜인들은 1510년 삼포왜란을 일으켜 제포진성을 점령하고 대장인 첨사를 죽인 데 이어 웅천읍성까지 함락시켰습니다. 이들은 곧바로 제압됐지만 1592년 임진왜란 때도 같은 일이 되풀이되었습니다. 성터가 남아 있는 제포진성을 오르면 왼쪽 산비탈 제포왜관 자리와 매립이 된 앞바다가 함께 보입니다.

　남산 꼭대기에는 웅천왜성이 있습니다. 수직으로 쌓는 조선 석성과 달리 70도 정도로 기울어진 전형적인 왜성의 모습을 하고 있습니다. 우리나라에 남아 있는 왜성 가운데 그 원형이 가장 잘 남아 있는 것이라고 합니다.

 진해 바다는 그야말로 전쟁의 역사로 얼룩져 있습니다. 가야 시대 포상팔국 전쟁까지 거슬러 올라가지 않더라도 고려 말기부터 조선 초기까지 왜구의 노략질이 극심한 곳이었습니다. 임진왜란과 삼포왜란, 거기에다 조선과 만주의 패권을 두고 다툰 러·일전쟁의 현장이기도 했으니까요. 일제강점 말기 일본 본토 사수를 위해 일대 항만까지 요새화했던 진해에는 지금 대한민국 해군의 진해기지가 자리잡고 있습니다.

웅천읍성의 옹성

창원

창원 하면 공업도시의 이미지를 가장 먼저 떠올리게 됩니다. 쭉쭉 뻗은 도로며 잘 다듬어진 가로수와 도심 속의 공원은 계획도시의 면모를 잘 보여주고 있습니다. 밤낮 구분 없이 휘황찬란한 상남동 유흥가는 마치 서울의 중심가를 옮겨 놓은 것 같다고도 합니다.

그러다보니 창원의 역사가 길지 않을 것이라고 짐작하는 이들이 많습니다. 하지만 창원은 아주 오랜 역사를 지닌 도시입니다. 창원이라는 지명은 조선 초기인 1408년 처음 등장합니다. 의창현과 회원현을 합치면서 '의창'의 '창'과 '회원'의 '원'을 따 '창원'이라 이르고 부로 승격했습니다. 의창은 통합 창원시 이전으로 보자면 옛 창원의 영역에 해당되고 회원은 옛 마산이라 보면 대체로 맞습니다.

1415년 도호부로 높아졌다가 임진왜란 당시 창원읍성이 함락되었음에도 민·관·군이 한 사람도 왜적에게 투항하지 않았다 하여 1601년 대도호부까지 오르기도 했습니다. 그 뒤에도 오르내림이 있었지만 창원이라는 지명은 줄곧 유지되었습니다.

문화재가 적은 도시 창원

오랜 역사에 비해 창원은 남아 있는 문화재나 유적들이 지나치게 적습니다. 경남 다른 시·군과 비교해도 가장 적다고 하니 그 까닭이 무엇인지 궁금해집니다. 살펴보면 1974년 산업기지로 개발되기 시작한 것과 관련이 깊습니다.

요즘은 어떤 지역을 개발하게 되면 먼저 통째로 문화재 조사를 하지만 당시는 그런 과정이 없었습니다. 1300만 평이 넘는 땅을 뒤집으면서도 문화재 관련 시설물은 하나밖에 세우지 않았습니다. 먹고 사는 게 우선이었던 당시였고 지금에 비해 문화재에 대한 인식이 낮았던 탓도 한몫을 했다고 보면 맞을 것 같습니다.

규모가 크고 특징이 뚜렷한 창원 고인돌을 보더라도 자취도 없이 사라진 문화재들에 대한 아쉬움이 크게 남습니다. 그런 와중에 성산패총 야철지 유적과 유물 전시관이 살아남을 수 있었던 것은 참 다행스러운 일입니다.

그것은 바로 발굴 책임자의 기지 덕분이라 할 수 있습니다. 지금 창원공단의 기계 산업과 옛날 가야 시대 쇠를 생산했던 야철지를 연관지었던 것이지요. 당시 박정희 대통령이 발굴 현장을 찾았을 때 "성산패총 아래층에서 나온 야철지 유적을 창원기계공단의 상징으로 삼으면 역사적으로 의미도 있고 좋겠다"는 건의를 했고 그것이 받아들여졌던 것입니다.

성산패총 유물전시관 2층 뒤편에서 바라보면 LG전자 창원 1·2공장 등 공단 전체가 한눈에 들어옵니다. 많은 유물이 사라졌지만, 나중에는 어쩌면 창원공단 자체가 20세기말을 상징하는 하나의 유적이 될 수도 있겠다 싶습니다.

덕천리지석묘와 다호리고분군

덕천리지석묘와 다호리고분군은 각각 기원전 3세기와 기원전 1세기 즈음 만들어졌습니다. 옻칠 관련 유물이 덕천리와 다호리 모두에서 출토되었는데, 1988년 먼저 발굴한 다호리에서는 옻칠 칼손잡이와 옻칠잔 조각이 나왔고 1993년에 발굴한 덕천리에서는 옻칠그릇 조각이 나왔습니다.

다호리에서 옻칠 유물이 나왔을 때 사람들은 낙랑군을 통해 들어온 중국 옻칠 기술의 산물일 거라고들 짐작했습니다. 중국 화폐 오수전이 함께 나왔음을 들어 그리 여겼던 것이지요. 하지만 낙랑군 설치 이전에 조성된 덕천리에서 옻칠그릇 조각이 나오면서 그런 얘기는 쏙 들어갔습니다.

이처럼 덕천리 옻칠그릇 조각은 우리나라 옻칠의 시작이 외래기술에 있지 않음을 알려 주었습니다. 이를 뒷받침하듯 다호리고분군에서 나온 옻칠 제품들은 비록 투박하기는 하지만 붓을 놀리는 방법 등이 중국과 완전히 다른 모습을 보여준다고 합니다.

다호리에서는 글자를 쓰고 지우는 붓·긁개와 쇠를 담금질하는 쇠망치도 나왔습니다. 붓·긁개 등은 우리나라에서 문자 생활을 했음을 일러주는 가장 앞선 시기의 증거물이고 쇠망치는 철제 도구들을 직접 제작했다는 증표이지요.

동읍 육군종합정비창 안에 있는 덕천리지석묘는 크기가 35㎡로 발굴 당시에는 우리나라에서 가장 큰 고인돌이었습니다. 옻칠 그릇 등과 함께 볍씨 자국이 있는 토기 조각이 출토되었는데 이는 당시 벼농사를 짓고 있었음을 알려주고 있습니다.

지금은 김해와 창원 마산합포구 진동 등 다른 지역에서도 발견되지만, 고인돌을 빙 둘러서 영역을 표시한 묘역이 처음 확인된 것도 덕천리지석묘입니다. 크고 작은 돌을 촘촘하게 줄지어 박아놓은 영역의 규모가 어지간한 학교 운동장만 합니다.

다호리고분군에서 출토된 옻칠 제품들(위)과 통나무널

면적이 넓을수록 권력이 컸다는 것을 짐작할 수 있지요.

 이후 다른 지역의 발굴 성과를 종합해 봤더니 경남 남해안 등 영남 일대에서는 덕천리지석묘처럼 영역을 표시해 권력의 크기를 나타냈음을 알 수 있게 됐습니다. 그렇다면 영역이 이처럼 넓은 덕천리지석묘의 주인공은 그 신분이나 권력이 얼마나 높고 컸을까요? 이런저런 상상을 더할 수 있는 것도 유물이나 유적을 보는 또 다른 재미가 아닐까 싶습니다.

 반면 전남 나주 등 호남지역에서는 권력을 나타내는 방식이 경상도와 달랐습니다. 함께 묻었던 장식물로 그 주인이 생전에 가졌던 권력의 정도를 짐작할 수 있었던 거지요. 권력이 클수록 장식물을 화려하고 멋지게 꾸몄으며 개수도 많았습니다. 이런 것으로 경상도 사람들의 권력 지향성과 전라도 사람들

덕천리지석묘(위)와 영역이 표시된 묘역

의 풍류·예술성의 바탕을 짐작해 보는 것도 재미있습니다.

덕천리지석묘는 조금 봉긋한 언덕 가운데 올라앉아 있습니다. 무덤 옆에 있는 알처럼 동그란 바위는 다산·풍요를 바라는 주술과 관련이 있지 않을까 싶습니다. 하지만 이렇게 훌륭한 문화재가 출입이 통제되는 군사시설 안에 있다 보니 자유롭게 볼 수가 없습니다.

뿐만 아니라 다호리고분군에서 출토된 옻칠 제품이나 통나무널도 창원에 없습니다. 서울 국립중앙박물관에 전시되어 있기 때문이지요. 가까운 국립김해박물관에 복제품이 전시되어 있는 정도입니다. 유물을 수습하고 다시 묻었기 때문에 다호리고분군을 발굴했던 주남저수지 들머리에는 몇몇 표지만 있을 뿐 아무런 흔적이 없는 것도 아쉽습니다.

창원읍성과 창원향교

1477년 완공된 창원읍성은 의창구 북동·중동·소답동 일대에 해당됩니다. 행정동으로는 의창동이지요. 객사와 동헌, 사대문 문루와 북쪽 수문에 세운 시유루, 남쪽 모난 연못과 거기 세운 사미정이 있었습니다. 객사 자리에는 소답시장이, 동헌 자리에는 창원초등학교가 일제강점기에 들어섰습니다.

사대문은 허물어진 채 남은 동문 자리를 빼고는 모두 없어졌지만 최근 남문 옹성이 발견됐습니다. 앞서 2011년에는 땅속에 묻혀 있던 북성벽 일부를 찾아냈지만 창원시는 다시 묻고 말았지요. 그대로 노출시켜 두었다면 보존과 교육 양면에서 다 효과적이지 않았을까요.

창원향교는 옛 마산 합성동에서 1748년 지금 자리로 옮겨 졌습니다. 학생들이 모여 앉아 공부했던 명륜당을 앞에 낮게 두고 성현에게 제사 지내는 대성전을 뒤에 높게 두었습니다. 지금은 국·영·수 같은 공부를 가장 중요하게 생각하지만 옛날 에는 훌륭한 성현의 가르침을 받들고 배우는 것을 으뜸으로 여겼기에 제사 공간인 대성전을 신성하게 여겼습니다.

대성전을 드나드는 삼문 중에 가운데문은 영혼이 드나드는 곳으로 사람은 양쪽 문만 써야 합니다. 오른쪽은 들어가는 동문이고 왼쪽은 나가는 서문입니다. 향교 입구에 서 있는 '풍화루'는 백성들의 풍속을 교화한다는 뜻으로 향교가 지역 의 구심 역할을 했음을 누각의 이름을 통해 보여줍니다

국가중요농업유산 창원 단감

공업도시의 이미지에 가려져 창원을 농업도시로 생각하는사 람들은 많지 않지만 의외로 농업에 종사하는 인구도 적지 않 습니다. 단감은 대표적인 특산물로 전국 생산량의 17%가량 을 통합 창원시에서 생산합니다. 이 중에 옛 창원이 90% 정 도를 차지합니다.

그럼에도 사람들은 단감 하면 진영 단감을 떠올립니다. 여 기에는 그만한 사연이 있습니다. 옛적에는 철도 교통의 요지 였던 진영을 통해 모든 물산이 나가다보니 진영이라는 이름 을 자연스럽게 사용하게 된 것이지요. 지역을 브랜드로 삼지 않았던 시절이라 창원을 일부러 내세우지 않았던 점도 있었 습니다.

무엇보다 공업도시라는 선입견도 크게 작용했습니다. 음식은 무엇보다 청정한 이미지가 중요하니까요. 공장과 단감은 어째 좀 그렇지요. 지금은 창원단감테마공원을 만들어 단감을 홍보하면서 변신을 꾀하고 있습니다. 옛 창원 북면 마산리 연동마을 일대는 우리나라 단감 시배지로 꼽힙니다. 이런 역사성을 인정받아 2022년에 국가중요농업유산으로 선정되기도 했습니다.

이 마을에서 단감을 키우는 하희종 씨는 할아버지 때 단감 농사를 짓기 시작했다고 합니다. 그 과수원에는 사람 허리만큼 둥치가 굵은 단감나무가 열 그루 정도 있는데, 가장 큰 한 그루는 지금 창원단감테마공원으로 옮겨져 있습니다. 단감나무는 30~50년 자라도 허벅지 굵기밖에 안 된다는데 이 정도 자라려면 100살은 족히 먹어야 할 것 같습니다.

주남저수지 일대

주남·동판·산남저수지 셋으로 이루어진 주남저수지 일대는 이제 창원을 대표하는 관광명소로 변했습니다. 먼 옛날에는 이곳까지 바닷물이 들어왔었다고 하면 고개를 갸웃하는 사람들이 많습니다. 앞에서 본 다호리 고분군이 발굴된 자리가 바로 주남저수지 들머리이고 붓과 옻칠그릇 같은 유물들도 습지에 묻혀 있었기 때문에 썩지 않을 수 있었습니다.

너른 들판에서 자라는 풍성한 곡식들을 보면 오래전부터 이곳이 논이었을 것 같습니다. 하지만 지금처럼 잘 다듬어진 논의 역사는 그리 길지 않습니다. 오랫동안 낙동강 주변은 대부분 홍수와 범람으로 농사 짓기 어려운 저습지였습니다.

그러던 것이 일제강점 직전인 1905년 일본 사람들이 들어와 주남저수지 일대를 차지하고는 개간을 시작했습니다. 땅을 농지로 활용하기 위해 물을 낮은 지대로 가두면서 저수지가 되었는데 그 덕분에 둘레의 저습지는 농경지가 될 수 있었지요

일본에서 담배로 큰돈을 번 무라이 기치베에가 운영한 엄청난 규모의 무라이농장이 주남저수지 일대에 있었습니다. 지금도 당시 수리시설이 몇몇 남아 있습니다. 주남돌다리 바로 아래 주남교는 얼핏 다리처럼 보이지만 일제강점기에는 수문이었고, 죽동마을 메타세쿼이아길은 당시 농장을 둘러쌌던 무라이제방이었습니다.

지금도 주남저수지 주변은 논과 밭 사이사이로 부들·갈대·억새들이 무성하게 자라는 전형적인 습지입니다. 아득한 옛적 다호리 고분군의 철기문화 사람들도 여기 습지와 낙동강을 삶의 터전으로 삼지 않았을까요.

주남저수지 주변에는 함께 둘러볼 만한 문화재들도 있습니다. 주천강이 시작하는 지점에 주남돌다리가 있습니다. 커다란 자연암반을 다릿발과 판석으로 쓴 주남돌다리는 부드러운 곡선으로 만들어져 아름다운 주변 풍경과도 잘 어우러집니다.

신방초등학교 옆 언덕에는 천연기념물로 지정이 된 잘 자란 음나무 무리가 있습니다. 옛날에는 나루가 이 아래 있어서 낙동강과 남해바다로 물길이 이어져 있었습니다. 사람과 물건 말고 좋지 않은 기운도 드나들기 마련인데요, 음나무는 이를 막는 주술 기능을 했다고 합니다. 밖에서 보지 말고 밑으로

들어가면 아름드리 멋진 둥치를 더욱 잘 볼 수 있답니다.

근처에 있는 창원향토자료전시관도 걸음을 해볼 만합니다. 옛날 음반·교복·풍금·선거포스터·전화기·휴대전화·삐삐까지 갖은 물건이 전시되어 있습니다. 거창한 것이 아니어도 지금 우리가 사용하는 것들이 훗날에는 소중한 유산이 될 수 있다는 것을 알게 해 줍니다. 어른들에게는 추억을 소환해 주고 아이들에게는 타임머신을 타고 과거로 돌아가게 하는 재미있는 공간입니다.

주남돌다리

동판저수지

쉽고 재미있는 경남의 숨은 매력

주남저수지의 해넘이

마산

고려·몽골연합군의 일본정벌 전진기지

마산 하면 요즘은 대부분 3.15의거를 가장 먼저 꼽습니다. 하지만 예전에는 물 좋은 마산 몽고간장을 으뜸으로 쳤습니다. 어떻게 해서 몽고간장이 마산의 명물이 될 수 있었는지 그 기원을 살펴보자면 고려 시대로 거슬러 올라가야 합니다.

마산은 고려와 몽골 연합군의 일본정벌을 위한 전진기지 구실을 했습니다. 1274년 몽골 도원수 홀돈과 고려 도독사 김방경이 4만 군사를 전함 900척에 태우고 마산 합포만에서 대마도로 출정을 했지만 실패하고 돌아왔습니다. 그러자 여몽연합군은 1281년 다시 2차 정벌에 나섰지만 이 또한 성공하지 못했습니다.

<선조실록>에는 마산포를 일러 "이곳은 옛날 합포로 고려 때에 정동성에서 전함을 수리하던 곳"이라 적고 있는데 여기서 마산포는 지금 마산항 일대를 이르고 정동(행)성은 몽골이 현지에 설치했던 통치기구였지요. 그렇다면 합포가 일본정벌 전진기지가 되었던 까닭은 무엇일까요?

합포는 바다 안쪽 깊숙이 들어앉아 포구가 매우 길고, 앞에 놓인 거제도가 해류와 바람을 막아주기 때문에 항구로서 조건이 아주 좋았습니다. 게다가 병영이 일찍부터 설치되어 있었고 대마도에 이르는 직선거리도 짧습니다.

여기를 흐르는 쿠로시오 해류 또한 거제도를 거쳐 대마도까지 곧바로 이어진다고 합니다. 군량 확보에도 합포는 제격이

었습니다. 경상도 내륙에서 낙동강 물길을 따라 나오면 손쉽게 도착할 수 있는 자리였으니까요

이때 마시고 쓸 물을 확보하기 위해 우물을 팠는데 사람들이 고려정(高麗井)이라고 불렀습니다. 그런데 일제강점기에 일본 사람들이 그 이름을 몽고정으로 바꾸고 빗돌에 새겨서 옆에 세웠습니다. 해방 이후 간장을 만드는 데 필요한 좋은 물의 이미지로 몽고정을 사용하면서 몽고간장이 마산의 명물이 되었던 것이지요.

마산창과 창동

조창은 조세로 거둔 쌀이나 특산물을 배로 서울까지 실어 나르기 위해 쌓아두던 창고입니다. 지금처럼 육로가 발달되지 못했던 시절에는 이동 수단이 주로 물길이었는데 그러다 보니 조창은 강이나 바다 연안에 자리를 잡게 됩니다.

마산 조창의 역사는 고려 시대에 설치된 석두창에서 시작됩니다. 석두창이 조선 태종 때인 1403년 폐지되면서 경상도에서는 바다를 통한 운송이 없어졌습니다. 대신 육로로 조세를 운송했는데 왜구의 침탈을 피하기 위해서가 아니었을까 짐작됩니다. 그러다 1760년에 다시 조창이 설치됐는데 이름이 마산창이었습니다. 마산창은 통합 창원시와 김해·함안 전역, 의령·고성 일부의 전세와 대동미를 관장했습니다.

이렇게 마산포에 조창이 생기자 주위에 중성·동성·오산·서성·성산·성호리 여섯 마을이 들어서게 됩니다. 지금 사람들이 원마산 또는 구마산이라고 이르는 일대이지요. 창원도호부에

딸린 크지 않은 포구였던 마산포 합포가 근대 도시로 성장할
수 있었던 바탕은 이런 역사의 흐름 속에 들어 있었습니다.

　사람과 물산이 모이는 자리에는 시장이 들어서기 마련입니
다. 경남에서 가장 큰 수산시장인 마산어시장도 이때 모양새
를 갖추기 시작했습니다. 지금도 규모가 작지 않지만 옛날에
는 경상도에서 가장 큰 장시로 꼽을 정도였다고 합니다. 임금
이 일상 업무에 참고하도록 재정과 군정에 관한 자료를 모아
1808년에 편찬된 책 <만기요람>에 그런 내용이 나옵니다.

창동에는 옛적 마산창이 들어서 있었던 조창 터가 있습니다 창동이라는 이름도 마산창이 있는 동네라는 뜻이라고 하니 조창의 영향이 무척 크다 할 수 있겠습니다. 조창의 관리사무소 구실을 했던 유정당은 그 이름에 담긴 뜻을 짚어볼 만합니다.

지금이야 카드 한 장으로 세금 납부가 가능한 세상이지만 모든 것이 허술했을 당시는 '견물생심'이라고 창고 가득 쌓아놓은 물건들이 제대로 관리될 리가 없었겠지요. 오로지(唯) 바르게 하라(正)는 이름 유정당에서 조창을 둘러싼 부정 비리와 그것을 시정하려는 강한 의지가 동시에 느껴집니다.

마산창을 지키는 모습(왼쪽)과 조세물품을 배에 싣는 장면을 그린 벽화

마산헌병분견대

　마산의 도시 성장은 1899년 개항이 되면서 더욱 빨라집니다. 기존 시가지인 구마산 남쪽에 러시아를 비롯한 여러 나라 영사관과 공동 조계가 들어서면서 신마산이 만들어지기 시작했습니다. 흔히들 신마산, 구마산이라고 부르면서도 이런 역사가 있다는 것을 아는 사람이 드물지 싶습니다.

　1904년 러일전쟁을 일으킨 일제는 마산항을 군항으로 사용하면서 일본군 헌병대를 주둔시켰습니다. 그러면서 항구와 주택지를 아우르는 위치에 마산헌병분견대를 설치했습니다. 헌병분견대는 경찰의 임무를 수행하기 위해 파견된 군사조직이라고 보면 됩니다.

　1912년에 지어진 마산헌병분견대는 지금 우리나라에 유일하게 남아 있는 일제강점기 헌병대 건물로 보존 가치가 크다고 합니다. 당시 마산 사람들에게는 공포의 장소였던 이 건물은 붉은색 벽돌로 2층 높이의 크지 않은 규모지만 그 앞에 서면 수직으로 내리누르는 위압감이 상당합니다.

　일제강점기에는 마산의 항구와 사람들을 감시·사찰하고 독립운동가들을 고문하는 장소로 사용되다가 해방 이후 군사독재 시절부터 1990년대까지 국군보안사령부 건물로도 쓰였습니다. 한동안 그냥 비워져 있다가 일제강점기 민족 수난의 실태를 알리기 위한 목적으로 2019년 '구마산헌병분견대전시관'으로 새로 태어나게 되었습니다.

　영상실과 자료실, 취조실과 고문실 등은 당시 모습을 실감나게 보여주고 있습니다. 진해 출신으로 마산에서 오래 살았던 독립운동가 김주석 선생(1927~1993년)이 직접 경험했던 고문을 스케치한 생생한 그림 앞에서는 그 잔혹함에 걸음이 절로 멈추게 됩니다.

마산의 근대 유적들

창동 하면 빼놓을 수 없는 것이 시민극장입니다. 마산항민들의 민의소였던 시민극장은 일제강점기 초까지는 마산구락부 회관으로 청년단체들의 활동무대였습니다. 1935년 일제에 넘어가 공락관이 되면서 천황 체제의 우월성을 선전하거나 아시아·태평양 침략전쟁을 정당화하고 미화하는 행사나 공연을 하는 장소로 변하게 됩니다.

시민극장은 해방이 된 후 또 한 번 격동의 사건과 마주하게 되는데 6.25전쟁을 전후해 일어났던 민간인 학살이 그것입니다. 정부는 1950년 보도연맹에 가입된 마산 일대 사람들을 시민극장으로 불러 모았습니다. 이들은 마산교도소로 옮겨졌다가 며칠 뒤 구산면 괭이바다에 손발이 묶인 채 수장되었습니다. 영문도 모른 채 그렇게 죽은 사람이 무려 1681명이라고 합니다.

마산교도소는 지금 주차장으로 변해 있습니다. 일제강점기에는 독립운동가가 수감돼 있기도 했고 해방 이후 독재정권 아래에서는 민주화운동을 했던 사람들도 갇혀 있었지요. 그런데 지금은 상상도 할 수 없는 일이지만 안에 있는 재소자들이 지나가는 행인들과 창살을 사이에 두고 얼굴을 마주보며 얘기를 나눌 수 있는 구조였다니 퍽 재미있습니다.

한때 마산의 랜드마크였던 시민극장은 많은 사람들의 기억 속에 추억의 장소로 남아 있습니다. 최근에는 '마산문화예술센터-시민극장'이라는 이름으로 예술 창작의 거점이 돼서 시민들 품으로 돌아왔습니다. 길고 험한 여정을 지나 여기까지 돌아온 것이지요.

원동무역 터 또한 한 번쯤 새겨볼 만합니다. 일제강점기 경남에서 최초로 조선 사람이 세운 주식회사였습니다. 원동무역은 러시아 오호츠크해에서 나는 명태를 수입해 수익을 남겼습니다. 돈을 많이 버는 사람은 드물지 않지만 번 돈을 세상을 위해 가치 있게 쓰는 사람은 많지 않습니다. 원동무역을 경영했던 사람들은 번 돈을 독립운동 자금으로 기꺼이 내놓았습니다. 원동무역이 훗날 역사에 이름을 남길 수 있는 까닭입니다.

1929년에 만들어진 봉암저수지도 일제강점의 산물입니다. 대부분이 우물물을 길어 먹던 시절에 일본 사람과 그 부역자들에게 수돗물을 공급하기 위해 개발한 수원지였습니다. 지금은 숲속 그늘과 저수지를 아우르는 둘레길이 조성돼 있어서 도심 가까이에서 빼어난 자연경관을 누릴 수 있는 명소로 자리를 잡았습니다.

3.15의거 발원지

1960년 당시 민주당 마산시 당사가 있었던 건물 앞 길바닥에는 3.15의거 발원지 표지가 있습니다. 동그랗게 원형으로 만들어진 이 표지판은 그동안 3.15의거가 바로 여기에서 시

작되었음을 알리는 유일한 표지였습니다. 하지만 사람들의
눈에 쉽게 띄지 않아 그냥 지나치는 경우가 많았지요.

 민주당 당사가 있었던 4층짜리 건물을 창원시가 통째로 사
들여 2021년 10월 26일에 '3.15의거발원지기념관'을 개관하
면서 3.15의거 본고장의 면모를 제대로 갖추게 되었습니다.
1960년 이후 그날의 역사를 제대로 알려주는 공간이 마련되
기까지 60년이 넘는 세월이 걸린 셈입니다.

 3.15의거는 마산사람들의 긍지와 자부심입니다. 이승만과
자유당 정권의 부정선거에 맞서 분연히 일어났던 마산사람들
의 용기는 4.19의거로 이어져 일반 국민이 최고 지배자에 맞
서 역사상 최초의 승리를 이룩하는 새 지평을 열었습니다.

　의거의 중심에는 10대 학생들이 있었지요. 눈에 최루탄이 꽂힌 시신으로 마산 앞바다에 떠올랐던 김주열 열사도 마산상고에 입학하기 위해 전라도 남원에서 온 학생이었습니다. 3.15의거의 새로운 도화선이 된 것은 이 열사의 참혹한 시신을 담은 사진 한 장이었습니다.

　조건이 시대에 따라 다르긴 하지만 정치와 사회 문제에 무관심한 요즘 학생들이 한 번쯤 새겨볼 만한 일이 아닐까 싶습니다. 국립3.15민주묘지에는 민주주의를 위해 목숨을 바쳤던 숭고한 넋들이 잠들어 있습니다.

3.15의거 발원지 바로 앞에는 '인권자주평화다짐비'라고 적힌 위안부 소녀상이 서 있습니다. 인권과 자주와 평화가 없는 삶이 어떠한지를 소녀상의 명칭이 상징적으로 말해주고 있습니다. 행복이 개인의 의지만으로는 이루어지지 않는다는 것을 3.15의거 발원지와 위안부 소녀상을 통해 한 번 더 생각해 보게 됩니다.

합포성과 회원성

합포 땅에는 고려 시대부터 경상우병영이 있었습니다. 조선 시대에도 태종이 경상우병영을 합포성에 설치했는데 임진왜란 때 합포성이 타격을 크게 입는 바람에 전란이 끝난 직후 촉석루가 있는 진주성으로 병영을 옮겨가게 됩니다.

합포성의 성곽은 마산회원구 합성동에 80m 정도 남아 있습니다. 도심 주택가에 파묻힌 합포성은 알아보기가 쉽지 않습니다. 고려 우왕 때인 1378년 장군 배극렴이 왜구를 막을 목적으로 쌓은 석성인데 해자도 두고 조교도 놓고 동서남북으로 문도 냈습니다.

해자는 성 둘레를 에워싸는 물길로 1차 방어선이라고 할 수 있지요. 조교는 해자를 건너는 다리로 외적이 쳐들어오는 등 비상시에는 들어올려서 길을 차단하고 평상시에는 다닐 수 있도록 내려놓았습니다. 이제는 흔적조차 희미해진 성터에서 해자와 조교를 갖춘 합포성을 상상하는 것은 쉽지 않은 일이 되었습니다.

창원시립마산박물관과 문신미술관 뒤편 산자락의 회원현성지는 무학산 남쪽의 야트막한 기슭 해발 143m 높이이지만 마루에 서면 시가지와 바다가 한눈에 들어옵니다. 흙으로 쌓은 토성이 조금 남아 있고 꼭대기에 현대식으로 지은 망루가 있습니다. 출토된 기와조각들로 미루어 고려 시대까지는 현성 구실을 했던 것으로 여겨집니다.

기미년 삼진의거와 팔의사 창의탑

삼진 지역에서는 1919년 삼일운동 당시 3월 28일과 4월 3일 두 차례에 걸쳐 의거가 일어났습니다. 삼진은 지금 창원시 마산합포구의 진동·진북·진전면 일대를 말하지요. 함안 군북의거·합천삼가장터만세시위와 더불어 매우 큰 시위였는데 이때 여덟 분이 일제의 총칼에 목숨을 잃었습니다.

순국 팔의사 묘역이나 팔의사 창의탑, 애국지사사당을 찾아가면 이들을 기릴 수 있습니다. 이 가운데 팔의사 창의탑은 1963년 주민들이 고현마을 들머리에 세웠습니다. 그런데 2013년 그 자리에 창원시가 새 창의탑을 세우면서 옛 탑은 철거되고 말았습니다.

지역 주민들이 십시일반으로 기금을 모았다는 상징성과 60년 동안 자리를 지켜왔다는 역사성이 사라지고 말았습니다. 옛 탑에는 순국 순열을 기리는 마음에 지역민들의 지극한 정성까지 더해져 있었습니다. 그런 원래 탑을 없애고 새것으로 교체하는 것이 무슨 의미가 있는지 참 궁금합니다.

천년 고찰 의림사

마산합포구 진전면에는 역사가 오래된 천년고찰 의림사가 있습니다. 천년고찰이라는 이미지를 머리에 담고 찾아가면 다소 실망을 할 수도 있습니다. 근래 들어 새로 단청을 하고 말끔하게 단장을 해 고찰이라는 느낌이 좀 덜하기 때문이지요.

반면에 아무 기대 없이 가면 어~ 마산에도 꽤 괜찮은 절이 있었네 싶은 생각이 드는 곳이기도 합니다. 주변 계곡과 어우러져 마음이 절로 편안해집니다. 마당과 언덕배기에는 파초와 모과나무가 제법 크게 자라 있어 보기가 좋습니다. 마당에 서 있는 나지막한 삼층석탑은 느낌이 정겹습니다.

파초는 바나나나무와 구분하기가 쉽지 않습니다. 그래서 파초다 바나나나무다 시시비비를 가리는 이들도 있지요. 하지만 파초의 꽃말이 '탈속'이라 해서 세속을 떠난다는 의미로 절에 많이 심는 식물이라고 하니 아무래도 바나나보다는 파초일 가능성이 높습니다. 절에 있는 식물 하나에도 이렇듯 의미가 담겨 있습니다.

==

함안

　연꽃은 이제 함안을 상징하는 브랜드로 뚜렷하게 자리를 잡게 되었습니다. 성산산성 습지에서 씨앗을 발굴해 꽃을 피운 아라홍련은 무려 700년의 역사를 품고 있습니다. 6~9월이면 함안박물관 앞 연못에서 아라홍련의 아름다운 자태를 마음껏 볼 수 있습니다.

　함안연꽃테마파크의 홍련 또한 예사롭지 않기는 마찬가집니다. 이곳에는 아라홍련뿐만 아니라 법수옥수홍련도 자라고 있습니다. 법수면의 옥수늪에서 자생하던 홍련은 경주 안압지에서 발굴된 신라 시대의 연과 유전자가 동일하다고 하니 함안을 연꽃의 고장이라 하기에 부족함이 없을 듯합니다.

아라가야 수장들이 잠든 말이산고분군

함안을 두고 물줄기가 우리나라의 일반적인 형세와 달리 남에서 북으로 흐른다고 하여 '남고북저'라 했습니다. 이런 특징으로 말 만들기 좋아하는 이들은 임금이 있는 북쪽으로 거슬러 오르는 '역수의 땅'이라며 불온하게 여기기도 했습니다, 하지만 알고보면 함안에서 살았던 역사 인물들은 오히려 거의 대부분이 충신들이었습니다.

아라가야 함안은 말이산고분군을 빼놓고 이야기를 할 수 없습니다. 말이산(末伊山)에서 말이는 끄트머리(末)라는 뜻이 아니라 '머리'를 한자 소리로 새긴 말입니다. 말이산은 모양이 함안천·검암천·신음천이 합류하는 데로 불쑥 내민 머리 같이 생겼습니다.

말이산고분군

이런 머리산에 가야시대 전기와 후기 모두를 아울러 언제나 대단한 세력이었던 아라가야의 우두머리들이 줄줄이 잠들어 있습니다. 도항리에서 말산리에 이르는 말이산은 전체가 가야 고분을 품고 있습니다. 줄기 능선에는 왕릉급 무덤이 늘어서 있고 가지 능선에는 그 아래 지위의 귀족급 무덤이 줄지어 있습니다.

대표 유물로는 1992년 나온 말갑옷과 말얼굴가리개가 꼽힙니다. 철기 제작 기술과 전투 역량이 모두 높은 수준에 이르러 있었음을 보여주는 것이지요. 게다가 말갑옷은 고구려 고분벽화에 나오기는 하지만 완전체에 가까운 실물이 확인되기는 함안이 처음이었습니다. 이밖에도 수레바퀴모양토기·불꽃무늬토기·미늘쇠 등이 있는데 그중에는 다른 가야 세력에서는 볼 수 없는 유물들이 많습니다.

전체를 한 바퀴 두르는 탐방로도 잘 갖춰져 있습니다. 아래위로 보이는 경관이 아주 빼어납니다. 걷는 길 곳곳에서 크고 잘생긴 노거수도 만날 수 있습니다. 쉬었다 가려면 나무 아래에 앉아도 되고 평평한 잔디밭에 자리를 깔아도 좋습니다. 고분군 남쪽 끝자락에는 청동기시대 사람들의 작품인 암각화를 품고 있는 고분도 있습니다.

그 아래 함안박물관에는 아라가야의 유물들이 입체감 있게 잘 갈무리돼 있습니다. 비교적 한산한 가야읍 변두리에 놓여 있지만 전체적인 짜임새는 도심에 자리잡은 다른 지역 큰 박물관에 견주어도 뒤지지 않을 만큼 아주 그럴듯합니다. 최근에는 말이산고분전시관도 따로 갖추었습니다.

박물관 입구에는 미늘쇠 모양의 입간판이 큼직하게 서 있습니다. 미늘쇠는 의례나 행사 때 권력자 좌우에 늘어세워서 위세를 떨치는 데 썼던 물건입니다. 양쪽 가장자리에 새 모양 같기도 하고 태아 모양 같기도 한 장식물이 주렁주렁 매달려 있습니다.

이 장식물에 담긴 의미도 재미있습니다. 태어나도 오래 사는 것이 쉽지 않았던 당시에는 무엇보다 다산이 중요했는데 태아 모양에는 다산에 대한 기원이 담겨 있습니다. 또 새는 풍요를 가져다주고 죽은 후에 좋은 세상으로 데려다주는 존재로 여겼지요. 지상의 소망을 천상의 신에게 가장 빨리 전달하는 매개체로도 생각했습니다. 장식물 하나에도 삶과 죽음에 대한 당시 사람들의 의식이 담겨져 있음을 짐작할 수 있는 것도 재미있습니다.

함안박물관

성산산성에서 나온 씨앗이 꽃을 피운 아라홍련 연못을 지나면, 아라가야 고유의 불꽃무늬토기 모양으로 외관을 꾸민 박물관이 나옵니다. 산책하기 좋은 탐방로와 아이들이 뛰어놀기에 부족함이 없는 너른 광장은 가족들이 함께 나들이하기에 안성맞춤입니다.

신라 기록의 보물창고 성산산성

말이산고분군에서 도항마을을 지나 함안면으로 발길을 옮기면 그 첫머리에 낙화놀이로 널리 알려진 무진정이 나옵니다. 무진정은 산수가 좋은 곳에 앉은 여느 정자와는 달리 마을에서 가까운 곳에 있는 명당자리입니다. 그 자리를 알아본 이의 안목도 대단합니다. 지금은 정자와 연못을 이어주는 다리와 잘 자란 나무를 배경 삼아 사진을 찍는 사람들로 붐빕니다.

무진정에서 이쪽저쪽 산길을 따라 오르면 성산산성이 나옵니다. 지금 한창 발굴 중이지만 둘레길을 조성해 산책하기 좋게 만들어 놓았습니다. 성산산성을 두고 가야의 성터라고 짐작하는 사람들이 많았습니다. <함주지>에도 성산산성을 '가야 옛터'라고 적고 있지요.

<함주지>는 남명 조식과 퇴계 이황 모두에게서 배워 학문이 높았던 한강 정구가 함안군수로 있던 1587년 지역 사림들의 역량을 모아 만든 책입니다. 함안의 문물을 빠짐없이 기록해 놓은 귀중한 자료일 뿐만 아니라 지역에 대한 정보를 제대로 기록한 가장 오래된 읍지이기도 합니다.

성산산성 동문 자리

   그런데 지금껏 이어지고 있는 발굴을 통해 성산산성을 쌓은 주체가 가야가 아닌 신라로 확인되었습니다. 이곳에서 출토된 목간 덕분이었습니다. 군사·행정 목적으로 글자를 적은 나무조각이 목간인데요, 우리나라 전체 목간의 30%에 이를 정도로 엄청난 분량이 여기서 출토되었고, 이를 통해 당시 생활 모습과 제도 등을 많이 알 수 있게 되었습니다.

   성산산성은 신라가 아라가야를 점령한 후 석성을 새로 쌓은 군사 요충이었습니다. 성터는 가운데가 우묵하게 꺼져 있고 석성이 외곽을 통째로 두르고 있습니다. 정문격인 동문은 물에 젖어도 무너지지 않도록 부엽공법으로 토대를 다진 위에

쌓았는데 거기서부터 안쪽으로 신라·고려 시대 연못 자리와
조선 시대 서원 자리, 그리고 다양하게 시기가 중첩되는 주거
유적이 발굴되었습니다.

 북쪽과 서쪽이 높고 동쪽과 남쪽이 다음으로 높으며 가운
데가 가장 낮습니다. 비가 오면 물이 바깥으로 흘러나가지
않고 가운데로 모여서 고이는 지형입니다. 산속 고지에서 갈
대·억새·미나리와 느릅·버들·뽕나무 등 습지식물을 쉽게 볼
수 있는 것도, 신라·고려시대 연씨가 발굴된 것도 다 이런 습
지였기에 가능했습니다. 옛날 산성을 지키던 군사들은 우묵
한 한가운데에 연못=인공습지를 만들어 물을 얻었습니다. 그
래서 1980년대까지도 여기서 사람이 살 수 있었습니다.

무진정

쉽고 재미있는 경남의 숨은 매력

함안읍성과 함안향교

함안군청은 가야읍에 있습니다. 군청은 대부분 해당 지역 지명을 딴 읍·면에 있기 마련인데 함안은 그렇지 않으니 색 다르지요. 함안군청도 처음에는 가야읍에 있지 않고 함안면 에 있었습니다. 6.25전쟁 때 함안면에 있는 군청은 불타 없 어졌습니다. 전쟁이 끝나자 가야읍에 새로 청사를 짓고 옮겼 습니다. 그러니까 가야읍은 새로운 중심지이고 함안면은 옛 날 중심지입니다.

성산산성과 무진정을 지나 남쪽으로 들판을 가로지르면 함 안면 소재지가 나옵니다. 거기에 조선 시대 함안의 중심이었음을 일러주는 함안읍성이 있습니다. 외적의 침략에 대비해 축조된 함안읍성은 성곽을 둘러싸는 해자도 있었고 들어 올릴 수 있는 조교도 있었으나 지금은 사라졌습니다. 골목길을 따라 걷다 보면 해자였음을 짐작할 수 있는 하수도가 이어지는 것을 볼 수 있습니다.

북쪽 성벽은 크지 않은 연못과 우뚝 솟은 노거수를 낀 채로 남아 있고 서쪽 성벽도 당시 사람들이 새긴 글자를 안고 산속에 늘어서 있습니다. 동쪽에는 살림집 담장으로 쓰여지는 곳도 있는데 텃밭 옆으로 크고 잘 생긴 바위가 쌓였거나 담장이 두툼하면 영락없는 성벽입니다.

읍성 바깥에 있는 함안향교는 공부하던 명륜당과 기숙사인 동·서재는 6.25전쟁 때 불탔지만 다행히 공자를 모시는 대성전과 그 양쪽의 동·서무는 살아남았습니다. 옛날 절간의 석탑이나 석등의 부재가 대성전과 동·서무의 주춧돌과 오르내리는 계단돌에 섞여 있어 살펴보는 재미가 있습니다.

통일신라 사자석탑과 마애약사여래삼존입상

옛날 동헌과 군청이 있었던 자리에 지금은 함성중학교가 있습니다. 들머리 한쪽에 이리저리 흩어져 있던 옛날 주춧돌들을 모아둔 옆으로 줄지어 서 있는 비석들은 조선 시대 함안 군수들 가운데 백성들을 위해 좋은 정치를 펼쳤던 이들을 기리는 선정비입니다.

여기에 보기 드문 돌탑이 하나 있습니다. 네 마리 사자가 모퉁이마다 앉아서 지붕돌을 받치고 있는데, 사자는 앞발을 나란히 내놓고 등을 맞댄 체 정면을 바라봅니다. 원래 여항면 별천계곡 주리사지에 있던 것이라 주리사지사자석탑이라고 하지요. 이런 모양의 석탑은 전남 구례 화엄사의 사사자삼층석탑까지 쳐서 우리나라에 모두 4기뿐이라고 합니다.

군북면 방어산에 있는 마애약사여래삼존입상도 널리 알려져 있습니다. 긴 이름을 하나씩 풀어 보면 불상의 정체를 쉽게 알아차릴 수 있습니다. '마애'는 바위절벽에 새긴 것을 이르는 말입니다. 약사여래는 질병을 낫게 해주는 부처이며, 삼존과 입상은 존귀한 세 분과 서 있는 모양을 뜻합니다. 바위에 새겨져 있는 병을 고쳐주는 서 있는 세 분의 귀한 부처라는 뜻이 되겠지요.

아주 빼어나게 잘 만든 작품은 아니지만 조성 시기를 알려주는 글자가 새겨져 있어서 불교 조각 미술의 변천 과정을 알 수 있는 소중한 유적입니다. 바라보는 쪽의 왼편에 있는 보살의 팔꿈치께에 '정원(貞元) 17년 신사 3월'이라고 적혀 있는데 통일신라시대인 서기 801년이라고 합니다.

아름다운 무기연당 뿌리 깊은 칠원향교

함안에서 가장 아름다운 문화재로는 칠원읍에 있는 무기연당이 꼽힙니다. 1728년 이인좌의 난이 터졌을 때 병사를 일으키고 관군에 군량미를 대었다고 하는 주재성이 만든 정원입니다. 장방형 연못과 굽은 소나무 그리고 누정 두 채가 어우러져 있는데 한눈에 봐도 잘 만들어진 정원입니다.

욕심부리지 않고 자연과 더불어 살겠다는 뜻이 곳곳에 있습

니다. 연당의 이름인 무기부터가 그렇습니다. <논어>에 나오
는 구절에서 한 글자씩 따왔는데 자연 속 좋은 물에 몸을 씻
고 그럴듯한 언덕에 올라 노래를 부르며 시원한 바람이나 쐬
며 살겠노라는 얘기입니다.

  앞쪽 풍욕루는 '바람에 몸을 씻겠다'는 바람이 담긴 집입니
다. 몸을 씻은 다음에는 옷을 반드시 털어서 입는 법이니 마
음과 정신이 몸과 더불어 청신해지지 않았을까요. 위쪽 하환
정은 '자연 속에서 멋진 풍경과 더불어 지내는 이 삶을 어찌
벼슬 따위와 바꾸겠는가' 하고 묻는 내용입니다.

무기연당

인간이 가장 버리기 어려운 욕심을 내려놓고 이 정도에 이른다면 가히 신선에 버금가는 경지이겠지요. 하환정에서 연못으로 내려가는 돌계단 앞에는 탁영석이 놓였는데 "물이 맑으면 갓끈을 씻고 더러우면 발을 씻으리라"라고 했던 옛적 중국의 굴원이 지은 '어부사'에서 끌어온 글귀입니다.

연못 가운데 돌로 만든 석가산에는 백세청풍과 양심대를 새겼습니다. 만든 이의 입장에서는 심오한 뜻을 곳곳에 새겼겠지만, 후세 사람들은 뜻을 헤아리기보다 그저 멋지고 아름다운 풍경과 배치에 감탄합니다.

함안향교와 마찬가지로 칠원읍에 있는 칠원향교 역시 여기가 당시의 중심지였음을 말해줍니다. 지금은 칠원이 함안의 일부가 되어 있지만 조선 시대에는 따로 독립되어 있었지요. 한 고을에 하나씩 두는 것을 원칙으로 삼았던 향교의 숫자에 따라 그 지역이 어떤 변화를 겪어왔는지를 짐작할 수 있습니다.

칠원향교는 공부하는 명륜당이 앞쪽 낮은 데에 있고 성현에게 제사를 지내는 대성전이 높은 뒤쪽에 있는 전학후묘의 전형을 그대로 보여주고 있습니다. 그렇다고 모든 향교의 구조가 같은 것은 아닙니다. 사정에 따라 평지에 나란히 두기도 했는데 이럴 때는 대성전 뒤편에 나무를 심거나 커다란 바위를 두어 높고 신성한 장소라는 표시를 했습니다.

향교에서는 지금도 나이가 지긋한 학생들이 한 달에 두어 차례 모여 열심히 책을 읽고 있습니다. 모름지기 학교에서는 책 읽는 소리가 울려야 제격이지요. 유물이나 유적이 잘 보존되는 것도 좋지만 이렇게 잘 활용하는 것도 멋진 일입니다.

작음으로 이룬 무릉도원 장춘사

칠원에는 오래된 절이 있습니다. 대부분 절간은 문을 여러 개 배치해 부처님의 세계로 향하는 과정을 일러줍니다. 일주문은 웅장하고 천왕문을 지키는 사천왕은 근엄합니다. 금강역사가 지키는 금강문, 심오한 뜻을 담은 불이문도 있지만 장춘사는 그냥 대나무 사립문 하나로 신성과 속세를 나눕니다.

사립문에 한가운데를 내어준 정문은 '무릉산 장춘사'라는 현판만 매단 채 오른쪽 한켠으로 비켜나 있습니다. 낡은 대문을 자세히 들여다보면 세월에 희미해진 금강역사가 서로 마주보고 서 있습니다. 금강문인 셈입니다. 그런데 대부분의 사람들은 이런 그림을 보지 못하고 그냥 지나갑니다.

장춘사는 꾸밈없음이 가장 큰 매력입니다. 크지 않은 대웅전은 설법을 강하는 무설전보다 작습니다. 장춘사를 창건한 무염국사를 섬기는 조사전은 여염집 사랑채처럼 앉아 있고, 약사불은 가로세로 한 칸짜리이며, 산신각에 모셔진 산신령도 조그만 호랑이랑 노닐 따름입니다. 앞마당 오층석탑은 한 층이 사라진 데다 제자리에 있지도 않습니다.

장춘사에서는 아무 데나 걸터앉으면 모두 무릉도원입니다. 언덕배기에 서 있는 늙은 감나무에 주렁주렁 감이 열리면 장춘사는 한층 빛이 납니다. 만만함에서 오는 편안함, 편안함에서 솟아나는 치유 효과가 대단하지요. 그러고 보니 장춘사가 들어앉은 산 이름도 무릉산이고 칠원의 옛 별호도 무릉입니다.

이 절간이 품은 또다른 매력은 산기슭에서부터 3km가량 이

장춘사

어지는 자드락 산길입니다. 별로 가파르지 않은데다 양쪽으로 소나무와 참나무들이 잔뜩 키를 키운 채 늘어서 있어 느낌이 좋습니다. 여름에는 나무들이 내주는 그늘이 시원하고 겨울에는 잎사귀 떨어진 가지 사이로 스며드는 햇살이 따사롭습니다.

　세상에 변하지 않는 게 없다지요. 이런 장춘사도 조금씩 바뀌는 것 같습니다. 아담하고 소박한 분위기를 압도하는 전각이 생겨나고 정겹던 오솔길도 차가 다니는 길로 다듬어져 운치가 한층 줄었습니다. 시절의 흐름을 받아들이면서도 아쉬움은 함께 남습니다.

장춘사는 소설가 황석영과도 잠시 인연을 맺은 적이 있습니다. 1964년 한일회담 반대시위에 참가했다가 영등포경찰서 유치장에서 만난 노동자와 고생 끝에 찾아와 머리를 깎고 입산을 했던 절이 장춘사라지요. 이런 사연 때문에 황석영이 머물렀던 절간이라 해서 멀리서부터 찾아오는 이들이 아주 드물지는 않다고 합니다.

조선 땅에 세운 고려동 유적지

함안에는 권세나 시류에 휘둘리지 않고 할 말 하면서 반듯하게 살았던 사람들의 동네가 있습니다. 산인면 고려동 유적지입니다. 고려 왕조에서 성균관 진사로 있었던 이오라는 인물은 새로 들어서는 조선 왕조에 아무렇지도 않게 머리를 조아리기가 어려웠던 모양입니다.

그이는 여기 들어와 마을을 이루면서 담장을 쌓아 조선의 임금이 통치하는 바깥과 구분 짓고 살았습니다. 그리고는 스스로 논밭을 일궈 자급자족하고 될 수 있는 대로 바깥세상과 마주치지 않았습니다. 개울 너머 바깥세상 조선으로 이어지는 다리에는 '고려교'라는 이름이 붙어 있고 고려의 유민들이 사는 마을이라는 '고려동학' 빗돌도 세워져 있습니다.

그렇다면 자손들은 어땠을까요? 이오 스스로는 그렇게 살았지만 자손들의 벼슬길까지 막지는 않았다고 합니다. 고려동 또한 조선의 땅이 아닐 수 없었으니 자손들까지 현실에 완전히 등을 돌리고 사는 것은 불가능했겠지요. 이오의 후손들이 대를 이어 살았던 터전이 여기저기 그럴듯한 기와집으로 남아 있습니다.

 고려동 자리는 햇볕이 바르게 들어서 사람이 살기 좋습니다. 귀농·귀촌 열풍으로 들어와 집을 짓고 사는 사람들이 늘어나면서 예전의 모습은 조금씩 지워지고 있지요. 그래도 이오의 올곧은 뜻은 새길 만하고 옛사람들이 살았던 모습과 정신은 곳곳에 남아 있습니다.

 고려동에서 가장 눈길을 사로잡는 것은 들머리 자미화입니다. 백일 동안 꽃이 피고 진다고 해서 백일홍이라고도 하는 자미화는 우리가 가장 흔하게 부르는 배롱나무입니다. 7월부터 꽃을 피우는 자미화는 여름이 다 가도록 선홍색 고운 자태로 찾는 이들을 반겨줍니다.

고려동마을 입구의 배롱나무

망국의 한이 서려 서늘해진 이오의 마음을 사로잡고 여기 터를 잡고 살도록 한 것이 바로 이 자미화라고 하니 그 고운 자태가 어떠한지 짐작하고도 남음이 있습니다. 이오의 후손들이 훗날 조선에서 크게 출세한 것도 이 배롱나무가 크게 자라 번성한 덕분이라는 얘기도 있습니다.

의령

의령은 인구가 채 3만에 미치지 못합니다. 경남 열여덟 개 시·군 중에서 가장 규모가 작은 곳이지요. 그런데 이렇게 인구가 적은 의령을 대표하는 것이 바로 사람이라니 참 재미있는 일입니다.

망우당 곽재우 장군을 비롯해 독립운동가 백산 안희제와 한글학자 고루 이극로, 우리나라에서 제일 큰 삼성그룹을 창립한 이병철 등 유명한 인물이 많습니다. 정암진에 있는 솥바위 역시 인물과 관련이 있습니다. 이들을 통해 삶의 가치가 무엇인지를 생각해 볼 수 있는 곳이 바로 의령입니다.

홍의장군 곽재우

　임진왜란 당시 곽재우 장군이 싸워 이겼던 정암진에는 솥바위가 있습니다. 솥바위는 옛날 가마솥처럼 발이 셋으로 갈라져 있다고 해서 붙은 이름이지요. 지금은 여기 남강 위에 함안과 의령을 이어주는 다리가 놓여 있지만 100년 전에만 해도 나룻배로 강을 건너야 했던 자리입니다.

　전해지는 전설에 따르면 물에 잠겨 있는 솥발이 뻗은 세 방향 20리 안에 세 부자가 날 것이라고 했습니다. 이 예언이 들어맞은 것일까요? 정말 어떤 기운이 미친 것일까요? 아니면 삼성 이병철, LG 구인회, 효성 조홍제 세 재벌이 여기서 일어난 것을 두고 후세 사람들이 끼워 맞춘 이야기일까요? 게다가 요즘은 삼영화학의 이종환까지 거론된다고 합니다.

　의령을 두고 인물의 고장이라 하는 것이 솥바위 전설과 어울려 전혀 어색해 보이지 않으니 참 신기합니다. 이곳에는 부자가 되고 싶은 사람들이 전국 각지에서 모여듭니다. 그들 중에 이곳이 곽재우 장군의 전승지였다는 것을 아는 사람은 아무래도 적지 않을까 싶습니다

　솥바위 옆 의령 들머리에는 붉은 옷을 입고 늠름하게 서 있는 곽재우 장군의 동상이 지나가는 사람들의 눈길을 끕니다. 의령 하면 누가 뭐래도 곽재우 장군이지요. 의령을 대표하는 인물 곽재우 장군은 일찌감치 벼슬살이를 포기한 사람이었습니다. 조선 조정에 득 본 것이 없음에도 임진왜란이 터지자 나라와 고장을 지키기 위해 가진 재산을 몽땅 털었습니다.

정암진의 솥바위

1592년 4월 13일 왜적이 부산진성과 동래성을 함락시키고 파죽지세로 쳐들어오자 열흘도 되지 않은 4월 22일에 전국 처음으로 의병을 일으켰습니다. 지금 사람들은 쉽게 의병을 이야기하지만 의병 창의는 말처럼 쉬운 일이 아니었습니다. 당시 민심이 어떠했는지, 어떤 상황에서 곽재우 장군이 의병을 일으켰는지를 잘 보여주는 기록이 있습니다. 1592년 6월 경상우도 초유사 김성일이 보고한 내용이 <선조실록>에 있습니다.

"부역이 번거롭고 무거운데다 형벌마저 가혹하므로 군졸과 백성들의 원망이 가득하고 마음이 흩어진 지 오래입니다. '왜국은 부역이 없다'는 말을 듣고 마음으로 이미 그들을 좋아하고 있는데 …… 백성들이 모두 머리를 깎고 의복도 바꿔 입고 왜적을 따라 곳곳에서 도적질하는데 왜적은 몇 안 되고 절반이 배반한 백성이니 매우 한심합니다."

상황이 이렇다 보니 곽재우조차 의병을 모으는 데 어려움이 많았습니다. 곽재우의 처음 의병은 정말 얼마 되지 않았는데 그마저 집안 하인 같은 종복이 많았습니다. 곽재우 장군이 초기에 조정에 보낸 보고서에 "처음에는 병졸 4~5명을 거느리고 왜적을 공격하다가 다음에는 수십 명으로 왜적을 추격했으며 지금은 100명 남짓 병사로 왜적의 머리를 베고 있습니다"라는 대목이 있을 정도였으니까요.

그가 선택한 방법은 솔선수범이었습니다. 부유했던 집안 재산을 모두 풀고 식구들 옷가지까지 내놓았습니다. 곽재우는 사람으로서 해야 할 당연한 도리라고 여기면서 닥쳐오는 어려움을 피하지 않았습니다. 이런 바탕에는 스승이었던 남명 조식의 영향이 컸습니다. 남명 조식은 곽재우를 특별히 아껴 외손녀사위로 삼을 정도였지요. 나서야 할 때 기꺼이 나서라는 스승의 가르침을 받들어 임진왜란이 일어나자 분연히 나아갔습니다.

기강나루 전투와 정암진 전투

기강나루 전투는 1592년 5월 곽재우 장군이 처음 승리를 거둔 전투이자 조선이 왜적과 맞서 싸워 이긴 최초의 전투이기도 합니다. 이순신 장군의 최초 승전인 옥포해전의 5월 7일보다 적어도 하루 이상 앞서는 것이니까요.

곽재우 장군은 기강나루 전투에서 강바닥에 밧줄로 엮은 나무를 박아 낙동강을 거슬러 오르는 왜적을 꼼짝못하게 만들

고는 화살로 공격해 물리쳤습니다. 5월 4일 세 척, 6일 열한 척 모두 열네 척을 깨뜨렸습니다.

 그 자체만 두고 보면 크지 않지만 그 의미는 결코 작지 않았습니다. 임진왜란이 일어나고 백성이나 군인이나 불안과 공포에 질릴 수밖에 없었던 것은 매한가지였습니다. 그런 상황에서 거둔 곽재우 의병부대의 승리는 규모와 상관없이 우리도 이길 수 있다는 희망과 더불어 앞으로 나아가고자 하는 용기를 심어주었습니다.

기강나루 전투가 일어나고 스무 날가량 뒤에 곽재우는 의령 들머리 정암나루 일대에서 왜적을 한 번 더 크게 물리칩니다. 만약 기강나루의 승리가 없었다면 정암나루 전투는 아예 있지도 않았을 겁니다. 첫 전투에서는 의병들이 반신반의했겠지만 두 번째 전투에서는 대적과 맞서 싸워도 충분히 이길 수 있다는 자신이 있었습니다.

정암진 전투는 고장의 지리를 잘 아는 곽재우 장군이 펼친 유격전술의 승리였습니다. 왜적의 척후가 남강을 쉽게 건널 수 있는 지점에 나무 팻말을 꽂자 이를 알아챈 곽재우는 팻말을 움직이기 어려운 늪지대로 옮기고 침투 경로 곳곳에 복병을 심었습니다.

왜적들이 우왕좌왕하는 사이를 틈타 조총의 유효사거리를 벗어난 적당한 거리에서 화살로 공격을 퍼부었습니다. 이것이 왜적을 무찌르는 주된 작전이었습니다. 하지만 몰려온 왜적은 대군이었습니다. 아무리 유격전을 잘 펼친다 해도 상대방이 인해전술로 나온다면 뚫리지 않을 수 없는 노릇이지요.

그런 상황에 대비해 장졸 몇몇에게 자기와 똑같이 붉은 옷을 입히고 곳곳에서 곽재우가 출몰하는 듯 보이도록 했습니다. 그러면서 부대를 여럿으로 나누어 전후좌우로 오가며 교란작전을 펼쳤습니다 드디어 왜군이 얼이 빠지자 한꺼번에 들이쳤습니다. 이렇게 해서 엄청난 대승을 일군 데가 정암진이었습니다.

솥바위와 남강의 풍경이 통째로 내려다보이는 언덕배기에는 정암루가 있습니다. 곽재우의 전승을 기리기 위해 조선 시대에 만든 취원루가 불탄 자리인데 바로 옆에 정암철교가 준공

되던 1935년에 지역 유림이 앉힌 정자라고 합니다.

　기강나루가 있는 지정면 성산마을 들머리에는 곽재우 장군을 기리는 보덕각이 있습니다. 왜적을 쳐서 이긴 규모로 보면 기강나루 전투보다 정암나루 전투가 훨씬 큽니다. 그럼에도 보덕비각이 여기 있는 까닭은 아무래도 최초의 승리가 갖는 의미가 그만큼 더 각별하기 때문이 아닌가 싶습니다.

　비각 안에는 '유명조선국홍의장군충익공곽선생보덕불망비'라고 적힌 빗돌이 있습니다. 1785년 3월 왕명으로 세워졌는데 비문은 당시 오위도총부 도총관 채제공이 손수 썼다고 합니다. 뒷면에는 장군과 의병의 공적이 빽빽하게 적혀 있고 옆면에는 함께 활동했던 열일곱 장령의 이름이 차례대로 새겨져 있습니다.

보덕각 표지석

의령에는 백산산성과 성산산성이 있습니다. 임진왜란 당시 곽재우를 비롯한 의병들이 성을 고쳐 쌓고 낙동강을 오르내리며 왜적을 막아낸 장소로 알려져 있습니다. 흙과 돌을 섞어 쌓은 두 성은 조선 시대 이전부터 있었던 것이기는 합니다. 강변에 있는 높지 않은 산성이지만 사방을 제압하는 입지가 탁월합니다.

곽재우 장군의 생가 앞에는 500년을 훨씬 더 살아온 은행나무가 서 있습니다. 가을이면 노랗게 물든 은행잎으로 주변은 환하게 빛이 납니다. 우리는 보지 못했던 곽재우 장군의 모습을 지켜봤을 은행나무는 이제 주인이 떠난 빈집을 지키고 있습니다.

곽재우 장군 생가 앞 세간리은행나무

현고수

  곽재우 장군이 나무에 북을 매달아 의병을 모았다 해서 현고수라는 이름이 붙은 느티나무는 생가 마을 어귀에 있습니다. 지금 이 나무는 극진한 보살핌에도 세월의 무게를 견디기가 쉽지 않은 모양입니다. 후계목이라도 심어서 곽재우 장군의 정신이 후세에 길이 전해졌으면 좋겠습니다.

  의병을 일으키고 왜적과 맞서 싸우면서 본가는 물론 처가와 외가의 재산까지도 쏟아부었던 곽재우 장군은 전쟁이 끝난 후에는 전공도 내세우지 않았고 부유함을 탐하지도 않았습니다. 조정에서 전공을 인정해 주지 않아도 성내지 않았으며 벼슬자리도 사양했습니다.

곽재우 장군은 자신의 신념대로 살았습니다. 옳은 일에는 나아갔고 할 수 있는 일이 없으면 높은 자리도 당장 그만뒀습니다. 욕심을 내려놓고 세상 이치에 순응했습니다. 하지만 모든 것을 잃어야 했던 가족과 일가들은 과연 곽재우 장군을 어떻게 생각했을까요. 감내해야 할 운명이라고 여겼을까요.

장군의 생가는 곽재우 장군이 살았을 당시의 모습과는 별 상관없는 형태로 복원됐습니다. 긴 세월이 흐른 지금에 와서 생가를 얼마나 비슷하게 복원하느냐는 별로 중요한 것은 아니니까요. 햇볕이 잘 드는 사랑채에 앉아 곽재우 장군에 대해 이런저런 이야기를 나누기에 더없이 좋은 자리입니다.

백산 안희제 선생 생가

백산 안희제와 호암 이병철

백산 안희제와 호암 이병철은 둘 다 의령 출신입니다. 태어난 때는 백산이 25년 앞서는데 비슷하게 닮은 점이 제법 많습니다. 돈벌이에 나선 것도 같고 타고난 집안 내력이 부자였다는 것 또한 같습니다. 안희제 생가는 부림면 입산 마을에 있고 이병철 생가는 정곡면 중교 마을에 있습니다.

안희제는 부산에서 백산상회를 설립·운영하면서 독립운동에 자금을 보탰습니다. 이병철은 대구에서 삼성상회를 설립·운영하면서 재산을 키워 삼성그룹을 만들었습니다. 이병철은 부

귀영화를 누리며 자기 명대로 살다 죽었고 안희제는 투옥과 고문을 거듭 당한 끝에 몸이 망가져서 해방을 이태 앞두고 세상을 떴습니다.

안희제 생가는 문화재로 지정돼 있습니다. 안채는 기와로 된 한옥이고 사랑채 구실을 했던 바깥채는 초가로 지붕을 이었습니다. 이 집이 문화재로 지정된 이유를 두고 안희제 선생이 독립운동을 했기 때문이라고 여기는 사람들이 많습니다.

하지만 사실은 독특한 가옥 구조 때문입니다. 안채가 여느 한옥과는 구조가 많이 다릅니다. 대청마루 안으로 가운데 거실을 두고 양쪽으로 여섯 개의 작

은 방이 나누어져 있고 다락도 따로 있습니다.

일반 살림집으로는 적당하지 않은 구조입니다. 아마도 독립운동을 하는 이런저런 사람들이 불편하지 않게 드나들 수 있도록 배려해서 만든 구조가 아닌가 싶습니다. 거실 벽면에 안희제 선생의 사진이 걸려 있는데 어떤 이들은 절을 하거나 묵념을 합니다. 충분히 그런 대접을 받고도 남을 인물입니다.

그의 생전 올곧은 모습은 여러 사람들에게 회자되고 있습니다. 이를테면 경주 최부자집에게서 받은 거액의 독립운동자금을 중국의 임시정부에 전달했는데 나중에 맞춰보니 차비도 한 푼 떼지 않고 일 전 한 푼까지 맞아떨어지더라는 얘기를 훗날 백범 김구 선생이 했다지요.

사람들이 찾는 발길로 보면 안희제 생가는 대체로 쓸쓸하고 이병철 생가는 언제나 붐빕니다. 재산은 세상을 살아가는 수단이고 도구입니다. 돈은 그 주인이 제대로 썼을 때 비로소 가치가 더해지는 법입니다. 백산 안희제가 부자이기만 했다면 지금처럼 존경과 기림을 받기는 어려웠을 겁니다. 하지만 지금은 부자의 기준을 질보다는 양으로 평가하는 세상이 된 것 같아 쓸쓸합니다

한글을 지킨 고루 이극로

일제강점기 한글을 지켰던 사람들의 노력과 고난을 다룬 영화 <말모이>가 2019년에 개봉된 적이 있습니다. 일제의 탄압을 무릅쓰고 한글을 통해 민족의식을 일깨우려는 움직임이 감동적으로 그려졌습니다. 300만 가까운 관객을 모으며

주목을 받은 이 영화에는 조선어학회 대표로 류정환이라는 가상 인물이 나옵니다. 그 실제 모델이 바로 의령 지정면 두곡마을 출신 고루 이극로입니다.

일제강점기에 누구보다 뜨겁게 한글운동을 펼치고 독립운동에 이바지한 이극로는 한글맞춤법을 통일하고 표준어와 철자법을 제정하는 등 조선어학회의 활동을 중심에서 이끌었습니다. 지금 우리 민족이 남과 북으로 갈라져 있지만 그래도 한글을 쓰는 얼개와 체계가 다르지 않은 것도 이극로의 공로 덕분이라 할 수 있답니다.

그는 조선어사전을 완성하기 위해 안정적인 교사 자리마저 마다하며 실무를 맡아 구체적으로 진척시켜 나갔습니다. 그의 결단력 있는 모습에 감명받은 사람들이 후원금과 연구 공간을 제공하기도 했습니다. 그 지독했던 일제강점 말기에 한글운동이 여러 해 동안 지속적 조직적으로 전개될 수 있었던 실질적 기반을 만든 분이기도 합니다.

결국 이극로는 일제가 조작한 조선어학회 사건으로 끌려가 엄청난 고문을 당하고 투옥됩니다. 가장 핵심적인 역할을 했던 그는 잡혀간 33명 가운데 가장 무거운 징역 6년을 선고받고 함흥형무소에서 해방을 맞아야 했습니다.

그러나 해방되고 난 이후 그의 이름은 잊혀졌습니다. 이북에 남았다는 이유에서지요. 이극로의 생가 앞으로 지나는 도로에 '고루로'라는 이름이 붙은 것이 지금 의령에서 그의 공적을 기리는 전부라 할 수 있습니다. 제대로 평가되어야 할 인물들이 우리 사회에는 여전히 많습니다. 머지않아 그런 세상이 오리라 기대해봅니다.

의병처럼 멋진 나무들

충익사는 망우당 곽재우와 열일곱 장령을 비롯해 임진왜란 당시 활동했던 의병들을 기리는 사당입니다. 충익사에 들어서면 시선을 사로잡는 건물이 있습니다. 충의각인데 마치 꽃상여처럼 화려하고 아름답습니다. 원래는 다른 용도로 쓰였는데 충익사를 만들면서 옮겨와 곽재우 장군과 열일곱 장령의 명패를 모셔놓고 있습니다. 쇠못을 전혀 쓰지 않은 목조 건물인데 영령들이 꽃상여를 타고 좋은 세상으로 가기를 바라는 마음이 느껴집니다.

충의각

충익사 모과나무

충익사 마당에는 근사한 나무들이 아주 많습니다. 조금은 무미건조할 수 있는 사당으로만 여기고 찾아온 사람들은 잘 생긴 나무들이 즐비한 정원을 보고 다들 놀라지요. 그중에서도 으뜸은 500살이 넘은 모과나무입니다. 나무 앞에는 '의병을 닮은 듯 수형이 곧고 아름답다'는 안내판이 있습니다. 원래는 수성마을 당산나무였는데, 1978년 충익사를 만들면서 옮겨왔습니다.

마당에는 여름 내내 붉은 꽃을 피우는 배롱나무와 사철 색다른 모습을 보여주는 300살 넘은 뽕나무도 있습니다. 이밖에도 제법 오래된 감나무와 살구나무와 배나무도 정원수로 자리를 차지하고 있습니다.

그런데 이처럼 멋진 나무들이 충익사 뜨락에 총출동한 까닭이 궁금합니다. 1978년 12월 22일 치러진 충익사 준공식에는 당시 대통령 박정희가 참석했습니다. 군인 출신으로 쿠데타를 일으켜 집권했다는 약점을 덮기 위해 뛰어난 옛날 장군들을 내세우는 정책을 폈고 충익사 준공식은 그런 행사 중의 하나였습니다.

이에 당시 의령군수 등이 충성심으로 온갖 행정력을 동원해 좋은 나무들을 끌어모으지 않았을까 짐작해 봅니다. 어쨌거나 그런 결과로 지금 우리는 별 수고를 하지 않고 의령의 멋진 나무 여러 그루를 충익사 뜨락 한 자리에서 누릴 수 있게 된 셈이지요

의령에는 멋진 나무가 다른 곳에도 여럿 있습니다. 유곡면 세간리 곽재우 생가 은행나무는 해마다 음력 정월 초열흘에 목신제를 지내면서 풍년과 안녕을 비는 나무입니다. 제사에 쓰이는 물품을 여기서 나온 은행 열매를 팔아 장만했을 정도로 세력이 왕성한 나무입니다. 곽재우 장군이 대승을 거둔 정암진 주변의 느티나무뿐만 아니라 지정면 성황리 뒷산 야트막한 언덕에 있는 소나무 두 그루도 대단합니다.

퇴계 이황을 모시는 덕곡서원

경남에는 퇴계 이황을 모시는 서원이 드뭅니다. 퇴계의 뿌리가 경남이 아닌 경북에 있기 때문이지요. 그렇게 드문 퇴계 이황을 모시는 서원이 의령에 있습니다. 가례면 가례마을 가까운 의령읍 하리의 덕곡서원입니다. 퇴계가 스물한 살 때 진

사를 지낸 허찬이라는 사람의 동갑내기 딸한테 장가를 들었 는데 그 처가의 본거지가 가례마을이었습니다.

퇴계는 이런 인연으로 의령을 일곱 차례 찾았다고 알려져 있 습니다. 퇴계는 스물일곱 젊은 나이에 이 허씨 부인과 사별했 습니다. 서른 살에 새 장가를 들었어도 처음 장가든 처가와의 인연은 끊어지지 않았습니다. 옛날에는 법도가 그랬습니다.

첫째 부인 허씨에게서는 아들 둘을 보았습니다. 둘째아들인 채는 가례마을 외가에서 외할아버지와 함께 농사를 지으며 살았다고 합니다. 이런 인연으로 의령을 오가면서 당대 으뜸 학자로서 지역에 끼친 영향이 많았습니다.

덕곡서원은 퇴계 이황이 바로 그런 역할을 했다는 증표입니 다. 1654년에 의령현감 윤순거가 세웠는데 1660년에 임금 의 편액을 받음으로써 한결 품격 높은 사액서원이 됐습니다. 1871년에 흥선대원군의 서원철폐령으로 건물이 죄다 뜯겨나 갔다가 1902년에 강당과 솟을대문이 복원되었습니다.

덕곡서원은 밖에서 봐도 멋지지만 안에 들어서면 더 좋습니 다. 솟을대문을 열고 들어가면 산비탈 양지바른 데 들어앉은 강당에서 따뜻한 기운이 뿜어져 나옵니다. 강당 마루에 앉으 면 툭트인 풍경이 시원한 바람과 함께 다가옵니다. 퇴계의 처 가가 있었던 가례마을에는 퇴계가 썼다는 '가례동천' 글자가 새겨진 커다란 바위가 있습니다.

서
부

진주시
사천시
산청군
하동군

진주

촉석루를 중심에 두고 있는 진주성은 충절의 고장 진주를 가장 잘 담고 있는 곳입니다. 임진왜란 당시 진주성 전투에서 싸워 이긴 김시민 장군과 왜장을 껴안고 남강에 몸을 던진 논개를 이곳에서 만날 수 있습니다.

진주는 최초의 것이 많은 고장이기도 합니다. 형평운동이 처음 시작된 곳이기도 하고, 문산성당·옥봉경로당·진주상무사 등도 그렇습니다. 왜 그렇게 최초가 많은지 진주의 역사 속으로 들어가면 그 까닭을 알 수 있게 됩니다

두 번에 걸친 진주성 전투

임진왜란 당시 진주성에서는 두 차례에 걸쳐 커다란 전투가 벌어졌습니다. 첫 전투는 1592년 10월에 치러졌습니다. 진주성을 포위한 왜병 3만 명을 상대로 진주목사 김시민이 지휘하는 관군 3800명이 맞서 싸워 승리를 거두었습니다. 권율의 행주대첩, 이순신의 한산대첩과 함께 임진왜란 3대 대첩으로 꼽히는 진주대첩입니다.

진주성 바깥에서는 홍의장군 곽재우가 이끄는 경상도 의병과 임계영·최경회가 이끄는 전라도 의병이 후미를 차단하고 기습 공격을 하는 등 유격전을 펼쳤습니다. 그러나 안타깝게도 김시민 장군은 이마에 왜적의 총알을 맞고 서른아홉 나이로 순국하게 됩니다.

두 번째 전투는 이듬해 6월에 벌어졌습니다. 군사가 많지 않았던 조선은 명나라로부터 지원군도 받을 수 없게 되자 미리 진주성 수성을 포기하게 됩니다. 이런 와중에도 창의사 김천일, 충청병사 황진, 경상우병사 최경회, 의병장 고종후 등은 진주성에 집결했습니다.

한 해 전 1차 전투에서 패배한 왜군은 절치부심 모든 전력을 끌어모아 부산·김해에서 창원을 지나 쳐들어 왔습니다. 조선 군대는 먼저 함안에서 막으려 했지만 제대로 힘을 쓰지 못하고 무너졌습니다. 왜적은 함안·의령·반성을 점령한 다음 진주성을 겹겹이 포위하고는 의병들의 배후 기습도 미리 차단했습니다.

이런 상황이었지만 3000명의 군사와 6만 명의 백성은 열흘 넘게 악전고투하며 진주성을 지켰습니다. 마침내 진주성을 점령한 왜적들은 철저하게 1차전 패배의 설욕을 하게 됩니다. 민·관·군을 가리지 않고 사람이라면 모조리 죽였으며 개나 닭과 소 같은 동물도 씨를 말렸습니다.

왜군들도 치열한 전투 과정에서 크게 타격을 입었습니다. 그래서 전라도로 침공하지 못하고 돌아갔지만 만행은 그치지 않았습니다. 진주 일대와 산청·함양·하동 등지 지리산 자락 골짜기를 샅샅이 뒤져서 전란을 피해 숨어 있던 무고한 조선 사람들을 대거 학살했던 거지요.

진주성과 촉석루

두 차례의 처절한 전투 현장이었던 진주성은 성지가 되었습니다. 역사와 문화가 한군데 모인 진주의 상징이기도 합니다. 본래는 토성이었지만 1379년 고려 우왕 때 돌로 새로 쌓았는데 임진왜란 한 해 전인 1591년 경상감사 김수가 왜적 침략에 대비하여 새롭게 고치고 외성을 쌓았습니다.

진주성 전체 복원은 1969년 박정희 대통령의 특별 지시로 추진됐습니다. 1972년 동문을 중건하고 이어서 정문인 공북문을 복원하게 됩니다. 이전에는 성안에 사람이 살았는데 복원을 하면서 민가 751채를 철거해 사람이 살지 않는 공원으로 바뀌게 되었지요.

진주성 복원을 두고 생각은 둘로 나뉘었습니다. 사람이 그대로 살면서 집을 가꾸고 농사도 지어 사람 사는 냄새가 나는 전남 순천 낙안읍성과 견주면 무척 아쉽다는 쪽과, 지금처럼 공원화해서 쉼터로 만든 것이 오히려 낫다는 의견입니다. 하지만 낙안읍성은 유명한 관광지가 되면서 성안이 민간의 소담한 삶터가 아니라 땅값이 높아지는 등 상업화로 변질이 되었지요. 세상이 바뀌면서 원래의 것을 보존하는 일이 그만큼 어려워지지 않았나 싶습니다.

촉석루는 진주성에서 남강변에 바짝 붙어 있는 멋진 누각입니다. 촉석은 삐죽삐죽 솟아오른 돌을 뜻합니다. 남강에 붙어 있는 주변 바위들이 대체로 그런 모습을 하고 있지요. 촉석루는 임진왜란 때 불탄 것을 1618년 광해군 때 예전보다 크게 새로 지었습니다. 1948년 국보로 지정됐지만 1950년 한국전쟁 당시 다시 불에 타 없어졌습니다. 1960년 진주 고적보존회가 시민 성금을 모아 복원했는데 최근에 국보로 지정해야 한다는 운동이 새롭게 일고 있습니다.

촉석루

김시민·삼장사·논개

  진주 충절을 상징하는 인물로는 첫 번째 임진왜란 3대 대첩 가운데 하나로 진주성 전투를 승리로 이끈 충무공 김시민 장군과 두 번째 진주성 전투에서 끝까지 맞서다 목숨을 잃은 세 장수 삼장사, 그리고 왜장을 껴안고 남강에 몸을 던진 논개를 꼽습니다. 이들을 기리는 갖은 유적들이 진주성 안에 모여 있습니다.

  진주성에는 순국한 이들을 기리는 창렬사가 있습니다. 1607년 임금으로부터 현판을 받았을 만큼 역사가 오래됐습니다. 1868년 김시민 장군을 모신 충민사가 철폐되자 김시민 장군까지 함께 모시게 됩니다. 맨 윗자리 김시민과 그 다음 김천일·황진·최경회·고종후 등 진주성에서 나라를 위하여 싸우다 세상을 떠난 순국선열 서른아홉 분을 모시고 있습니다.

  김시민은 많이 알려져 있지만 삼장사를 아는 사람들은 드물지요. 김시민은 승전한 장군이고 삼장사는 어쨌든 패배한 장수인 탓일까요? 삼장사로 불리는 세 장수가 누구인지 설만 무성할 뿐 아직 공식적으로 결정돼 있지는 않습니다. 숫자 3에 매이지 말고 거론되는 모든 분을 모두 훌륭한 장사로 인정하는 것이 좋을 듯합니다.

  논개를 빼놓고는 진주를 충절의 고장이라 말하기가 어렵습니다. 논개의 이미지가 그만큼 강렬하다는 뜻이겠지요. 논개의 영정과 위패를 모신 의기사는 1740년 처음 세워졌는데 지금 건물은 1956년 진주의기창렬회에서 새로 만든 것입니다.

사당에는 다산 정약용의 기문에 더해 조선이 망하자 자결한 매천 황현과 진주 출신 기생 산홍의 시판이 나란히 걸려 있습니다. 정약용이나 황현은 알려진 인물이지만 기생 산홍은 글쎄, 누구일까요? 산홍은 1900년대 전후에 살았던 진주 기생으로 용모도 아름답고 서예도 곧잘 했다고 전해집니다.

　이런 산홍을 을사오적 가운데 하나인 이지용이 첩으로 삼으려고 했습니다. 이에 산홍은 거절하면서 말하기를 "세상 사람들이 대감을 오적의 우두머리라고 하는데 비록 천한 기생이지만 사람 구실을 하고 사는데 어찌 역적의 첩이 되겠습니까?"라고 했답니다.

의기사와 의기사에 걸려 있는 산홍·정약용·황현의 글(위에서부터)

이에 화가 난 이지용이 산홍을 때렸다는 얘기가 매천 황현이 쓴 <매천야록>에 실려 있습니다. 그냥 떠돌던 풍문이 아니고 1906년 <대한매일신보>에 보도됐던 실제 사실이었습니다.

거절하는 것이 뭐 그리 어려운 일인가 싶지요. 하지만 생각해보면 편하게 잘 살 수 있는 길을 버리는 데 그치지 않고 어쩌면 목숨을 걸어야 했던 행동이었습니다. 기생의 목숨이라는 것이 양반들에게 얼마든지 좌지우지될 수 있는 시절이었으니까요. 산홍은 논개의 정신을 이어받은 멋진 후배였습니다.

논개가 당시 기생이었는지 아니면 경상우병사 최경회의 부실이었는지 아니면 둘 다였는지를 두고 논란이 많았습니다. 이러든 저러든 시대가 많이 달라졌으니 계속 논란거리로 삼을 까닭이 없어 보입니다. 나라를 위하는 일에 남녀노소 빈부귀천이 따로 없으니까요.

지금 의기사에 모셔져 있는 영정으로만 짐작해보면 꽤 나이가 든 듯 보이지만 당시 논개는 스물한 살이었습니다. 이전에 있었던 친일화가 김은호가 그린 논개 영정과 견주면 지금 영정 속의 모습은 제법 중후해 보입니다. 옛 영정은 국립진주박물관에 나란히 있으니 비교를 해보는 것도 재미있겠지요. 친일의 그림자를 걷어내고 새 영정을 앉힌 것은 진주지역 시민단체들의 끈질긴 노력 덕분이었습니다.

진주성 안에는 호국사라는 절간도 있습니다. 원래는 고려시대에 세워진 내성사였는데 임진왜란 당시에는 승병 지휘소가 있었다고 합니다. 숙종 임금이 진주성 전투에서 목숨을 잃은 승병들을 위하여 호국사라는 이름을 내려주고 새로 짓도록 했습니다.

진주성 안에는 국립진주박물관도 있습니다. 임진왜란의 전후 사정을 자세히 소개하고 관련 유물을 전시·보관하는 우리나라에 하나뿐인 임진왜란 전문 박물관입니다. 임진왜란 당시 왜적들이 조선 사람들을 살상한 증거로 코와 귀를 베어서 도요토미 히데요시한테 바치고 받은 코 영수증도 전시되어 있습니다.

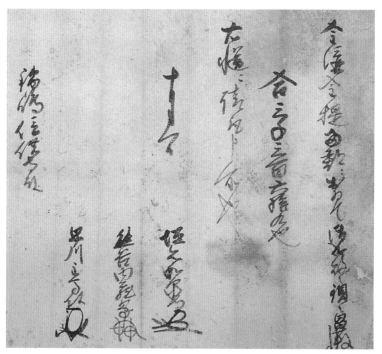

코 영수증   ©국립진주박물관

농민항쟁의 거점 진주

<신증동국여지승람>은 진주를 두고 '동방의 육해'라며 "나라에 바치는 수산물과 토산물이 영남 여러 주의 절반"이라고 적고 있습니다. 또 <세종실록 지리지>는 "땅이 기름지고, 기후는 따뜻하며, 풍속은 부유하고, 화려함을 숭상한다"고 했습니다. 충절의 고장 진주를 풍성한 물산이 뒷받침하고 있음을 일러주는 대목입니다.

<신증동국여지승람>은 또 진주의 풍속에 대해 "여염이 태평하여 밥 짓는 연기가 서로 잇따른다"고 했습니다. 하지만 1862년 일어난 진주민란(진주농민항쟁)을 보면 누구에게나 그렇지는 않았던 모양입니다. 예나 지금이나 모두가 더불어 잘사는 세상을 꿈꾸지만 그런 세상은 늘 요원한 것인지도 모르겠습니다.

1862년 2월 먼저 일어난 단성민란과 거의 동시에 두 번째 농민 봉기인 진주민란이 일어났습니다. 이는 농민들의 저항이 순식간에 전라도와 충청도로 번져나가는 시발점이 됐습니다. 그 한 해에만도 전국 71곳에서 민란이 일어났는데 이를 통틀어 임술민란이라고 합니다.

삼정(전정·군정·환곡)의 문란이 극에 달해 있었는데다 새로 부임한 경상우병사 백낙신의 학정까지 더해지자 농민을 비롯한 진주 백성들의 삶은 더욱 피폐해졌습니다. 민란군은 악질 관리를 불태워 죽이고 부호들을 습격했으며 백낙신 등으로부터는 부정부패 혁파 약속을 받아내기도 했습니다.

조정은 경상우병사와 진주목사를 파직해서 성난 민심을 달래는 한편, 민란을 일으킨 주동 류계춘 등을 체포하고 그 목을 잘라 내걸어 효시했습니다. 진주민란은 이처럼 곧바로 제압 당했지만 파급력은 매우 커서 1894년의 동학농민전쟁에까지 영향을 끼치게 됩니다.

2006년에 대평면 당촌리 산중턱에 '진주농민항쟁을 이끈 류계춘 선생의 묘'라 새긴 묘비가 들어섰습니다. 2012년에는 진주성을 습격하는 농민들의 발걸음이 처음 시작됐던 옛 수곡장터 현장에 진주농민항쟁기념탑이 세워졌습니다.

진주상무사·옥봉경로당·형평운동

진주는 상공인에게도 기념이 될 만한 고을입니다. 지금 상공회의소에 해당하는 상무사가 가장 먼저 만들어진 지역 가운데 하나가 진주입니다. 대한상공회의소 기록에는 서울 1884년, 인천 1885년, 부산 1889년, 목포 1898년 다음에 진주 1899년으로 적혀 있습니다. 보부상을 아우르는 전국 조직인 혜상공국이 1884년 만들어지고 이어 전국 주요 도시들에서 앞서거니 뒤서거니 비슷한 시기에 만들어졌다고 보면 맞을 것 같습니다.

보부상의 권익 보호가 목적이었던 진주상무사는 진주뿐만 아니라 낙동강 서쪽에 있는 경남의 17개 지역을 관장했습니다. 지금 옥봉동에 있는 상무사 건물은 원래 있던 것이 1930년대 대홍수로 유실된 후 다시 지은 전통목조 기와집입니다. 다른 지역에는 이런 옛 건물이 거의 남아 있지 않아 역사성과 상징성이 높다고 합니다.

진주상무사 근처에 있는 옥봉경로당도 한 번 들러볼 만합니다. 1934년 한옥 건물로 지어진 경로당은 그 시기가 우리나라에서 가장 앞선 편입니다. 옛날 건물이 그대로 남아 사람이 기거하면서 지금도 경로당 기능을 유지하고 있다는 것이 대단합니다.

우리나라 근대 역사에서 대표적인 인권운동인 '형평운동'도 진주에서 일어났습니다. 1894년 갑오개혁으로 신분제도가 사라지면서 백정도 형식적으로는 평민이 되었습니다. 하지만 차별받는 현실은 달라진 게 없었습니다.

기와집에서 살 수 없었고, 비단옷은 입을 수 없었으며, 초상이 나도 상여를 쓸 수 없었고, 자식은 결혼식도 치를 수 없었다고 합니다. 학교에 가서 공부를 할 수도 없었으며 아무리 나이 많은 어른이라도 상민이나 양반을 만나면 어린아이한테도 말을 높여야 했을 정도였으니까요,

1923년 차별을 타파하고, 백정에 대한 모욕적인 호칭을 폐지하며, 교육을 장려하고 참다운 인간으로 살 수 있도록 형평사가 만들어졌습니다. '백정은 인간이 아니더냐'로 시작되는 창립선언문에서 오랜 세월 동안 켜켜이 쌓여 왔던 그들의 한과 울분이 느껴집니다.

형평은 백정들이 고기를 다는 평평한 저울을 뜻합니다. 이쪽으로도 저쪽으로도 기울어짐이 없이 공평하다는 뜻을 담고 있습니다. 그러고 보면 형평사와 형평운동은 100년 전 형평운동의 본질과 실태를 잘 표현한 아주 탁월한 작명인 것 같습니다.

형평운동기념탑

진주향교·청곡사·문산성당·진주교회

　진주향교는 987년 고려 성종 때 향학당으로 창건됐습니다. 향교는 고려 시대와 조선 시대에 고을마다 하나씩 두었던 지역 공교육 기관이었는데 우리나라를 통틀어 가장 이른 시기에 지어진 향교가 바로 진주향교입니다. 물산이 풍성해서 최초가 많은 진주에 향교도 다른 지역보다 일찍 세워진 것이지요.

　향교는 국가로부터 토지와 노비 그리고 교관을 지원받아 운영을 했습니다. 교관 1명이 정원 30명의 교생을 가르쳤다고 합니다. 당시는 남존여비 사회였기에 여자는 당연히 입학을 할 수 없었는데, 그런 남자 중에는 병역 면제를 목적으로 등록한 가짜 학생도 많았다고 하지요.

월아산 기슭에 자리 잡은 청곡사도 널리 알려지지는 않았지만 알고 보면 대단한 절간입니다. 채색이 아름답고 표현이 당당하며 필치가 섬세하다는 평가와 함께 국보로 지정된 청곡사 영산회괘불탱은 길이가 10m로 건물 3층 높이와 맞먹습니다.

규모는 크지 않은 절간이지만 목조석가여래삼존좌상, 목조지장보살삼존상, 삼층석탑, 대웅전, 영산회상도, 업경전 같은 문화재가 여럿 있습니다. 진양 강씨 집안으로 태조 이성계의 아내가 되었던 신덕왕후의 원찰이기도 했습니다.

문산성당은 1899년 마산본당이 들어설 당시 거기에 딸린 소촌공소였습니다. 본당에 소속된 24개 공소 가운데 가장 신자가 많았는데 1905년에 문산 본당으로 승격되었습니다.

1923년 건축된 한옥 옛 성당과 1937년 지어진 고딕 양식 현재 성당은 동양과 서양의 건축 양식이 한 자리에서 조화를 이루고 있습니다. 아늑하고 넉넉한 모습을 갖춘 두 건물은 모두 근대문화유산으로 지정돼 있습니다.

문산성당의 역사도 살펴볼 만합니다. 지금 자리에 소촌역이 있었는데 지금은 기차가 서는 데를 역이라 하지만 옛날에는 말을 관리하는 관아였습니다. 여기 말들은 공공 업무를 위해 출장을 다니던 관리들이나 쓸 수 있었지요. 그런데 1895년 근대 우편제도가 시행되면서 전통시대 역들은 찬밥 신세가 됩니다.

그런 사정으로 비어지게 된 소촌역 건물을 1905년 프랑스 신부가 사들여 지금의 문산성당이 들어서게 됩니다. 교통 요지에 자리 잡았던 옛날 역은 오가는 사람들을 검문 검색하기에 적합한 장소였습니다. 천주교 박해가 심했을 당시 이곳에서 무수히 많은 교인들이 잡혀갔었지요. 이런 쓰라린 역사를 안고 있는 터에 들어서게 됐으니 억울하게 죽임을 당한 영혼들에게는 작으나마 위안이 됐을는지는 모르겠습니다.

문산성당

유럽으로 여행을 하게 되면 꼭 들르게 되는 곳이 멋진 성당
이나 교회 건물입니다. 진주 하면 진주성이나 촉석루가 워낙
유명하다 보니 다른 곳은 가려지기도 합니다. 하지만 조금만
눈을 넓히면 둘러볼 만한 곳이 많은데 그중의 하나로 문산성
당을 꼽을 수 있습니다.

진주교회

개신교에서는 진주교회를 내세울 만합니다. 호주에서 온 선교사가 1905년 성내동의 개인 초가집에서 처음 예배를 올린 것이 진주 개신교의 시초라고 합니다. 처음 이름은 '진주읍 옥봉리교회'였는데 이곳 역시 우리가 새겨볼 역사가 있습니다.

1909년 백정 신자들도 함께 예배를 보도록 하자 일반 신자들은 소수만 동의하고 나머지 대다수는 자리를 박차고 나가는 예배 거부 사건이 있었지요. 만인이 평등해야 할 종교에서도 백정들은 이런 차별을 받아야 했으니 그 뿌리가 얼마나 깊은지 짐작이 되고도 남습니다. 이 사건은 한편으로 형평운동이 필요한 이유를 많은 이들에게 깨우치는 계기가 되기도 했습니다.

교회 입구에는 1919년 3월 18일 3.1만세운동 시작을 알리는 종소리가 울려 퍼졌던 '진주기미독립만세의거기념종탑'이 서 있습니다. 이는 당시 개신교의 진주교회가 독립운동에 적극 나섰음을 알려주는 증거라 할 수 있겠습니다.

진주역 차량정비고

이처럼 진주에 최초가 많은 것은 일찍부터 많은 사람이 모여 살았기 때문에 가능한 일이었습니다. 사람이 많이 모여 살았다는 것은 그만큼 먹고 살 만했다는 뜻이지요. 남강의 풍성한 물길이 적시는 들판은 넉넉한 물산을 만들어냈고, 남쪽으로 사천·고성과 이어지는 평탄한 육로는 남해에서 나는 풍부한 해산물을 들여오는 통로이기도 했습니다.

일제강점기에 만들어진 진주역 차량정비고도 이처럼 풍부한 물산과 관련이 있습니다. 삼랑진역에서 시작되는 경전선이 지금은 전라도까지 이어져 있지만 1925년부터 1968년까지 44년 동안은 진주가 경전선의 종점이었습니다. 진주 서쪽으로는 실어 나를 물산이 많지 않았기 때문에 일제로서는 일부러 애써서 철도를 더 연결할 필요가 없었던 거지요.

그러다 보니 운행을 마친 기차를 정비하는 시설이 당시 종점인 진주역(옛 진주역)에 들어서게 됐습니다. 주로 벽돌을 쓰고 부분적으로 석재를 활용한 건물인데 아치형 장식이 곁들여져 이국적인 느낌을 줍니다. 정면에는 6.25전쟁 당시 빗발쳤던 총탄 자국이 군데군데 남아 그때의 상흔을 보여줍니다. 독특한 건물과 굵다란 은행나무가 근사한 풍경을 만들어내는 멋진 근대문화재입니다.

진주역차량정비고

조금 있으면 진주성 안에 있는 국립진주박물관이 옛 진주역 철도 부지 자리로 옮겨와 진주역차량정비고와 함께할 계획이라고 합니다. 2025년까지 철도역사전시관도 함께 들어선다고 하니 이렇게 한자리에 모이면 진주의 새로운 명소가 하나 더 새롭게 탄생할 것 같습니다.

사천

갯벌 하면 가장 먼저 떠오르는 곳이 어디인가요? 이런 질문을 던지면 사람들은 막 생각을 하기 시작합니다. 끝도 없이 이어지는 광활한 서해안 갯벌? 아니면 관광지로 명성을 날리고 있는 순천만 갯벌? 그런데 정작 경남에 살고 있는 사람들조차 사천을 떠올리는 경우가 드뭅니다.

경남의 갯벌은 절반가량이 사천에 있습니다. 그야말로 갯벌 부자라고 할 수 있습니다. 갯벌과 더불어 사천을 대표하는 것이 항공 산업입니다. 사천이 항공 산업의 메카로 자리 잡을 수 있었던 배경도 갯벌이라니 재밌지요. 그 까닭이 궁금하다구요? 지금부터 사천속으로 들어갑니다

사천만갯벌

갯벌에 남은 역사

경남을 대표하는 선비 남명 조식이 지리산 유람을 위해 첫 걸음을 내디딘 데가 사천이었습니다. 합천 삼가에 살고 있던 남명은 진주를 거쳐 사천으로 왔습니다. 거기서 육로로 하동으로 가는 대신 사천 구호리 언덕배기 쾌재정에서 배를 타고 지리산을 향했습니다. 남명 일행은 곤양 앞바다를 지나 섬진강을 거슬러 올랐습니다. 그러고는 하동·악양을 거친 다음 화개에 이르러 배에서 내렸습니다.

지금은 이런 유람이 가능하지 않지만 옛날에는 물길이 육로보다 더 편하고 손쉬운 교통로였습니다. 옛날 육로는 험하고 힘들었으며 자칫 길을 잃거나 먼 길을 돌아가야 했습니다. 하지만 물길은 달랐습니다. 지금보다 수량이 풍성해서 훨씬 더 다니기 좋았습니다. 지리산까지 이어지는 물길이 딱 좋은 자리가 바로 사천이었습니다.

퇴계 이황이 곤양군수로 있던 스승 어득강을 찾아와 함께 노닌 자리에는 작도정사가 있습니다. 작도는 우리말로 '까치 섬'인데 이를 통해 옛적 이곳이 바다였음을 짐작할 수 있습니다. 하천을 따라 토사가 내려와 쌓이고 일제강점기 일본 사람들이 갯벌을 매립해 농토를 만들면서 바다는 점점 육지로 변했습니다.

　작도정사에서 너른 들판을 내려다보노라면 상전벽해라는 말이 절로 떠오릅니다. 입구에는 '퇴계이선생장구소(杖履所)라고 새겨진 비석이 서 있습니다. 퇴계 이황이 지팡이를 짚고 짚신을 신고 노닌 장소라는 뜻으로 후세 사람들이 그를 기리기 위해 세운 것입니다.

광포만갯벌

사천만의 갯벌이 풍성한 것은 사방에서 흘러드는 물줄기가 부지런히 펄을 실어다 주는 덕분입니다. 이 갯벌이 사천 사람들에게는 보물입니다. 사철 마르지 않는 고방이 되어주었고 자식을 공부시킬 수 있는 돈줄이었으며 동시에 신나는 놀이터이기도 했습니다.

하지만 사천만의 위쪽 부분인 용남면 일대 갯벌이 매립되고 산업단지가 들어서면서 사정이 달라졌습니다. 거기에다 가화천을 통해 남강댐 물이 넘쳐 들면서 흐름이 막혀 예전만큼 구실을 하지는 못합니다. 대신에 종포에서 대포에 이르는 갯길을 따라 산책로가 났습니다. 해 질 무렵 노을에 젖은 갯벌은 한 폭의 그림처럼 아름답게 펼쳐집니다.

사천만 맞은편 곤양천 어귀에 형성된 광포만은 우리나라 갯잔디 최대 군락지로 철새들의 중간 기착지 노릇을 톡톡히 하고 있습니다. 전통 자연 해안선이 있는 데서만 자라는 갯잔디에는 새들의 먹이가 되는 기수(갈)고둥이나 대추귀고둥 같은 조그만 조개들이 많이 살고 있기 때문이지요.

갯벌에서 가장 흔하게 볼 수 있는 것이 게입니다. 그런데 이 게들이 알고 보면 생태계에서 아주 중요한 역할을 합니다. 더러워진 펄을 삼켜 유기물은 먹고 나머지 펄은 깨끗하게 만들어 다시 돌려보내거든요. 이들은 먹이사슬의 가장 낮은 부분을 담당하면서 생태계를 통째로 떠받치고 있습니다. 사천만갯벌에는 이런 게들이 바글바글합니다.

가산창과 가산리석장승

바다 물길이 좋았던 옛적 사천만에는 조창이 여러 군데 있었습니다. 조창은 고려·조선 시대에 조세로 거둔 곡식을 서울로 가져가기 위해 모아서 보관해 두던 창고를 말합니다. 내륙의 강가에도 있었지만 바닷가에 많았습니다. 물론 같은 시기에 여러 조창이 한꺼번에 있지는 않았습니다. 이를테면 통양창은 고려 시대 조창이고 지금도 자취가 남아 있는 가산창(축동면 가산리 1048)은 조선 영조 때 생겼습니다.

가산리석장승

가산마을 석장승은 이 조창과 관련이 있습니다. 사천을 비롯해 주변에 있는 일곱 고을에서 거둔 공물을 가산창에 모았다가 서울로 보냈습니다. 옮겨가는 수단이 뱃길이다 보니 늘 무사안녕을 빌어야 했습니다. 풍랑에 배가 뒤집히기라도 하면 사람이 죽거나 다치는 것은 물론이고 싣고 가던 공물을 빠뜨리면 그것도 물어내야 했으니까요.

가산리 석장승은 물건을 싣고 무사하게 다닐 수 있도록 제사를 지내던 곳입니다. 가산마을 언덕배기와 당산나무 아래에 남녀신장이 두 쌍씩 모두 네 쌍이 있었습니다. 그러다가 당산나무 아래에 있던 여신장 둘은 도둑을 맞아 1980년 새로 만들어 세웠다고 합니다.

1895년 현물로 거두던 조세가 현금으로 바뀌면서 조창은 역사 속으로 사라졌습니다. 이렇게 가산창이 없어진 뒤에는 석장승이 마을의 안녕과 풍어를 지켜주는 수호신으로 변합니다. 선박과 어업 기술이 좋아져도 바다는 여전히 두려운 존재니까요. 지금도 마을 사람들에게는 신앙의 대상으로 역사가 이어지고 있습니다.

사천매향비

뭐니뭐니해도 갯벌 유적의 으뜸은 매향비입니다. 매향비는 향나무를 갯벌에 묻고 그 내용을 새긴 비석을 말합니다. 향나무를 갯벌에 묻다니? 싶지요. 나무를 갯벌에 묻으면 바닷물에 썩어 없어질 것 같은데 말입니다. 그런데 향나무는 세월이 흐를수록 다이아몬드처럼 단단해지고 향기도 짙어진다니 신기한 일이지요.

사천매향비는 1387년 고려 우왕 때 미륵부처 왕생을 기원하며 향을 묻어 바치면서 세운 것입니다. 매향비에는 이런 글이 적혀 있습니다. "많은 사람이 계를 모아 미륵불 왕생을 기원하며 향을 묻었다(千人結契埋香願王)." 끝머리에 참여 인원을 적었는데 "모두 4100(計四千一百)"이라 했습니다.

불교에 대해서 잘 모르는 사람들은 부처님이 한 분이라고 생각을 합니다. 그런데 부처님은 아주 많습니다. 그런 말이 있지요. 불법을 깨달으면 나도 부처가 된다는……. 미륵불은 56억 7000만 년이라는 억겁의 세월 뒤에 나타나서 중생을 구제하는 희망불이자 미래불입니다.

당시로 보자면 어마어마한 규모였던 4100명이 힘을 보태 향을 묻고 비석을 세웠다고 적혀 있습니다. 이는 한두 사람 개인의 불행이 아니라 수많은 사람이 한꺼번에 고통을 겪고 있었다는 뜻이지요. 중앙귀족과 지역토호의 토색질은 물론 왜구들의 노략질까지 감당해야 했던 백성들의 고달픈 삶과 좋은 세상에 대한 간절한 희망이 매향비에 담겨 있다는 걸 짐작할 수 있습니다.

일제강점기 비행기격납고

항공 산업 하면 사천을 으뜸으로 꼽습니다. 한국항공우주산업 같은 기업과 우리나라 공군의 주요 부대가 사천에 자리잡고 있습니다. 그런데 이렇게 사천을 항공 산업의 메카로 만든 일등공신이 바로 갯벌이었습니다. 이렇게 이야기를 하면 갯벌 하고 항공 산업이 무슨 관련이 있지? 그리 생각하는 사람들도 있습니다. 하지만 조금만 생각해 보면 그 이유를 알 수 있습니다.

비행기가 뜨고 내리려면 넓은 땅이 필요합니다. 그런데 왜 하필이면 갯벌인지도 궁금하지요. 비행장 활주로를 만들기 위해 넓은 땅이 필요한데 그냥 넓기만 해서 되는 것이 아니라 평평해야 하거든요. 만약 가까이에 절벽이나 산이 있으면 뜨고 내릴 때 부딪힐 위험이 큽니다. 그런데 사천은 평탄한 갯벌이 광활해서 안전한 비행장을 쉽게 확보할 수 있는 조건을 갖추고 있었던 셈입니다.

비행기와 관련된 사천의 역사는 좀 더 거슬러 올라갑니다. 그 흔적이 비행기격납고입니다. 격납고는 전투기를 숨겨두고 수리·정비하는 공간으로 일제강점기에 만들어졌습니다. 일제가 사천의 지리적 이점을 제대로 알아보고 군용 비행장을 만들었던 거지요.

당시에는 성황당산 아래로 사천강을 따라 수십 개가 있었지만 지금은 2개가 남아 있습니다. 일본군은 군용 비행장(지금의 사천공항 근처)에서 육상으로 격납고까지 전투기를 몰고 갔습니다. 콘크리트로 둥글게 만들었는데 드나드는 뒤쪽은

비행기격납고 (정동면 예수리180-2, 60-6)

넓게 출입구를 두고 앞쪽은 조그맣게 공간을 틔웠습니다.

그런데 이게 멀리서 보면 마치 무덤처럼 보입니다. 오랜 세월이 지나면서 콘크리트 위로 수북하게 수풀이 자라나 있거든요. 무지개처럼 생긴 아치 모양의 안으로 들어가면 바깥에서 보는 것보다 훨씬 넓어서 아늑한 기분까지 듭니다.

격납고와 비행장을 만들기 위해 일제는 조선 사람들을 강제 노역에 동원했습니다. 일제의 중요 군사거점이 되다 보니 태평양전쟁 말기에는 미군과 연합군의 공습도 적지 않았습니다. 이렇듯 사천이 항공 산업의 본고장이 된 배경에는 수난의 역사가 숨겨져 있습니다. 격납고를 잘 보존해 스토리를 입힌다면 오랜 역사를 지닌 항공산업의 메카로 한층 의미를 더할 수 있지 않을까 싶습니다.

이순신 장군의 사천해전

사천 바다는 임진왜란 당시 이순신 장군의 승전지입니다. 정박해 있던 12척의 배를 격파하고 승리를 거둔 사천해전은 거북선을 처음으로 실전에 투입해 그 효능을 실험하고 입증한 전투라는 역사적 의미도 있습니다. 반면 이순신 장군 개인으로 보자면 어깨에 총상을 당해 평생 고통을 받게 되는 안타까운 전투이기도 했습니다.

사천해전에서 처음 선보였던 거북선은 임진왜란을 통틀어 모두 몇 척이었을까요? 이렇게 물으면 12척이라고 답하는 사람이 많습니다. 아무래도 명량해전을 앞두고 이순신 장군이 얘기했던 '신에게는 아직 12척의 배가 남아 있사옵니다' 그

말 때문이 아닐까 싶습니다. 그런데 실제 활약했던 거북선은 모두 3척이었습니다.

사천해전이 벌어졌던 곳은 선진리왜성에서 내려다보이는 바로 앞바다입니다. 사천해전 당시에는 이 왜성이 없었고 고려 시대부터 임진왜란까지 토성이 있었던 자리입니다. 선진리왜성은 1597년 정유재란으로 다시 쳐들어온 왜군이 기세가 꺾이고 뒤로 밀리면서 거점을 마련하기 위해 조선 토성의 바탕 위에 쌓은 석성입니다.

선진리왜성은 70도가량 경사진 겹성으로 일본식 석성의 축조 방식을 잘 보여주고 있습니다. 대장이 전투를 지휘하던 천수각 터가 남아 있고 한쪽으로 이순신 장군의 사천해전승첩기념비가 있습니다. 선진리왜성이 복원되면서 앞선 시기 쌓은 토성이 훼손된 건 아쉬운 일입니다.

선진리왜성 사천전투와 조명군총

선진리왜성에서 멀지 않은 곳에 '조명군총'이 있습니다. '총'은 무덤의 주인이 분명하게 알려져 있는 '능'과는 달리 무덤에 묻힌 사람을 알지 못할 때 붙여집니다. 그러니까 조명군총은 조선과 명나라 군사들이 한꺼번에 묻힌 무덤을 말하는 거지요. 규모가 커서 마치 왕릉 같아 보입니다.

조선과 명나라 연합군은 임진왜란 마지막 해인 1598년 사천에서 왜군을 상대로 두 번의 전투를 치르게 됩니다. 침략의 원흉 도요토미 히데요시가 숨을 거둔 후 왜적은 이미 철수를 결정하고 퇴로 확보를 모색하고 있었던 시점이었지요.

선진리왜성

　사천읍성을 중심으로 벌어졌던 1차 전투에서는 조명연합군
이 승리했습니다. 그렇지만 그 여세를 몰아 선진리왜성에 모
여 있던 왜군을 치러 나간 2차 전투에서는 패배를 합니다. 4
만의 조명연합군은 7000명밖에 안 되는 왜군에게 밀렸습니
다. 군량미가 불타고 매복 등으로 괴롭힘을 당한 끝에 숱한
주검을 남기고 철수를 했습니다.
　왜군은 숨진 군사들의 귀나 코를 잘라 일본에 전리품으로
보냈고 시신은 전투가 벌어진 현장에 그대로 내버려졌습니
다. 옛날 전투에서는 승전을 증명하기 위해 수급이라는 것이
필요했습니다. 적군의 머리를 벤 것이지요. 하지만 일본까지
보내기에 머리는 너무 무겁다보니 대신 귀나 코를 챙겨갔습
니다. 왜적은 이렇게 조선 전역에서 가져간 귀와 코를 모아서
일본 교토의 토요쿠니 신사에서 멀리 떨어지지 않은 곳에다
귀무덤을 만들었습니다. 도요토미 히데요시는 이렇게 잘라온

귀와 코 숫자를 정확하게 세어서 영수증까지 발급했는데 국립
진주박물관에 전시되어 있습니다.

 귀·코나 머리를 베어 승리의 증거로 삼은 것은 당시 조선이
나 명나라도 다를 바가 없었습니다. 이쪽도 전공을 인정받으
려면 물증이 필요했으니까요. 조명군총 옆에는 이총이 있습
니다. 1992년 사천문화원 등 뜻있는 사람들이 일본 교토 귀
무덤에서 흙을 가져와 안치하고 잊어서는 안 된다고 표지판
을 세운 것입니다.

 이국땅에서 목숨을 잃은 수많은 명나라 군사들의 영혼은 무
죄입니다. 하지만 전쟁 중에는 물론이고 끝나고 나서도 조선
은 명나라에게 혹독한 대가를 치러야 했습니다. 왜적에게 당
한 고통에 뒤지지 않을 정도였다고 하지요.

조명군총

명나라 군사들이 술밥을 배부르게 먹고 토해낸 토사물을 허기진 우리 백성들이 허겁지겁 주워 먹기도 했고, 조선의 수령과 장수들이 명나라의 일개 군졸에게 포박과 매질을 당하기도 했다니 그 횡포가 어땠는지 짐작하고도 남음이 있습니다.

일본이 임진왜란을 일으킨 궁극적 속셈은 조선을 손아귀에 넣은 후 중국 대륙으로 나아가는 것이었습니다. 명나라는 자국의 방패막이로 파병을 택했고 그 목적을 조선 땅에서 실현했습니다. 겉으로는 조선을 도와준다는 명분을 앞세웠지만 명나라는 일본과 마찬가지로 자기 영토는 단 한 뼘도 전란의 고통을 겪지 않았습니다.

400년이 지난 지금 우리는 그때의 상황에서 완전히 자유로워졌을까요? 지금도 분단이 된 채 주변 국가들의 이해관계에 얽혀 휘둘림을 당할 수밖에 없습니다. 스스로 힘을 기르지 못하고 도움을 받아야 하는 비극이 어떠한지를 기억해야 하는 것은 지금도 여전히 현재진행형입니다. '세상에 공짜는 없다'는 명언을 조명군총 앞에서 새삼 떠올리게 됩니다.

선진리성에서는 해마다 봄이면 벚꽃 축제가 열립니다. 일제강점기 일본 사람들이 사천성 전투의 승리를 기념하기 위해 비석을 세우고 성역화하면서 축제를 연 것이 처음 시작이라고 합니다. 그렇다고 뭐~ 꽃이 죄가 있는 건 아니지요. 그런 내용을 알고 즐기는 것도 필요하지 않을까 싶습니다.

사천성전투와 노량해전의 관계

사천성전투의 패배와 이순신 장군이 전사한 노량해전은 밀접한 관련이 있습니다. 앞뒤 맥락을 연결해보면 한결 수월하게 이해할 수 있습니다. 조명연합군을 물리친 사천 왜군은 승리를 거두자 기세가 올랐습니다. 이들은 전남 순천에 포위되어 있던 왜군을 구출하고 본국으로 돌아가는 퇴로를 확보하기 위해 밤을 틈타 남해와 하동 사이 노량 바다로 나갑니다. 노량으로 모여든 왜군은 군사 6만 명 남짓에 함선 500척 가량으로 규모가 대단했습니다.

하지만 상대는 이순신 장군이었습니다. 장군이 이끄는 조명연합 수군은 전선 150척에 군사 1만 명으로 왜적보다 적었습니다. 그렇지만 전투는 숫자로만 하는 것이 아니지요. 임진왜란 마지막 전투는 조선과 명나라 군대의 대승이었습니다. 하지만 안타깝게도 이순신 장군은 이튿날 새벽 날아든 유탄을 맞아 '싸움이 지금 급하니 나의 죽음을 알리지 말라'는 말을 남기고 전사를 하게 됩니다.

역사에는 만약이 없다고 하지만 이 장면에서 두 가지를 가정해 봅니다. 만약 사천성전투에서 조명연합군이 이겼다면, 이순신 장군이 왜적들의 퇴로 확보를 적당히 묵인을 해주는 작전을 썼더라면, 이순신 장군의 운명은 달라졌을까요.

7년 동안 조선을 난도질했던 왜적을 단 한 명도 살아 돌아가게 할 수는 없다는 이순신 장군의 절절한 심정을 죽음으로 맞섰던 노량해전을 통해 감히 짐작해 봅니다.

유일한 해양군사유적 대방진굴항

대방진굴항

　사천이 자랑거리로 내세울 만한 것 가운데는 대방진굴항도
있습니다. 그런데 사천에 살면서도 대방진굴항의 존재를 아
는 사람들이 드문 것 같습니다. 대방진굴항은 전통시대 해양
군사시설로 현재 제대로 남아 있는 것으로는 사실상 유일합
니다.

　대방은 동네 이름이고 진은 요즘으로 치면 해군부대쯤 됩니
다. 굴은 팠다는 말이고 항은 항구를 뜻하지요. 대방동에 있는
해군부대가 파서 만든 군항 정도로 이해하면 될 것 같습니다.
이렇게 외진 자리에 군항을 만들어 전선을 숨겼다가 삼천포해
협에 적선이 나타나면 바로 출격을 했던 것입니다.

　임진왜란 당시 이순신 장군이 수군기지로 충분히 이용했음
직한 자리이기는 하지만 지금의 굴항은 조선 말기인 1820년
대에 축조해 외적의 침공에 대비한 것이라 합니다. 그러니까
이순신 장군과 직접 관련은 없는 셈입니다. 안으로 길게 파
놓은 항구는 이제 아름드리 굵은 나무들과 어우러져 멋진 쉼
터로 변신을 했습니다.

다솔사에 안긴 한용운과 김동리

사천을 얘기하면서 빼놓을 수 없는 보물이 바로 다솔사입니다. 들머리에 잘 자란 소나무 숲길이 다솔사라는 이름과 썩잘 어울립니다. 여러 문을 통과하는 절차 없이 다솔사에서맨 먼저 만나게 되는 것이 석가모니 진신사리를 모신 적멸보궁입니다.

극락전과 안심료를 거쳐 오솔길을 따라 걸으면 옛적부터 이름이 난 차밭이 나옵니다. 둥치가 굵어진 은행나무 아래 서면 절간 풍경이 아늑하게 담깁니다. 무심한 듯 단정하게 들어앉은 전각들이 다솔사를 한층 빛나게 합니다.

다솔사가 명성을 얻은 데는 그만한 까닭이 있습니다. 일제강점기에 불교계 민족운동의 중요 거점이었기 때문이지요. 12년 넘게 다솔사를 드나들면서 독립운동을 벌였던 만해 한용운은 1917~18년 이태 동안 머물며 응진전을 고쳐 짓기도했습니다. 1939년 만해가 회갑을 맞았을 때 기념으로 심은황금공작편백 세 그루는 이제 다솔사를 지키는 든든한 주인이 되었습니다.

다솔사는 소설가 김동리도 품었습니다. 그의 대표작 '등신불'도 다솔사와 인연이 깊습니다. 자신의 몸을 태워 부처님에게 소신공양을 하는 줄거리의 모티브를 얻은 곳도 다솔사였으니까요. '등신불'은 만해 한용운의 시 '님의 침묵'과 함께 교과서에 실렸을 정도로 유명합니다.

다솔사가 민족운동의 거점이 된 배경에는 사천 출신 최범술(법명 효당)이 있었습니다. 최범술은 1920~30년대에 불교계

안심료 앞의 황금편백나무

항일 비밀 결사인 만당(卍黨)을 조직하고 민족학교인 광명학원을 세웠습니다. 만당의 당수로 만해 한용운을 추대하였고, 김동리는 광명학원의 선생님으로 모셔왔던 겁니다.

  다솔사 하면 사람들은 한용운과 김동리를 떠올립니다. 이들 덕분에 다솔사가 덩달아 유명해지기도 했지요. 그런데 최범술을 아는 이는 드뭅니다. 다솔사에서 두 사람이 활동을 할 수 있도록 기반을 만들어준 사람이 바로 사천 사람 최범술입니다. 만약 그가 없었다면 어땠을까요!

삼천포대교와 늑도유적

  창선·삼천포대교는 사천의 명물입니다. 삼천포대교·초양대교·늑도대교·창선대교 넷으로 이루어진 연륙교로 세 섬을 육지로 이어주는 다리이지요. 이 다리는 자동차는 물론 사람도 다닐 수 있도록 걷는 길을 내놓고 있습니다. 짭조름한 갯냄새와 와락 안겨 오는 바람, 그리고 손에 닿을 듯 다가서는 하늘이 걷는 내내 동행을 해주는 멋진 길입니다.

늘도 유적은 창선·삼천포대교를 놓을 때 발굴됐습니다. 기원전 2~1세기의 유적인데 우리나라 초기 철기 시대 유적지 가운데 최대 규모라 합니다. 낙랑·중국·일본 등 바깥에서 들여온 유물들이 엄청나게 나왔습니다. 여기 일대가 커다란 무역항이었던 셈이지요.

여러 계통의 사람들이 섞여 살았던 모양인지 주검의 형태도 다양했습니다. 똑바로 누워 있거나, 옆으로 누워서 팔·다리가 꺾여 있거나, 엎어져 있거나, 개와 함께 묻혀 있기도 합니다. 주검의 모습만큼이나 제각각 사연도 많았을 듯합니다.

발굴된 유물 중에 불탄쌀과 시루도 눈길을 끕니다. 예나 지금이나 늘도에서는 논농사를 지을 수 없습니다. 그런 늘도에서 쌀을 주식으로 삼은 자취들이 발견된 것은 다른 데서 쌀을 들여왔다는 것을 의미합니다. 여기 사람들이 쌀농사 대신에 무역이나 그에 필요한 물품 생산을 전문으로 했으리라는 짐작을 가능하게 합니다.

그런데 다리를 내면서 유적을 발굴하고는 그대로 남겨두지 않고 다시 묻었습니다. 출토된 유물을 모아 전시관을 짓는다는 얘기가 있었지만 그에 걸맞은 결과는 아직 나오지 않았습니다. 이런저런 자취를 더듬어 볼 수 있는 시설물이 언제쯤 생기게 될지 모르겠습니다.

산청

　산청에서 으뜸은 단연 지리산입니다. 이렇게 이야기를 하면 고개를 갸웃할지도 모르겠습니다. 지리산에 기대고 있는 지역이 산청만 있는 것이 아니니까요. 전북 남원, 전남 구례, 그리고 경남의 하동·함양·산청이 다 지리산과 이어져 있습니다.

　그럼에도 산청을 으뜸으로 꼽는 데는 다 그만한 까닭이 있습니다. 산청에 있는 지리산이 다른 지역에 있는 지리산보다 가장 넓지는 않지만, 지리산에서 가장 높은 봉우리인 1915m 천왕봉이 바로 산청군 영역에 있습니다. 지리산이 산청의 역사와 무관하지 않았을 거라는 짐작을 하게 됩니다.

구형왕릉

 구형왕릉은 우리나라에서는 보기 드물게 돌을 쌓아 만든 무덤(적석총)입니다. 비탈진 산기슭을 따라 일곱으로 층을 이룬 가운데 네 번째에는 감실 비슷한 구멍이 있습니다. 전후 좌우로 넓게 퍼져 있고 위로도 돌더미가 높다랗게 솟아 있습니다. 신라나 가야의 고분에 익숙한 사람에게는 매우 신선한 장면이 될 수 있습니다.

 구형왕릉 앞에는 '전(傳)'이라는 글자가 붙는데, 구형왕의 것이라고 확정되지는 못했고 '카더라'는 것입니다. 구형왕 김구해는 김해 가락국 마지막 10대 임금으로 532년 신라 법흥왕에게 나라를 넘긴 당사자로 알려져 있습니다.

 김해의 가락국은 서기 400년 고구려 광개토왕의 공격을 받은 뒤에는 고분 하나조차 그럴듯하게 남기지 못했습니다. 그만큼 크게 타격을 받았다는 이야기입니다. 일찌감치 치명상을 입은 나라의 임금이, 그것도 멸망한 뒤에 이렇게 큰 무덤을 남겼습니다. 게다가 그 자리는 김해에서 한참 떨어진 지리산 산청의 왕산 자락입니다.

 기록이 남아 있지 않으니 저간의 사정을 제대로 짐작하기는 쉽지 않습니다. 구형왕의 무덤이 아니라는 얘기도 있고, 구형왕이 여기로 도망해 있으면서 고토 회복을 꿈꾸며 여러 작업을 벌였으리라는 주장도 있고, 정복한 신라가 아량을 베풀어 구형왕 일족이 여기 들어와 살 수 있게 했으리라는 이야기도 있습니다.

어쨌거나 구형왕릉 둘레에는 애초 가락국 시조 수로왕의 별궁이었는데 구형왕이 만년에 거처했다는 수정궁터와 그 수정궁 자리에 지어졌다는 왕산사터 같은 관련 유적들이 널려 있습니다. 그가 올라 옛적 도읍을 바라봤다는 망경루도 있습니다. 구형왕의 증손자인 김유신의 활터였다는 사대도 있고, 김유신이 시릉살이를 했음을 알리는 빗돌도 있습니다.

구형왕릉으로 올라가는 들머리 금서면 화계리에 있는 덕양전은 구형왕과 그 왕비의 위패를 모시는 전각입니다. 햇살이 바른 자리에 널찍하게 터를 잡고 있어 초라해 보이지는 않습니다. 하지만 나라 잃은 가락국 임금의 사당이라는 전제 때문인지 보는 이로 하여금 처연한 감정이 들게도 합니다.

구형왕릉

덕양전

백제의 계백 장군은 가족을 죽이면서까지 신라에 맞서 최후 항전을 펼쳤습니다. 후세 사람들은 그의 황산벌 전투를 높이 칩니다. 만약 계백 장군이라는 존재가 없었다면 백제의 마지막은 무척 쓸쓸하지 않았을까 싶은 생각이 들기도 합니다.

그렇다면 계백 장군처럼 마지막까지 싸우다 장렬하게 전사하는 것과 구형왕처럼 모든 것을 접고 항복을 하는 것, 이두 가지 중에서 어느 쪽이 최선의 선택일까요? 결사 항쟁하다 장렬하게 전사하면 영웅이 됩니다. 반대로 투항을 선택하면 배신과 비겁의 아이콘으로 남게 됩니다.

두 가지 경우를 제각각 다른 측면으로 생각해볼 수도 있습니다. 싸우다 죽으면 계백 장군처럼 멋지게 이름이라도 남길수 있지요. 하지만 남겨진 일반 백성들은 고난과 고초를 고스란히 겪어야 합니다. 물론 깨끗이 항복해도 지배당하는 설움과 괴로움이 전혀 없지는 않겠지만 말입니다.

승패는 이미 정해져 있었습니다. 달걀로 바위 치기라는 것은 누구보다 잘 알고 있었을 겁니다. 이런 상황에서 어쩌면 구형왕은 쿨한 결심을 했을 수 있습니다. 그런 덕분에 김유신을 비롯한 후손들이 신라에서 높은 지위를 대대로 누리고 공덕을 쌓을 수 있었다고 할 수도 있습니다.

구형왕을 두고 양왕이라고도 합니다. 나라를 양보한 임금이라는 뜻이지요. 구형왕을 모시는 사당은 덕양전입니다. 나라를 양보한 미덕을 베푼 임금에 걸맞은 이름입니다.

구형왕릉은 맑은 날보다 흐린 날이면 처연한 분위기가 한결 짙어집니다. 이기고 지는 것은 역사에서 흔하게 있는 일입니다. 승리의 역사에서 배울 게 있다면 패배를 통해서도 짚어볼 것들이 적지 않음을 구릉왕릉은 말해주고 있는 듯합니다.

두류산 양단수와 남명의 산천재

남명 조식은 퇴계 이황, 율곡 이이와 더불어 조선 중기의 3대 학자로 널리 알려져 있습니다. 남명과 퇴계는 학문적·사상적으로는 결이 달랐지만 서신을 통해 학문을 논하며 믿음을 쌓고 우정을 나눈 벗이었습니다. 1501년 같은 해에 태어났던 퇴계와 남명은 한 해 정도 간격을 두고 앞서거니 뒤서거니 세상을 떠났습니다.

남명이 태어난 데는 합천 삼가 토동(외토리)입니다. 아버지에게는 처가이고 본인에게는 외가인 곳이지요. 서울에서 벼슬을 살게 된 아버지를 따라 어린 나이에 서울로 갔다가 20대에 김해 처가로 들어가 산해정을 짓고 공부를 하고 제자들을 가르쳤습니다.

처가가 있는 김해에서 자신이 태어난 삼가 토동으로 돌아와 뇌룡정·계부당을 짓고 학문을 펼친 것은 1545년이었습니다. 그러다가 1561년에는 지리산 자락 덕천동으로 옮겨 산천재를 짓고 제자를 가르치게 됩니다.

태어난 고향을 떠나 산청에서 마지막을 보낸 이유가 따로 있는지 궁금합니다. 남명은 지리산을 무척 좋아했습니다. 생전에 열두 차례나 지리산을 찾았을 정도이고 1558년에는 '유두류록'이라는 지리산 산행기도 남겼습니다.

옛날 선비들의 지리산 유람은 단순한 유람이 아니었습니다. 역사·문화 답사였으며 동시에 사색과 수양의 걸음이었습니다. 이렇게 두루 유람을 다니면서 마지막을 이곳에서 보내도 좋겠다고 여긴 모양입니다.

선생이 지은 시조에서 지리산에 대한 애정을 짐작할 수 있습니다. "두류산 양단수를 녜 듯고 이제 보니/ 도화 뜬 맑은 물에 산영조차 잠겻세라/ 아희야 무릉이 어듸오 나는 옌가 하노라." 여기서 두류산은 지리산이고 양단수는 두 줄기로 흐르는 물이라는 뜻인데 덕천강을 일컫습니다.

덕천강을 이루는 두 물줄기는 시천면 원리에서 만나 하나가 됩니다. 바로 선생이 제자들을 가르쳤던 산천재와 가까운 일대입니다. 여기서 두 물이 만나는 모습을 보며 이 시조를 읊었으리라 짐작됩니다.

태어난 외가를 떠나 산과 물과 들판이 더불어 멋진 지리산 아래를 찾아든 데는 이런 까닭도 있지 싶습니다. 산천재에 주련으로 붙어 있는 한시 '덕산복거'에 담겨 있습니다.

"봄산 곳곳에 꽃과 풀 널려 있지만/ 상제 거처하는 천왕만 다만 사랑하네/ 빈손으로 돌아왔으니 무엇을 먹을꼬?/ 은하수 십리 뻗었으니 마시고도 남겠네."

이곳에서 남명은 마지막 10년을 별다른 욕심 없이 후학을 가르치다 편하게 세상을 떴으리라 싶습니다. 높고 큰 안목은 여전했지만 한편으로 외로운 심정은 벗어나기 어려웠던 모양입니다. 산천재 앞뜰에 심은 매화나무를 두고 지은 한시 '설매'를 보면서 그 심정을 짐작해 봅니다.

"홀로 지내기 어려운 한 해가 저물었네/ 새벽부터 날 샐 때까지 눈조차 내렸는데/ 오래 외롭고 쓸쓸하던 선비 집에/ 매화 피어나니 맑은 기운 다시 솟네."

덕천서원

산천재에 들어서면 450년을 훨씬 넘긴 남명매가 주인 대신 반갑게 맞아줍니다. 그가 머물렀던 자리에는 문창살에 그림자를 드리운 햇살이 남명의 인품처럼 정갈하게 내려앉아 있습니다.

건물은 화려하게 단청을 입고 있지만 남명 생전에는 그랬을 리가 없었을 것입니다. 벽면을 보면 신선이 바둑을 두는 그림, 농부가 소를 몰아 밭을 가는 그림, 버들 아래 냇가에서 귀를 씻는 그림 등이 있습니다. 한때는 세월에 지워져 희미해졌던 그림이 지금은 산뜻하게 새로 단장을 했습니다.

덕천서원은 남명 조식이 세상을 떠난 뒤에 제자들이 스승을 기리기 위해 만든 공간입니다. 남명이 태어난 합천 삼가 외토리의 용암서원과 마찬가지로 느낌이 참 좋습니다. 배롱나무·홰나무·느티나무·은행나무 등 오래된 나무의 어울림과 적당하게 나이 먹은 한옥 목조의 간결함은 용암서원에서는 누릴 수 없는 미덕입니다. 학생들이 공부하던 공간, 머물던 공간, 남명을 제사 지내는 공간들은 고즈넉하게 그대로입니다. 한나절 마루에 걸터앉아 우두커니 앉아 있어도 좋을 자리입니다.

당대 유명한 유학자였던 퇴계 이황과 남명 조식은 위아래를 가릴 수 없는 인물들입니다. 추구했던 사상의 방향이나 주안점이 달랐을 뿐 당대와 후세에 영향을 크게 미쳤다는 사실은 서로 다르지 않다는 거지요. 그럼에도 후세 사람들은 남명보다는 퇴계를 더 많이 기억합니다.

아마도 퇴계가 남명보다 더 대중적인 인물이 되었기 때문이 아닌가 싶습니다. 퇴계는 교과서에 등장하는 횟수도 많고 거기에다 1000원짜리 지폐에 초상이 그려져 있다 보니 사람들의 입에 자주 오르내립니다. 남명을 모시는 덕천서원이나 용암서원도 거기서 누릴 수 있는 좋은 느낌과는 상관없이 규모로 보자면 퇴계를 기리는 도산서원에 비해 많이 간소합니다.

입에 올려지는 정도나 모시는 건물의 규모로 인물을 평가할수는 없습니다. 하지만 어쨌든 덜 알려지고 덜 평가받는 남명조식이 지금이라도 제대로 평가를 받고 대접을 받을 수 있어야겠지요 훌륭한 가르침은 시공을 초월해 충분히 본받을 가치가 있으니까요.

경의(敬義)를 내세우며 실천을 으뜸 가치로 꼽았던 남명은 벼슬길에 오르는 출세는 부차적인 것으로 여겼습니다. 이런 가르침을 몸에 익힌 남명의 제자들도 적극 나서서 벼슬을 하기보다는 초야에 묻혀 지내는 경우가 많았습니다. 선생 사후 20년이 지나 임진왜란이 일어나자 제자들은 스승의 가르침을 따라 나라와 고장을 지키기 위해 목숨 걸고 의병 활동에 나서게 됩니다.

임진왜란 최초 의병장 곽재우 장군은 남명이 가장 아끼는 애제자였고 경상우도 의병의 총대장이었던 내암 정인홍은 남명이 으뜸으로 꼽은 수제자였습니다. 그밖에도 일대에서 활동을 펼친 의병장 가운데는 남명의 제자들이 많았습니다. 대충 훑어봐도 성주 이준민, 고령 김면, 현풍 박성, 초계 전치원·곽준, 합천 박이장·하혼, 삼가 노흠·이흘·윤탁, 거창 문위, 안의 조종도, 함양 박여량, 산청 오장, 단성 이유성·김경근, 진주 이정·이로 정도입니다.

이들은 임진왜란 중에 의병 활동을 하다가 목숨을 잃은 경우가 많았습니다. 게다가 살아남은 망우당 곽재우는 벼슬을

단속사지 동·서삼층석탑

거절하다시피 했고 정인홍은 광해군 조정에서 영의정까지 지냈지만 인조반정을 맞아 처형을 당하고 말았습니다.

반면 퇴계의 제자들은 이후 중앙 조정에서 크고 작은 벼슬을 많이 하면서 순탄하게 자리 잡고 성장하게 됩니다. 제자가 잘되면 스승도 높아지고 제자가 잘못되면 스승도 낮아진다, 옳고 그름을 떠나서 세상살이의 이치가 그런가 봅니다.

단속사지 멋진 자리

동·서삼층석탑과 당간지주로 남은 단속사지는 놓인 자리만으로도 빛이 납니다. 동·서삼층석탑은 망한 절터의 쓸쓸함을 압도할 만큼 크고 잘 생겼습니다. 이렇게 단정하고 잘 생긴 석탑은 단속사가 예사롭지 않은 절이었음을 일러줍니다. 아래쪽으로 조금 떨어져 소나무숲에 서 있는 당간지주의 규모를 보더라도 단속사가 얼마나 대단한 절이었는지 짐작할 수 있습니다.

<신증동국여지승람>에는 단속사 들머리에 고운 최치원이 쓴 '광제암문'이라 새긴 바위가 있으며, 최치원의 독서당이 있었으나 다른 스님의 영정을 모시는 공간이 되었다고 적고 있습니다. 독서당은 자취가 사라지고 없으나 광제암문 네 글자는 남사천 개울가 바위에 높다랗게 새겨져 있습니다.

단속사 하면 사람들은 정당매를 떠올립니다. 고려 말 강회백이 여기서 공부하다가 매화 한 그루를 심었는데 나중에 벼슬이 정당문학에 이르자 정당매라고 하게 됐다는 기록이 있습니다.

단속사지 당간지주

강회백은 1357년생으로 1376년에 과거에 급제했으니 정당 매는 적어도 640살이 넘었습니다. 단속사의 스님들은 이 매화나무를 극진히 보살폈고 후손들은 정당매를 기념하기 위해 비를 세우고 비각을 지었다고 하니 대단한 나무임에는 틀림없어 보입니다.

대장경 판각지 단속사

정당매에 가려져 있는 단속사의 다른 이야기도 있습니다. 몽골 침략을 물리치기 위해 만든 팔만대장경은 단속사와도 인연이 깊습니다. 팔만대장경 하면 흔히들 합천 해인사를 떠올리지만 합천 해인사는 조선 시대에 팔만대장경이 마지막으로 모셔진 곳입니다.

단속사와 대장경에 관한 기록은 여러 곳에 나옵니다. 김일손은 <속두류록>에서 합천 해인사 장경판전과 같은 장경판각이 단속사에 있다고 적었습니다. 또 <세종실록 지리지>는 단속사에 '이상국집판'이 보관돼 있다고 했는데, <이상국집>은 팔만대장경을 새기기 위해 설치한 관청인 분사대장도감이 단속사에 있었음을 일러주고 있습니다.

팔만대장경은 대규모 국책 사업이었습니다. 나무를 장만하고 글씨를 쓰고 경판에 새기기까지 천한 노비에서부터 지위가 높은 권력자, 학자 등 많은 사람들이 함께 힘을 모았습니다. 전국 곳곳에서 온 국민이 함께 만든 것이라 해도 과언이 아니지요.

팔만대장경 만드는 사업은 최씨 무인 정권이 추진했습니다.

아버지 최충헌에 이어 권력을 잡은 최우는 아들 만종을 단속사의 주지로 삼았습니다. 단속사가 포함된 당시 진양 일대는 최우의 식읍이었습니다. 만종은 그런 단속사 주지로 있으면서 민중들의 원력을 모으는 데 큰 역할을 했을 것으로 짐작됩니다. 하지만 <고려사>와 <고려사절요>는 여기서 만종이 저지른 악행도 함께 전하고 있습니다.

남사마을

남사마을을 '예담촌'이라고도 하는데 옛날 담장이 있는 마을이라는 뜻입니다. 이름을 이렇게 지을 만큼 오래된 전통 담장과 골목길이 아름다운 마을입니다.

집안과 집밖의 경계를 이루는 담장은 재료에 따라 이미지가 확 달라집니다. 탱자나무 울타리와 시멘트로 버무려 쌓은 담장을 떠올리면 비교가 쉬울까요. 이 아름다운 담장은 단순한 관광 명소를 넘어 등록문화재로도 지정돼 있습니다.

담장은 안에 살고 있는 사람의 신분·지위 또는 재산에 따라 달라집니다. 양반집 담은 말을 타고 지나가도 보이지 않을 정도로 높았지만 평민들이 거주하는 민가는 나지막하게 쌓았습니다. 신분이 높을수록 지켜야 할 것들이 많아서 그랬을까요.

남사마을에는 대갓집 높은 돌담과 서민 집의 낮은 흙돌담이 서로 불편하지 않게 조화를 이루고 있습니다. 이곳의 한옥들은 18~20세기 남부 지역 전통 가옥의 모습을 잘 보여줍니다. 경북에 안동의 하회마을이 있다면 경남에서는 산청의 남사마을을 꼽습니다.

위에서부터 사효재, 이씨고가 회화나무, 최씨고가 대문 빗장

조선 시대에는 대개 같은 성씨들이 모여 사는 집성촌이 많았습니다. 그런데 특이하게도 남사마을은 집성촌이 아닙니다. 가장 먼저 정착한 성씨는 고려 말기 들어와 살기 시작한 진양 하씨였습니다. 그 뒤 성주 이씨, 밀양 박씨, 전주 최씨, 연일 정씨 등이 다양하게 들어와 살아 씨족 마을이라는 개념은 별로 없습니다. 그래도 서로 조화롭게 잘 살았다고 합니다.

남사마을의 대표 가옥으로는 하씨고가와 최씨고가, 이씨고가를 꼽습니다. 하씨고가는 우리나라에서 나이가 가장 많은 600년 된 감나무와 '원정매'라고 하는 700년 된 매화나무가 으뜸입니다. 산청 곶감의 원조인 감나무에는 지금도 감이 열리고 고사한 원정매 옆에는 2세목이 붉은 꽃을 피웁니다.

이씨고가 입구의 300살 회화나무 두 그루는 나란히 위로 뻗은 것이 아니라 가위 꼴로 겹쳐져 있습니다. 별난 모양새 덕분에 이 마을에 오면 누구나 한 번은 사진을 찍는 명소가 됐습니다. 이씨 고가의 대문은 양반 가문에 어울리지 않게 유난히 작고 낮습니다. 나갔다가 들어올 때 임금이 있는 북쪽을 향하여 머리를 숙이도록 하기 위해서라고 하네요.

옛날에는 회화나무를 아무 데나 함부로 심지 않았습니다. 서원이나 궁궐에 심었고 사대부 가문은 집안 자제가 과거에 합격하거나 벼슬자리에 나가면 심었다는군요. 이씨고가 마당에는 450년 된 회화나무가 한 그루 더 있습니다.

1920년대 지어진 최씨 고가는 부농이었던 주인의 넉넉한 형편을 보여주는 곳이 많습니다. 사랑채는 정면 다섯 칸으로 큰 편이며 지붕은 모양새가 화려합니다. 사랑채 양쪽에는 중문이 하나씩 있는데 동쪽은 안채를 들여다볼 수 있지만 서쪽은 헛담이 있어서 안채를 볼 수 없게 만들었다고 하지요. 안채 마루에 매달려 있는 쇠방울은 사랑채와 연락을 주고 받았던 교신용이었다니 재밌습니다.

최씨고가에는 안채 뒤편 장독대에 작은 문이 나 있습니다. 가장 폐쇄적인 공간에 살았던 여자들이 사랑채 대문을 통하지 않고 바깥출입을 할 수 있는 일종의 비상문 같은 것이지요. 여자들의 자유로운 외출을 인정했다는 뜻으로 당시로 보자면 정말 특별한 경우라 할 수 있습니다.

거북 모양을 하고 있는 대문 빗장도 시선을 끕니다. 왼쪽 목을 잡아당겨 올려야 대문을 열 수 있습니다. 거북은 십장생에 들 만큼 오래 사는 동물입니다. 그러니까 거북 빗장을 통해 드나드는 이들의 무병장수를 누리도록 만들면서 바깥에서 들어오는 나쁜 기운을 막는 역할까지 겸하지 않았나 짐작을 하게 됩니다.

사효재도 둘러볼 만합니다. 아버지를 해치는 화적에 맞서다 온몸이 난자당하고 팔이 잘린 끝에 숨진 이윤헌을 기리는 재실입니다. 마당에는 500년이 넘은 향나무가 우람하게 서 있는데 제사 지낼 때 가지를 꺾어 향을 피웠던 나무로 효를 떠올리게 합니다.

근처에 있는 사양정사는 연일 정씨 집안의 재실입니다. 정면이 일곱 칸에 이르는 당당한 규모로 자제들을 교육하고 집안 사람들이 어울리는 사랑채 구실도 겸했다고 합니다.

이사재와 유림독립운동기념관

남사천 건너편으로 눈에 담기는 이사재는 도적떼를 토벌하는 공을 세운 송월당 박호원의 재실입니다. 이사재는 이보다는 이순신 장군과의 인연으로 더 유명합니다. 올라가는 계단 앞에는 이순신 장군이 백의종군을 하는 중에 여기를 지났다는 표지석이 있습니다.

실제로 <난중일기>에는 억수처럼 내리는 빗속을 지나다 박호원의 노비 집에서 묵었다는 기록이 나옵니다. 1597년 6월 1일입니다.

"비가 계속 내렸다. 일찍 출발해 청수역 시냇가 정자에 도착해 말을 쉬게 했다. 저물녘에 단성과 진주 경계에 있는 박호원의 농노 집에 투숙했다. 주인이 반갑게 맞이했으나 잠자리가 좋지 못해 간신히 밤을 지냈다. 비는 밤새도록 멎지 않았다."

이사재 오른쪽으로 이어지는 예담길을 따라 걷다 보면 유림독립운동기념관이 나옵니다. 유림이라 하면 왠지 보수적인 선비들의 모습을 먼저 떠올리게 되지요. 실제로 삼일운동의 민족대표 33인 가운데 유림은 단 한 명도 포함돼 있지 않았습니다.

하지만 남사마을 유림은 남달랐습니다. 대표적으로 면우 곽종석을 들 수 있습니다. 1905년 을사늑약을 당하자 조약의 무효를 주장하며 을사오적의 처단을 주장하기도 했는데, 1919년 삼일운동이 일어났을 때는 유림이 앞장서지 못한 것을 매우 부끄럽게 여겼다고 합니다.

그후 일제의 침략을 규탄하고 조선 독립의 정당성을 주장하는 호소문을 프랑스 파리의 만국평화회의에 보내는 일에 전국 대표를 맡기도 했습니다. 이 파리장서사건으로 일제 헌병에 끌려가 모진 고초를 겪은 끝에 후유증으로 세상을 떠나게 됩니다. 이런 영향으로 남사마을을 비롯한 산청 일대에는 독립운동에 적극 나선 선비들이 아주 많았습니다. 유림독립운동기념관이 남사마을에 들어서게 된 까닭입니다.

남사마을을 찾는 사람들 중에 유림독립운동기념관을 일부러 찾는 발길은 그리 많지 않습니다. 기념관에는 유림들의 활약상은 물론이고 이곳 출신 선비들의 활동 모습도 잘 갈무리돼 있습니다. 남사마을을 둘러보고 예담길을 걷다 잠시 들르면 덤으로 보람을 누릴 수 있는 곳입니다.

기념관 옆에는 이동서당이 있습니다. 서당 하면 아이들을 가르치는 서당을 떠올리게 됩니다. 이동서당은 면우 곽종석이 세상을 떠난 이듬해에 그를 기리기 위해 유림과 제자들이 세운 건물입니다. 스승을 기리는 서원 같은 곳이라고 생각하면 맞을 것 같습니다.

산청 민간인 학살사건

지리산은 멋진 자연과 훌륭한 인물을 넉넉하게 품었지만 피어린 역사도 함께 안고 있습니다. 1951년 2월 7일 아침 우리 국군이 민간인을 집단 학살하는 사건이 일어납니다. 금서면 가현마을과 방곡마을에서 어린아이에서 할머니·할아버지까지 모두 251명이 목숨을 잃었습니다. 이는 공식 확인된 인원일

뿐이고 실제 희생자는 2배가량 됩니다.

산청에서 민간인 학살을 저지른 국군부대는 이어 함양과 거창에서도 같은 만행을 저질렀습니다. 대한민국 국민이 일본이나 중국 같은 남의 나라도 아니고 자기 나라 군인에게 아무 까닭 없이 합당한 절차도 거치지 않은 채 죽임을 당한 어처구니없는 사건이지요.

당시 학살극이 벌어졌던 가현·방곡마을의 현장에는 조그만 비석이 있습니다. 구형왕릉을 품은 왕산의 서쪽 기슭에는 산청·함양사건추모공원이 마련돼 있습니다.

산청·함양사건추모공원의 조각상

하동

   산과 강 그리고 바다가 조화롭게 어우러져 마치 한 폭의 그림처럼 펼쳐지는 하동을 두고 사람들은 천혜의 고장이라고들 합니다. 하동을 풍요롭고 윤택하게 만드는 섬진강은 하동의 가장 빛나는 자산이 아닐까 싶습니다.

   그런 하동과 인연이 깊은 사람이 최치원입니다. 최치원은 경남은 물론이고 전국 곳곳을 두루 돌아다니며 많은 흔적을 남겼습니다. 그 중에서도 특히 그와 관련된 유적이 많은 곳이 하동입니다. 그만큼 하동의 산수가 빼어나다는 뜻이겠지요.

하동에 남은 최치원의 흔적

　김부식은 <삼국사기>에서 최치원을 두고 이렇게 적었습니다. "서쪽에 가서 당나라를 섬기다가 동쪽 고국으로 돌아오니, 모두 어지러운 세상을 만나 움직이면 문득 허물을 얻게 됐다. 스스로 때를 만나지 못했음을 슬퍼하며 다시 벼슬할 뜻을 품지 않았다."

　"마음 내키는 대로 돌아다니며 산림 아래와 강가·바닷가에 누정을 짓고 소나무와 대나무를 심고는 책 속에 파묻혀 풍월을 읊었다. 경주 남산, 강주 빙산, 합주 청량사, 지리산 쌍계사, 합포현의 별서가 모두 그가 거닐었던 장소이다."

　쌍계사는 들머리에서부터 최치원의 자취가 남아 있습니다. 쌍계석문이 그것입니다. 길 왼편과 오른편에 놓인 바위에다 제각각 '쌍계'와 '석문'을 새겼습니다. 지금은 옆에 따로 큰길이 나 있지만 옛날에는 쌍계사로 가려면 반드시 여기를 지나야 했습니다.

쌍계석문

보통 사람들 눈에도 썩 잘 쓴 글씨로 보이지는 않습니다. 오히려 수수하고 푸근한 필체가 만만하게 보입니다. 믿거나 말거나 최치원이 지나는 길에 지팡이로 바위에 새겼다고 전해집니다. 어떤 이들은 경지에 이른 사람일수록 필체가 오히려 반듯하지 않다고도 하는데 어설퍼 보이는 필체는 최치원의 높은 경지를 역설적으로 말해주는 것인지도 모르겠습니다.

쌍계사 뜨락에는 최치원이 남긴 실물이 있습니다. 팔영루와 대웅전 사이에 살짝 비틀어져 놓여 있는 진감선사대공탑비입니다. 최치원이 왕명을 받들어 손수 문장을 짓고 글씨도 썼으며 빗돌 머리글까지 적었습니다.

비문에는 진감선사의 일대기를 적어 놓았는데 죄다 한자여서 내용을 알아보기는 어렵습니다. 곁에 한글 번역문이라도 마련해 두면 한 번 더 돌아볼 수있을 텐테 싶은 아쉬움이 있습니다. 내용을 드문드문 옮겨보면 이렇습니다.

"쌍계사에서 주로 활동했기 때문에 쌍계사 관련이 많다. 830년 당나라에서 유학을 마치고 돌아와 지리산 화개 골짜기 삼법화상이 722년 세운 절의 남은 터에 당우를 꾸렸다. 838년 민애왕이 진감선사에게 혜소라는 이름을 내렸고 선사는 '옥천' 현판을 걸고 육조영당을 세웠다. 850년 정월 9일 새벽 '장차 갈 것이다. 형해를 갈무리해 탑을 세우지도 말고 자취를 적어 기록으로 남기지도 말라' 하고는 앉은 채 입적했다."

마지막 대목을 보면 진감선사는 죽으면서 탑도 세우지 말고 기록도 남기지 말라고 유언을 남겼습니다. 보통 사람들은 살아서도 죽어서도 이름을 알리고 싶어 하는 본능적인 욕구를 가지고 있다 하지요. 아무것도 남기지 말라는 것만으로도 진 감선사가 어떤 분인지 높은 경지를 미루어 짐작할 수가 있습 니다.

　그렇지만 임금은 최치원에게 비문을 짓도록 했습니다. 유명 한 성철 스님도 같은 유언을 남겼지만 세상 사람들은 그의 뜻을 따르지 않았습니다. 결국 유언보다 더 중요한 건 살아 있는 사람들의 생각이 아닌가 싶은 생각이 듭니다.

　진감선사는 불교음악 범패를 잘했습니다. 불교음악을 통해

쌍계사 대웅전과 진감선사대공탑비(왼쪽)

부처님의 말씀을 널리 전했던 거지요. "목소리가 금옥 같았으며 곡조는 구슬프고 소리는 개운하면서도 슬프고 아름다웠다. 먼 데까지 흘러 전해지니 배우려는 사람이 가득 찼는데 가르치기를 게을리하지 않았다." 탑비에서 내려다보이는 팔영루는 진감선사가 범패를 했던 곳입니다.

경내에서 왼편으로 오솔길을 오르면 불일폭포로 이어집니다. 자드락 산길을 따라 한참을 걷다 보면 중간 즈음에 환학대가 나옵니다. 최치원이 학을 불러서 타고 날아간 자리라고

합니다. 진감선사대공탑비 비문을 여기서 지었다고 하는데 학을 타고 올라간 자리라는 이야기보다는 훨씬 사실적입니다.

옛사람들은 여기서 가까운 불일평전이나 불일폭포 둘레를 신선이 푸른 학과 더불어 노닌다는 청학동으로 여겼습니다. 그러나 청학동의 실체는 지금도 여전히 확인되지 않습니다. 세상 어디에도 있지 않은, 근심과 욕심을 내려놓은 마음자리가 어쩌면 우리가 찾는 청학동인지도 모르겠습니다.

지리산에서 신선이 된 최치원

쌍계사에서 나와 지리산 쪽으로 더 거슬러 올라가면 범왕리가 나오고 거

기 있는 화개초교 왕성분교 앞에 아름드리 푸조나무가 자라고 있습니다. 최치원이 신선이 되기 위해 지리산으로 들어가며 꽂아둔 지팡이에서 싹이 돋아 이만큼 자랐다고 합니다.

이 나무가 살아 있으면 자기도 살아 있고 나무가 죽으면 자기도 죽을 것이라는 말을 남기고 최치원은 지리산으로 들어 갔습니다. 하지만 <삼국사기>에는 최치원이 생을 마친 자리는 지리산이 아닌 가야산이라고 적어 놓고 있습니다.

당시 해인사에는 동복형인 현준 스님이 있었고 도로써 사귀는 정현 스님도 있었습니다. 이런 점을 미루어 본다면 <삼국사기> 기록이 사실일 가능성이 높습니다. 많은 사람들 사이에 최치원이 신선이 됐다는 이야기가 회자되는 까닭은 최치원이 태어난 때는 알려졌지만 죽은 때는 모르는 것도 한몫을 합니다.

푸조나무가 서 있는 맞은편 화개천에는 세이암이라 적힌 너럭바위가 있습니다. 세이는 귀를 씻는다는 말입니다. 세상에서 들었던 모든 이야기를 깨끗하게 씻어 털어버린다는 의미가 담겨 있지요. 최치원이 속세를 버리기 전에 세속을 떠나는 마지막 의식이 세이였고 그 장소가 세이암이었던 셈입니다.

오랜 세월을 견디고 살아남은 푸조나무처럼 최치원 또한 지리산 어딘가에 신선으로 살아 있을까요? 그것이 사실이든 아니든 최치원은 범왕리 사람들 마음속에는 신선으로 살아 있습니다. 다들 그렇게 믿고 있으니까요.

최치원은 일세를 뒤흔들 만큼 대단한 학문을 갖췄음에도 신분의 한계로 충분히 뜻을 펴지는 못했습니다. 그렇지만 다른 한편으로는 아주 많이 누리고 살았습니다. 당나라에서 장원급제를 하고 명성을 날린 덕분에 슈퍼스타의 유명세를 누렸고 발길 닿는 데마다 환대를 받았습니다.

그런 최치원이 백성들에게는 동정의 대상이자 부러움의 대상이었을 겁니다. 당시 사람들은 고달픈 현실에서 이룰 수 없는 이상향에 대한 갈망을 신선이 된 최치원을 통해 풀고 싶지 않았을까요! 어쩌면 그 꿈은 지금도 계속되고 있는지 모르겠습니다.

운암영당과 고운선생 영정

옛날 사람들이 최치원을 신선으로 여겼음을 알려주는 그림이 남아 있습니다. 양보면 운암마을 운암영당에 모셔져 있었던 '고운 선생 영정'이 바로 그 주인공입니다. 영정은 도난을 우려한 후손들에 의해 2009년 부산박물관으로 옮겨졌습니다.

영정 오른쪽 위에 '문창후최공지진영'이라 적혀 있는데 문창후는 고려 시대 최치원에게 내려진 시호입니다. 영정은 오른편 문방구가 놓인 탁자와 왼편 촛대 받침을 두고 뒤로 구름 속 대나무가 배경으로 그려져 있는 문신상입니다.

그런데 문신상이라 여겼던 영정에 반전이 일어나게 됩니다. 그림에 X선을 쬐자 눈으로 확인되지 않았던 새로운 모습이 나타났습니다. 탁자와 받침이 있던 왼편과 오른편에 각각 동자승이 한 명씩 그려져 있었던 거지요.

동자승은 산신령을 좌우에서 모시는 역할을 합니다. 드러난

고운 선생 영정의 본래 모습(왼쪽)과 운암영당

동자승을 통해 영정이 문신상이 아니라 신선상이었음을 알 수 있습니다. '건륭 58년(1793년)'과 '하동 쌍계사'라는 기록이 적혀 있어 언제 어디서 제작됐는지도 밝혀졌습니다.

영정은 지금껏 여러 곳을 떠돌았습니다. 처음에는 쌍계사에 있었으나 1825년에 화개면 금천사로 옮겼고 금천사가 없어지자 1868년 하동향교로 옮겼습니다. 그 뒤로 횡천영당과 운암영당을 거쳐 부산박물관에 자리를 잡았습니다. 한평생 떠돌며 곳곳에 자취를 남긴 최치원의 삶과도 퍽 닮은 행로입니다.

전라도와 경상도가 한자리에

쌍계사에 이르는 길목인 화개면 탑리에는 화개장터가 있습니다. 의신계곡을 비롯한 여러 골짜기에서 흘러온 화개천이 섬진강과 합류하는 자리입니다. 해방 이전만 해도 전국에서 다섯 손가락에 꼽히는 큰 시장이었는데 지금은 시골 정취를 많이 잃었습니다.

쇠락해져 가던 화개장터가 다시 유명해진 것은 뭐니뭐니해도 조영남의 노래가 일등공신이었습니다. "전라도와 경상도를 가로지르는 섬진강 줄기 따라 화개장터엔 아랫마을 하동사람 윗마을 구례사람 닷새마다 어우러져 장을 펼치네." 이 노래가 방송을 타면서 화개장터는 누구나 한번쯤 가보고 싶은 여행지 1순위로 떠오르기도 했으니까요.

옛적 화개장터는 살아 숨쉬는 싱싱한 삶터였습니다. 지리산 화전민들은 고사리·더덕·감자 따위를 갖고 나왔고 구례나 함양 같은 내륙 사람들은 쌀·보리 등 곡식을 팔았습니다. 곳곳을 떠도는 장돌뱅이들은 생활용품을 지고 왔고 여수·광양이나 남해·사천·통영·거제에서는 섬진강 뱃길로 미역·청각·고등어 따위 해산물을 싣고 왔습니다.

전라도·경상도 사람들이 한자리에 모여 시끌벅적 사람 냄새 가득했던 화개장터도 세월이 흐르면서 변하게 되었지요. 이제는 전국에서 모여드는 관광객들의 구미에 맞춰서 갖은 먹을거리와 약초, 나물 그리고 주변에서 생산된 농산물이 나와 앉아 있습니다.

사람이 많이 모여드는 곳에는 사연도 많은 법이지요. 장을 따라 떠도는 장돌뱅이의 서글픈 사랑과 운명을 그린 김동리의 소설 '역마'의 배경이 바로 화개장터입니다. 일제강점기 김동리는 하동에서 여러 달을 머물게 됩니다 이때 몸으로 느낀 화개 골짜기와 장터의 정서를 담아낸 작품이 역마입니다.

화개장터 한켠에는 역마공원이 조성돼 있고 역마예술제도 해마다 열리고 있습니다.

배드리 위에 들어선 하동읍성

하동읍성은 읍내에서 다소 비껴난 고전면 고하리의 높이 149m 양경산 꼭대기를 둘러싸고 있습니다. 아래쪽에 남문이 있고 산마루 가까이에 동문이, 그 맞은편에 있는 서문은 가운데가 움푹합니다. 물줄기는 남문 아래를 통해 바깥으로 나가는데 아래 고하마을까지 옛적 배가 들어왔다 해서 배드리라고 합니다.

하동읍성 남문

주교천 물줄기는 그만큼 교통이 편리했기에 하동을 다스리는 관아가 고려 시대부터 줄곧 여기에 있었습니다. 그런데 임진왜란 때 건물들이 불타는 바람에 다른 데로 옮겼다가 지금 하동 군청이 있는 하동읍에 자리 잡은 때는 1703년이었습니다.

하동읍성은 특징이 여럿 있습니다. 첫째, 읍성은 보통 평지성이 아니면 앞은 평지이고 뒤는 산지인 평산성이지만 하동읍성은 완전히 산성입니다. 둘째, 1417년에 만들어진 것이어서 조선 초기의 축성 양식을 알 수 있습니다. 셋째, 공격하는 외적을 효과적으로 무찌르는 데 쓰는 치성과 성문을 보호하는 옹성이 온전하게 남아 있습니다. 넷째는 평지성에서 볼 수 있는 해자가 산성인데도 뚜렷하게 파여 있습니다.

읍성 안팎에는 지금도 사람 사는 민가가 드문드문 있습니다. 좀 더 세월이 흐르면 사람은 사라지고 그 자취만 남게 되겠지요. 남문 왼쪽으로는 비탈을 따라 석성을 말끔하게 새로 쌓았는데 옛 모습 그대로인 성곽에 견주면 모양새가 많이 낯설기는 합니다.

읍성은 새로 복원을 한 위로 토성과 석성이 섞여 둥글게 이어집니다. 세월에 겨워 허물어지기는 했지만 성문을 비롯해서 성곽의 전체 형태를 뚜렷하게 볼 수 있습니다. 성안에는 연못 자리도 발견됐고 관아터·향교터도 발굴이 되었습니다.

읍성 마루에 올라서면 주변에서 가장 높은 금오산은 물론이고 주위를 빙 둘러선 다른 산들과 남해 바다까지 한눈에 들어옵니다. 이런 탁월한 전망이 옛날에는 읍성을 지키는 데 필수였을 것입니다. 미리 탐지하고 알아차려야 공격이든 방어든 제대로 할 수 있으니까요.

오르막길에 뒤돌아서서 내려다보는 풍경과 내리막길에서 맞이하는 바람이 모두 시원하고 좋습니다. 외진 곳에 있다보니 정작 하동 사람들조차 잘 모르는 읍성을 제대로 복원해 하동의 역사를 몸으로 느낄 수 있는 탐방 장소로 활용하면 아주 좋겠습니다.

이순신 장군 백의종군로

하동읍성과 이순신 장군의 인연도 눈길을 끕니다. 패배가 뻔히 보이는데도 부산 앞바다로 나가 싸우라는 어명을 따르지 않았다는 이유로 이순신 장군은 하루아침에 삼도수군통제사에서 파직당하게 됩니다. 모진 고문 끝에 목숨만은 건지게 된 이순신 장군에게 선조는 권율 도원수 진영에서 백의종군하라고 명령합니다.

도원수 권율의 진영은 당시 합천 초계에 있었습니다. 임금이 있는 서울에서 초계까지 가는 백의종군 길은 무려 640km였습니다. 그 먼 거리를 다친 몸으로 말을 타거나 걸어서 갔습니다. 장군과 하동의 인연은 지금 최참판댁 근처인 악양면 정서리에서 시작됩니다. 거기서 하룻밤을 묵은 일행은 젖은 옷을 말리느라 이튿날 저녁 늦게 출발해 하동읍성에 닿았습니다.

당시 하동현감은 몹시 기뻐하며 이순신 장군을 별채로 맞아들였다지요. 고문을 당한데다 비까지 흠뻑 맞아 힘들고 지친 장군을 따뜻하고 푸근하게 쉴 수 있도록 배려했습니다. 비록 아무 벼슬 없이 백의종군 중이었지만 장군이 어떤 분인지 사람들은 다 알고 있었던 겁니다.

전통 차를 사랑하는 사람들

하동은 우리나라에서 통일신라시대에 처음으로 차나무를 심은 곳으로 알려져 있습니다. 당나라에서 김대렴이 차나무 씨앗을 갖고 오자 흥덕왕이 명령하여 지리산에 심게 했다는 기록이 <삼국사기>에 나옵니다. 이 '지리산'을 두고 여러 방면으로 알아본 결과 '쌍계사 일대'라고 결론을 내렸습니다. 쌍계사 들머리에 있는 차나무 시배지는 경상남도 기념물로 지정돼 있습니다.

하동 화개·악양 일대에서는 오래 전부터 차나무를 가꾸며 여러 가지 차를 만들어 마셔 왔습니다. 전통차로 하동보다 더 유명한 데가 전남 보성입니다. 그렇지만 보성은 야생 차밭이 아닙니다. 야생차는 하동이 으뜸이지요.

화개·악양 일대에서 차나무를 기르는 이들의 애정은 남달랐습니다. 지금은 죽고 없지만 2006년 경상남도 기념물로 지정됐던 '정금리 차나무'가 이런 사실을 일러줍니다. 나이가 100살 안팎인 이 차나무는 지금처럼 차밭이 만들어지기 전부터 대나무·참나무 수풀 속에서 원래 모습을 지키며 크게 자랐습니다. 이런 차나무를 찾아내서 가치를 알아보고 널리 알려서 문화재가 되도록 한 것은 다 주민들의 각별한 노력 덕분입니다.

이런 노력에도 불구하고 전통차는 점점 힘을 잃어가고 있습니다. 녹차·홍차·백차·청차·흑차 다양하게 생산하고 있지만 커피라는 거센 물결에 밀려나기 때문입니다. 유행은 돌고 도는 것이라 했지요. 언젠가 전통차가 화려하게 부활하는 그 날을 기약해봅니다.

하지만 하동 차밭은 관광 명소로 거듭나고 있습니다. 가파르거나 완만한 산비탈을 따라 펼쳐지는 차밭 풍경을 배경 삼아 삼삼오오 사진을 찍거나 힐링의 공간으로 즐거운 한때를 보냅니다. 직접 차를 만들어 보거나 블렌딩을 해서 시음을 해보는 차 관련 프로그램도 즐겨볼 만합니다.

최참판댁과 조씨고가

하동의 명물이 된 최참판댁은 박경리의 소설 <토지>를 촬영하기 위해 만든 드라마세트장입니다. 그런데 이곳을 조선시대에 지은 한옥으로 알고 있는 사람들도 적지 않습니다. 그만큼 잘 지어졌다는 뜻이겠지요. 전국에 많은 드라마세트장이 만들어지지만 대부분 시간이 지나면 허물어지는 데 반해 최참판댁은 거의 문화재급이 됐습니다.

일제강점기를 배경으로 쓰여진 <토지>는 전체 5부 25편에 21권 또는 20권으로 출판된 대하소설입니다. 드라마로는 네 번 정도 만들어졌지요. 대한민국을 대표하는 소설로 꼽히는 <토지>에는 무려 650명가량의 인물이 등장을 합니다. 그 많은 등장인물을 통해 일제강점기의 사람살이 모습을 최참판댁 중심으로 실감나게 그리고 있습니다.

최참판댁은 주인공 서희의 아버지 최치수가 기거했던 사랑채, 할머니가 기거했던 안채, 어머니인 별당 아씨가 생활했던

별채, 최치수가 불에 타 죽게 되는 초당 그리고 하인들이 머물렀던 행랑채 등이 짜임새 있게 잘 배치되어 있습니다.

사랑채의 높다란 누마루에 오르면 평사리 들판이 넉넉하게 눈에 들어옵니다. 박경리가 소설 <토지>의 배경을 하동 악양 평사리로 삼았던 까닭이 짐작이 되고도 남습니다. 들판 가운데 서 있는 부부송으로 이름이 알려진 한 쌍의 소나무는 이제 최참판댁과 더불어 하동의 명물이 되었지요.

그런데 최참판댁의 실제 모델이 하동에 있다고 합니다. 평사리에서 뒤쪽으로 지리산 자락에 좀더 가까이 다가서 있는 악양면 정서마을의 조씨고가 조부자집이 바로 그것입니다. 정식 명칭은 화사별서인데 1918년 이 집을 지은 조재희라는 인물의 호가 화사였다고 합니다.

사랑채 둘과 사당을 비롯한 여섯 채가 없어지고 지금은 안
채와 연못만 남았습니다. 남아 있는 건물만으로도 규모를 짐
작할 수 있을 정도로 잘 만들어졌습니다. 더운 여름에 밥 지
을 때 썼던 건물과 부엌 뒤쪽의 기와를 둘러쓴 측간이 이채
롭습니다.

 대청마루에 앉으면 눈앞으로 악양 들판이 너르게 펼쳐지는
데, 최참판댁 사랑채에서 바라보는 들판과는 또 다른 느낌입
니다. 이 집 조씨 어른의 이야기에 따르면 사방 십리 안쪽에
조씨 집안 말고도 천석지기가 다섯이 더 있었다고 합니다.

쉽고 재미있는 경남의 숨은 매력

최참판댁 사랑채에서 내려다보는 악양들판

남부

고성군

통영시

거제시

남해군

고성

　고성의 가야 시절 명칭은 '소가야'입니다. 이를 두고 대가야 (큰 가야)와 반대되는 소가야(작은 가야)라고 생각하는 사람 들이 많았습니다. 소가야라는 이름은 땅이 좁다거나 힘이 약 하다거나 막연하게 그런 뜻이 담겨 있다고 여길 수도 있습니 다.

　그런데 사실을 알고 보면 그런 뜻과는 전혀 상관이 없습니 다. 소가야라는 이름에 담긴 뜻을 제대로 이해하게 되면 고 성의 지리적인 특성은 물론이고 그 바탕 위에서 어떤 역사를 만들어냈는지 이해할 수 있게 됩니다.

또 하나의 이름 고자국

고성은 반도였습니다. 반도는 삼면이 바다로 둘러싸이고 한 면은 육지에 연결된 땅을 말합니다. 지금으로 보자면 고성이 반도였다는 것을 의아하게 생각할 수도 있을 겁니다. 하지만 과거로 거슬러 올라가 살펴보면 쉽게 이해가 됩니다.

송학동고분군에서 내려다보면 고성읍이 한눈에 담깁니다. 그런데 1500~2000년 전에는 고분군의 동쪽 바로 앞인 기월 마을까지 바다였다고 합니다. 고성읍 서남쪽으로는 대독천이 흐르는데 여기 일대도 물이 들어와 논밭이나 주택지가 아닌 얕은 바다였습니다. 그러던 것이 일제강점 이후에 매립까지 되면서 지금처럼 바뀌었던 거지요.

고성박물관에는 '古(고)'라는 글자가 새겨진 가야 시대 그릇이 있습니다. 그런데 이 '古(고)'라는 글자는 고성을 이르는 또 하나의 이름 고자국과 관련이 있습니다. 이 '고자(古自)'를 쉽게 풀어보면 이렇습니다.

옛날 한자로 표기한 우리 지명의 경우 첫 글자는 초성과 중성이 되고 두 번째 글자는 종성이 됩니다. 그러니 고자는 '고+ㅈ=곶' 또는 '고+ㅅ=곳' 또는 '고+ㅊ=곶'으로 해석할 수 있습니다. 곶은 '호미곶'이나 '간절곶'처럼 반도를 뜻하지요. 이를 통해 고성의 지리적인 특징을 알 수 있게 되고 그러한 특징이 어떤 작용을 했는지를 짐작할 수 있는 대목입니다.

해상교역의 중심지 고성

옛날에는 배가 지금처럼 크거나 튼튼하지 않았습니다. 배를 모는 동력이 기계가 아니고 사람이다 보니 크게 만들어도 운항을 하기가 쉽지는 않았겠지요. 반도를 감싸고 있는 바다를 빙 두른다면 그만큼 시간도 많이 걸리고 힘도 많이 들게 됩니다. 거기에다 고성 일대 바다는 섬들이 숱하게 많아서 배를 타고 다니기에 좋은 조건이 아니었습니다. 점점이 떠 있는 섬과 섬 사이 물길이 까다로웠기 때문입니다.

그러다보니 좁은 목에서 육지를 통해 건너편으로 물품을 넘기는 것이 훨씬 품이 덜 들고 수월했습니다. 지금은 고성읍 동~서 육지 너비가 6km 남짓으로 제법 퉁퉁하지만 1500~2000년 전에는 10분의 1인 0.6km 정도밖에 되지 않았다고 합니다. 거기에다 커다란 산도 없고 가파르지도 않았으니 지리적 조건이 아주 좋았던 셈입니다.

고성(고자국)은 이런 독특한 지형 덕분에 중개무역의 적지가 될 수 있었습니다. 중국이나 서해에서 오는 무역선은 서쪽에 정박해 동쪽으로 물건을 옮기고, 일본이나 신라 또는 아라가야, 가락국처럼 동쪽에서 오는 무역선은 반대로 동쪽에 닻을 내리고 서쪽으로 짐을 옮기면 그만이었으니까요.

이러한 지리적인 특성을 배경으로 삼아 고자국은 남해 연안에서 해상교역의 중심지로 자리 잡게 됩니다. 그러면서 부를 쌓고 힘을 키우게 되었던 거지요. 고성박물관에 남아 있는 '古'라는 글자는 옛적 고성이 지형적으로 '곧은 나라'라는 특징을 바탕으로 성장한 '굳은 나라'를 뜻하는 것임을 알 수 있습니다.

그렇다면 소가야(小加耶)는 어떤 뜻일까요? 옛날 사람들은 지명을 한자로 표기하면서 소리를 빌려와 사용하는 경우가 많았습니다. 이를 바탕삼아 짐작해보면 '소가야'에서 '소'는 '작다'는 뜻이 아니라 '세다'고 하거나 '쇠'라고 하는 소리가 담겨 있다고 볼 수 있습니다. 사람들은 이름을 지으면서 많은 뜻을 담게 되는데 스스로를 작다고 말할 까닭이 없지 않을까요. 그러니 '소'는 '쇠'와 관련이 있는 '센' 나라라고 해석을 하는 것이 합당하지 싶습니다.

송학동고분군

고성이 '굳은 나라', '센 나라'라는 것은 지금 지명에도 남아 있습니다. 고성이라고 할 때의 고(固)는 '굳다'는 뜻이고, 고성의 별명인 철성(鐵城)에 들어 있는 철은 쇠를 이르는 말로 '굳고' '세다'는 속성을 갖고 있습니다.

일제가 송학동고분군을 주목한 까닭은

송학동고분군은 어지간한 동네 야산 정도로 여겨질 만큼 규모가 아주 큽니다. 그래서 한때는 이곳을 무기산이라 부르기도 했습니다. 야트막한 야산 위에 열 개 이상의 고분이 자리 잡고 있습니다. 이 가운데 가장 높은 데 다닥다닥 붙어 있는 세 개의 무덤이 겹쳐지면서 이어져 있습니다. 그러다보니 길이가 무려 70m를 넘을 정도로 큽니다.

이 무덤으로 인해 100년 전 일제강점기에 시끌시끌했던 적이 있었습니다. 고대 일본이 한때 한반도의 남부를 지배했다는 임나일본부설을 증명할 수 있는 무덤이라고 여겨졌기 때문입니다. 일본의 고분 양식인 앞은 네모나고 뒤는 둥근 전방후원분의 모습을 하고 있다는 것이 그들의 주장이었습니다.

말도 많고 탈도 많았던 임나일본부설의 결론은 1990년대에 실제 발굴을 하면서 완전히 정리가 되었습니다. 하나의 무덤이 아니라 셋으로 나뉜 별개의 무덤으로 확인이 된 것이지요. 당시 일본이 주장한 임나일본부설은 어디까지나 설에 불과했을 뿐이고 지금은 일본 학자들 사이에서도 인정되지 않는다고 합니다.

전남 나주를 비롯한 영산강 유역과 일본 규슈 지역에도 전방후원분 비슷한 고분이 있습니다. 일본에는 가야 양식 고분이 남아 있기도 하고요. 일본과 한국은 누가 더 잘나고 뛰어나고 그런 걸 떠나 가까이 있으니만큼 오랜 세월을 지나며 서로 많은 영향을 주고받았음은 충분히 짐작할 수 있습니다.

우리가 역사를 제대로 알아야 하는 이유는 우열을 따지기 위해서가 아닙니다. 한때 누렸던 영화를 두고 우쭐거리기 위해서도 아닙니다. 지나간 역사를 거울삼아 잘못된 것은 고치고 좀 더 나은 세상을 만들자는 것이 역사를 배우는 이유이기도 합니다. 그런 의미에서 보자면 일본의 역사에 대한 지나친 집착과 왜곡은 방향이 잘못되었다고 할 수 있지요.

내산리고분군의 주인은 누구일까?

내산리고분군은 당항만이 바깥바다와 만나는 곳에 자리하고 있습니다. 내산리고분군 자리는 당시 한반도 남동쪽에 있었던 가락국이나 아라가야 또는 왜 등이 드나들었던 곳으로 한반도 동쪽에서 서쪽과 교역하는 해상관문이었습니다.

당항만 바다는 호수처럼 잔잔합니다. 그러다보니 동력이 돛

내산리고분군

이나 노밖에 없었던 시절에도 어렵지 않게 배를 부릴 수 있습니다. 1500~2000년 전 사람들이 이런 지형을 잘 활용했던 거지요. 이렇듯 내산리고분군의 위치를 통해서도 고성이 해양강국이었음을 짐작할 수 있습니다.

내산리고분군 근처에는 이순신 장군과 관련이 있다는 검포 마을이 있습니다. 임진왜란 당시 왜적이 드나들지 못하도록 감시하고 통제하는 검문소가 있었다고 해서 마을 이름을 검포라고 지었다고 합니다. 1500년 전 가야 시대에도 여러 나라가 드나들었던 이곳에서 이름과 걸맞은 역할을 했으리라 짐작이 됩니다.

송학동고분군이 고자국에서 으뜸가는 지배자의 무덤이라면 내산리고분군은 해상교역에서 핵심적으로 활동한 수문장들의 무덤이었지 싶습니다. 둘 다 그 시절 한 세력 했던 사람들의 무덤이지만 신분이나 등급을 따지자면 송학동고분군이 내

새무늬청동기와 고(古)자 적힌 그릇

산리고분군보다 상급이었다고 볼 수 있습니다.

여러 가지 유물도 많이 출토됐습니다. 금귀걸이·금팔찌·옥구슬·흙구슬 등 장신구는 생활수준이 높았음을 일러주고 재갈과 말안장, 발걸이 같은 마구들은 무장 수준과 전투력이 뛰어났음을 보여줍니다. 특히 발걸이는 일본 것과 비슷해 국제교류가 왕성했음을 짐작하게 해줍니다.

지금 우리가 볼 수 있는 고분 중에는 발굴하고 난 후에 새로 봉분을 만든 것이 많습니다. 고분 발굴은 모두 마무리가 된 게 아니라 지금도 계속 진행 중입니다. 그런 사실을 잘 모르고 보면 오래된 무덤이 참 보존이 잘됐구나 싶기도 하고, 예전보다 어째 무덤이 더 많아진 것 같다며 고개를 갸웃거릴 수도 있겠지요.

고성박물관에 있는 유물들은 송학동고분군과 내산리고분군 등 고성 지역에서 출토된 것들입니다. 대표 유물로는 古(고)라고 새겨진 옛날 그릇과 새무늬 청동기를 꼽을 수 있습니다.

동외동패총에서 발견된 전후좌우로 균형이 잘 잡힌 현대적인 감각의 새무늬 청동기는 손상 없이 원형 그대로인 것은 고성이 유일하다고 합니다.

고성의 고인돌

고인돌 하면 커다란 바위가 먼저 떠오릅니다. 고인돌은 지배자가 강한 권력을 가지고 있었다는 것을 보여주는 청동기 시대의 대표적인 유적입니다. 그러다 보니 주로 규모가 큰 고인돌을 보면서 권력자들의 무덤 양식이 고인돌이구나 그렇게 생각하는 사람들이 많습니다.

그렇지만 알고 보면 꼭 그렇지는 않습니다. 고인돌은 크기도 다양하고 형태도 여러 가지 모습을 하고 있거든요. 크고

칠성바위고인돌

작은 고인돌이 무리지어 뒤섞여 있는 곳은 요즘으로 보면 공동묘지라고 할 수 있는데 이런 곳도 드물지 않습니다.

송학동고분군 옆에는 칠성바위 고인돌이 있습니다. 원래는 삼산면 두모 마을에 있었는데 2005년 지금의 자리로 옮겨왔습니다. 위쪽에 커다랗게 파인 알구멍이 모두 서른 개 정도 됩니다. 굳이 구멍 숫자에 매이지 않고 친숙한 북두칠성에서 칠성을 붙인 것이지요. 알구멍은 다산의 기원을 새겨 넣은 것이라 보면 맞습니다.

마동호 갯벌 근처 들판 한가운데에도 고인돌이 하나 우뚝 솟아 있는데 거산리지석묘입니다. 고인돌이 많은 우리나라에서도 흔하지 않은 아주 독특한 모습을 하고 있습니다. 고인돌은 보통 납작하게 덮개돌만 있거나 아니면 받침돌 위에 놓여 있습니다. 그런데 거산리지석묘는 사람 키보다 높은 축대 위에 있거든요.

거산리지석묘

원통 모양 축대에는 오르내릴 수 있도록 돌계단도 설치돼 있는데 언뜻 보면 나지막한 첨성대 같이 생겼습니다. 선사시대 사람들의 공동묘지였음을 알려주는 입간판 기능도 하면서 당시 하늘에 제사를 올리던 제단으로도 사용했을 거라 짐작을 합니다.

지금은 거산리지석묘 하나만 남았지만 방조제를 조성해 바다를 가로막기 이전에는 고인돌이 많이 있었습니다. 1950년대에 바다와 갯벌을 매립해 농지를 만드는 공사를 하면서 바다 아래 바닥에 까는 돌로 고인돌이 사용되었습니다. 모든 조건이 지금과 같지 않았던 당시에는 돌을 힘들여 멀리서 구해올 수가 없었습니다. 고인돌에 대한 인식도 지금과 같지 않았던 시절이었지요.

지구의 역사를 간직한 퇴적암

공룡은 이제 고성의 상징이 되었습니다. 상족암을 비롯해 고성 곳곳에 남아 있는 공룡발자국화석 덕분입니다. 그런데 고성에 왜 유독 공룡의 흔적이 많을까요? 퇴적암이 주류를 이루는 고성의 바위가 바로 비밀의 열쇠라고 할 수 있습니다. 공룡의 흔적은 무른 퇴적암이 굳어지기 전에 새겨진 것들입니다.

바다나 호수의 가장자리 물결 위에 공룡이 거닐었던 발자국이 화석으로 굳어지게 됐고 그것이 다시 지구의 지각운동을 겪으면서 올라가거나 내려가게 된 것입니다. 이런 과정에서 바닷가나 호숫가였던 것이 산꼭대기 가까이에서 발견되는 일도 일어났습니다.

그 자취가 지금 금태산 가파른 자락에 자리 잡은 계승사에 새겨져 있습니다. 높이가 해발 330m 안팎인 절간 살림집 앞에는 1억~2억 년 전의 물결무늬로 아롱진 화석 바위가 널따랗게 덮여 있습니다. 오랜 세월을 건너오면서 굳어진 무늬는 리드미컬합니다.

마치 잔잔한 파도가 밀려드는 듯한 생생함이 느껴지는데 산중턱에서 보게 되는 바다의 흔적은 묘한 감흥을 불러일으킵니다. 계승사 경내에는 공룡발자국화석은 물론이고 빗방울자국화석까지 남아 있어 관심이 있는 분들은 한 번쯤 발걸음을 할 만합니다.

계승사물결무늬바위

상족암 공룡발자국

　세계 3대 공룡발자국화석지로 꼽히는 상족암의 상은 밥상
(床)이나 코끼리(象)를 씁니다. 모양이 코끼리 또는 밥상의
다리(足)와 같다고 붙여진 이름이지요. 바람이 들이치고 바
닷물이 깎아내면서 이쪽저쪽 뚫어내어 지금과 같은 모양으
로 만들어졌습니다. 바닷물이 빠지면 두 줄로 나란한 공룡발
자국이 뚜렷하게 드러납니다.

　동쪽으로 마주 보이는 맥전포쪽 바닷가에는 잘 발달된 주상
절리가 있고 그리로 가는 길에는 공룡과 새 발자국이 함께 찍
힌 바닷가 화석 지층도 있습니다. 거무튀튀한 바위가 마구 주
물러 놓은 듯이 울퉁불퉁한 곳은 옛날 공룡들이 이리저리 어
울려 뛰놀았던 곳이랍니다. 화산에서 뿜어져 나온 용암이 자
갈·모레·진흙 등과 뒤엉기면서 형성된 화산암이 퇴적암을 뚫고
바다로 힘차게 뻗어나간 자취도 남아 있습니다.

돌담으로 유명한 학동마을

　고성의 독특한 암석은 사람살이에도 영향을 끼쳤습니다. 학동마을의 아름다운 담장은 두께가 얇고 평평한 네모꼴의 퇴적암이나 화산암을 쓰고 있습니다. 우리가 흔히 볼 수 있는 막돌을 쓴 담장과는 다른 모습을 하고 있지요.

　지금은 집을 지을 때 재료를 멀리서 손쉽게 가져올 수 있지만 예전에는 그렇지 못했습니다. 의식주는 대부분 주변에 있는 것들로 해결을 했으니까요. 학동마을 사람들은 수태산에서 돌을 가져와 담을 만들고 축대를 쌓았습니다.

　마암면 장산숲에 가면 나무가 아닌 돌로 만든 평상이 놓여 있습니다. 아래에 굄돌을 받치고 위에 납작·평평·널찍한 돌을 여럿 올려 만들었습니다. 마치 고인돌처럼 생겼지요. 굄돌 사이로 군불이라도 때면 겨울에 나와 앉아도 따뜻하겠다 싶습니다.

남녘 들판 한복판의 북방 기마문화 자취

장산숲을 지나 옥천사 방향으로 2km 못 미쳐 석마마을이 있습니다. 마을 들머리에는 돌로 만든 말이 한 쌍 놓여 있습니다. 말이라 하면 만주벌판을 누비는 북방 기마민족을 떠올리게 됩니다. 농사가 위주인 따뜻한 남쪽 지역은 아무래도 소가 먼저 떠오르기 십상인데 남방 들녘에 돌말이 있다니 의외다 싶지요.

그렇다면 말을 모시는 특별한 까닭이라도 있는 걸까요? 요즘과 비교하기는그렇지만 예전에 말은 가장 빠른 속도의 상징이었습니다. 사람들은 그런 빠르기로 자기의 소망이나 영혼이 하늘에 전해지기를 바랐습니다. 그런 뜻으로만 보자면 말보다는 새가 훨씬 더 그럴듯한데 말입니다.

다른 뜻도 담겨 있습니다. 옛날 전쟁에서 핵심 전력이었던 말은 승리를 기원하는 대상이 되기도 했습니다. 전투를 앞두고 지내는 제사에 말을 바치기도 하고 그 피를 나눠 마시기도 했다고 합니다. 하지만 늘 그렇게 할 수는 없었겠지요. 말은 값비싼 귀한 짐승이라서 함부로 없애도 되는 대상이 아니었으니까요. 그래서 진짜 말 대신 흙말·돌말 또는 쇠말을 쓰게 됩니다.

'마암면 석마'라고 이름이 붙은 이 돌말은 경상남도 민속문화재로 지정되어 있습니다. 다른 데서는 볼 수 없는 독특한 풍습이기 때문이지요. 이 돌말을 마을 사람들은 마신, 마장군이라 불렀는데 '마암'도 돌말을 뜻하고 '석마'도 같은 뜻이니 돌말과 석마마을의 인연이 여간하지 않은 것 같습니다. 30년 전만 해도 정월대보름에 동제를 지내면서 돌말을 주신으로 삼고 콩을 한 말 바쳤다가 이튿날 거둬들였다고 합니다.

석마

정면에서 왼쪽은 배가 불러 있고 오른쪽은 그렇지 않습니다. 사람들은 왼쪽 돌말이 새끼를 밴 암컷이고 배가 부르지 않은 쪽은 수컷이라 여깁니다. 섬세하게 다듬어지지는 않았는데 말처럼 크지 않고 자그마해서 언뜻 보기에는 양 같기도 하고 그렇습니다. 그래도 크고 기다란 면상만큼은 말 모습을 제대로 하고 있습니다.

원래 망아지까지 셋이었는데 그만 2002년에 도둑을 맞았다고 합니다. 마을 사람들은 전날 일본 사람들이 어슬렁거리더니 사라졌다고 하는데 어쩌면 우리나라 어느 고대광실 뜨락이나 골동품상 창고에 들어 있을 수도 있습니다. 이러거나 저러거나 우리나라 사람보다는 일본 사람이 가져갔다고 믿는 편이 마을 사람들한테는 마음이 덜 불편한 일인지도 모르겠습니다.

양반 행패 막는 문, 새가 예쁜 자방루

옥천사는 임진왜란 당시 승병의 본거지였습니다. 다른 절간과는 달리 중심 전각인 대웅전은 정면 세 칸 옆면 두 칸으로 그리 크지 않습니다. 대신에 대웅전과 마주보고 앉은 자방루는 이보다 두 배가 넘는 정면 일곱 칸 옆면 세 칸으로 옥천사에서 가장 큰 규모를 자랑하고 있습니다.

아래쪽은 널찍한 평지인데 그래서 자방루가 군사훈련 때 지휘소로 사용되지 않았을까 짐작이 됩니다. 임진왜란 뒤인 1664년에 들어선 자방루를 두고 여기서 승병 훈련을 했다고? 그리 생각하는 사람들도 있지만 승병은 임진왜란 때만이 아니라 이전에도 있었고 이후에도 있었습니다.

부처님 말씀을 꽃에 비유하기도 합니다. 꽃이 불어난다는 자방루 이름에는 부처님의 말씀이 세상에 널리 퍼진다는 뜻이 담겨 있기도 합니다. 전각 안팎에는 이름만큼 아름다운 그림들이 많습니다. 모양을 떠서 찍어 넣은 게 아니라 하나하나 손으로 그려 넣어 제각각 다른 모습을 하고 있어 더욱 가치가 있습니다. 그중에서 40여 마리의 새들은 자방루의 명물입니다. 도깨비와 선녀들까지 점점 희미해져 가는 그림에서 지나온 세월의 흔적이 느껴집니다.

옥천사의 또 다른 특징은 여느 절간에서 볼 수 있는 일주문·금강문·천왕문·불이문 같은 문을 제대로 볼 수 없다는 것입니다.

옥천사 자방루와 양옆의 조그만 출입문

자방루 들보의 새 그림

　최근에 세운 일주문과 천왕문이 있긴 하지만 통째로 담장을 둘러치고 자방루 양옆에 내놓은 조그만 곁문이 절간을 들어서는 정문인 셈인데, 이는 다른 절에서는 좀처럼 보기 어려운 모습입니다.

　그 까닭을 짐작해보는 것도 옥천사를 이해하는 데 도움이 될 것 같습니다. 어떤 이는 승병의 본거지였음을 들어 외적의 침입을 막는 목적이라고 보기도 하고, 또 다른 이는 지역 양반들이 대웅전 앞마당까지 말을 탄 채 드나드는 오만방자함과 업신여김에서 벗어나려는 자구책으로 보기도 합니다.

　조선 시대의 스님은 유교를 떠받드는 양반들한테는 함부로 부려먹어도 되는 노비 같은 존재였습니다. 그러다 보니 절간이 양반들의 놀이터가 되기도 하고 해코지를 입기도 했는데, 그런 사정에 비춘다면 충분히 이런 짐작이 가능하지 않을까 싶습니다.

　옥천사 스님들이 지긋지긋한 닥종이 부역에 시달렸다는 기록도 있습니다. 닥종이 부역은 옥천사뿐만 아니라 다른 여러 지역 절간에서도 마찬가지였다고 합니다. 당시 스님들의 사회적 처지를 짐작게 하는 대목이지요.

닥나무 껍질을 벗기고 삶고 펴고 말리는 과정을 거쳐 닥종이를 만드는 노동은 그야말로 극한 작업이었습니다. 많은 스님들이 닥종이 부역을 견디지 못해 절을 떠나기도 하고 닥나무를 다 베어버리기도 했을 정도라니까요. 옥천사 청련암에는 1800년대 스님들이 닥종이를 만들려고 닥나무 껍질을 삶았던 무쇠솥이 그대로 남아 있습니다.

운흥사

고성에는 운흥사도 있습니다. 운흥사는 옥천사와 더불어 임진왜란 당시 승병 활동의 근거지였습니다. 사명대사가 운흥사 일대에서 승병을 이끌고 왜적들과 싸웠다는 이야기도 전해지고, 운흥사에 보관돼 있는 '임진전망축원유전'에는 이순신 장군이 수륙 연합 작전회의를 위해 세 번이나 찾았다는 기록도 남아 있습니다.

임진왜란 때 옥천사는 다행히 무탈하게 남을 수 있었지만 운흥사는 불타고 말았습니다. 이후 곧바로 재건했지만 운흥사와 일본의 악연은 이것으로 끝이 아니었습니다. 어찌 된 영문인지 1690년에 제작된 운흥사 범종이 최근 일본 도쿄 네즈미술관에 소장되어 있는 것으로 확인이 됐습니다.

불교계와 지역에서 반환을 요구하지만 일본과 해당 박물관은 제대로 응답을 하지 않고 있습니다. 일본으로 유출된 문화재 반환 운동이 여기저기서 벌어지고 있지만 한 번 잃어버린 유물을 다시 찾는다는 것이 여간 어려운 일이 아닌 것 같습니다.

고성의 보물 둠벙

둠벙은 옛날 논농사를 위해 만들었던 작은 저수지라고 할 수 있습니다. 그런 둠벙이 이제 고성의 보물이 되었습니다. 해안과 골짜기를 따라 들판 곳곳에 흩어져 있는 둠벙이 고성에만 모두 445개에 이른다고 합니다.

고성에 그렇게 많은 둠벙이 남아 있는 것은 까닭이 있습니다. 저수지에 비하면 규모도 작고 간단해 보이지만 그렇다고 둠벙을 아무 곳에나 만들 수 있는 것은 아니었습니다. 지하수가 솟거나 지표수가 고이는 자리를 찾아서 만들었습니다. 산과 바다가 서로 가깝게 붙어 있는 고성이 그런 조건에 걸맞은 셈이지요.

30~40년 전만 해도 둠벙은 논농사를 짓는 지역에는 어디에나 많았습니다. 그런데 문전옥답이나 대규모로 경지정리를 할 수 있었던 평야 지대를 중심으로 수리·관개시설이 확충되면서 급격하게 사라져 갔습니다.

고성에 유독 둠벙이 많이 남아 있는 까닭은 지형상 둠벙이 여전히 필요하기 때문입니다. 고성은 물을 머금을 수 있는 저습지가 그리 많지 않습니다. 있다 해도 골짜기에서 바다까지 거리가 짧아 금세 나가버리니까요.

국가중요농업유산으로 지정돼 있는 고성의 둠벙은 농사를 짓는 데도 유용하지만 생물들에게는 더없이 훌륭한 서식지이기도 합니다. 풀과 나무와 곤충과 양서류·파충류 등 온갖 다양한 생물들이 둠벙을 근거지로 살아가고 있습니다.

2020년에는 역사적·예술적·사회적 가치를 인정받아 세계관개시설물유산(WHIS)으로도 등재가 됐습니다. 100년 이상 이어온 역사가 있고 농민들에게 실제로 쓰이고 있으니 역사적·사회적 가치는 알겠는데 예술적 가치는 뭐냐구요? 둠벙이 참 아름답거든요. 얼마나 아름다운지는 직접 보면 고개를 끄덕이게 될 겁니다.

둠벙(삼산면 삼봉리 315-7)

통영

통영은 예술인을 많이 배출한 고장으로 유명합니다. 대하소설 <토지>를 쓴 박경리를 비롯해 교과서에 작품을 올린 시인 유치환·김춘수, 화가 전혁림, 그리고 세계적인 작곡가 윤이상에 이르기까지 한 지역에서 이렇게 많은 예술인이 한꺼번에 나오는 것은 퍽 드문 일이라 할 수 있습니다.

그 바탕에는 300년 가까이 자리 잡고 있었던 삼도수군통제영이 있습니다. 통영이라는 지명도 '통제영'에서 나온 것이지요. 지금의 통영을 통영답게 만든 데에는 통제영의 역할이 그만큼 컸다는 의미이기도 합니다.

삼도수군통제영

통제영은 현재로 치면 해군본부이고 통제사는 해군참모총장이라 할 수 있습니다. 1593년 한산도에 처음 설치됐는데 초대 통제사가 이순신 장군이었습니다. 당시 장군은 전라좌수사를 겸하고 있었기 때문에 전라좌수영이 있던 한산도가 통제영의 본영 역할을 했습니다.

통제영의 중심건물 세병관

지금의 통제영을 두고 이순신 장군이 지휘를 했던 곳이라고 알고 있는 사람들도 많습니다. 하지만 지금 자리에 통제영이 들어선 것은 임진왜란이 끝나고 6년의 세월이 흐른 1604년 제6대 이경준 통제사 시절이었습니다. 그러니 이순신 장군과는 관계가 없는 곳이지요. 통영의 통제영은 그 뒤 1895년 전통 군영이 모두 폐지될 때까지 292년 동안 이어졌습니다.

통영의 지명을 한때는 이순신 장군의 시호를 빌려서 충무라 하기도 했습니다. 대통령 박정희의 작품이라 짐작하는 이들이 적지 않습니다. 하지만 통영군에서 도심 지역을 골라내 충무시로 독립시킨 때는 1955년입니다. 박정희 대통령이 집권하기 6년 전이었으니 오해는 정리가 되는 셈이지요. 군사정권을 정당화하기 위해 충무공 이순신 장군을 영웅시하는 과정에서 생긴 오해가 아닌가 싶습니다.

세병관

통제영의 중심 건물은 세병관입니다. 세병관은 경복궁 경회루, 여수 진남관과 더불어 가장 규모가 큰 전통 목조건물로 꼽힙니다. 밖에서 보는 것보다 세병관 마루에 오르면 엄청난 크기가 한결 실감이 납니다. 여름이면 시원한 바람에 겨울이면 따스한 햇살에 더위도 추위도 잊게 되는 공간입니다.

세병관은 통제영에서 가장 지위가 높은 건물로 임금의 궐패를 모시는 객사였습니다. 여기서 통제사는 한 달에 두 차례 궐패를 향해 임금에게 사은숙배를 올렸습니다. 그리고 충청·전라·경상의 삼도 수군을 모아놓고 군사훈련 등을 할 때 호령을 내리는 지휘소 구실도 했습니다.

일제강점 당시 많은 건물들이 사라졌지만 세병관은 다행히 별다른 상처 없이 살아남았습니다. 당시 통영초등학교 건물로 사용했는데 교실이나 교무실로 공간을 나누려고 칸을 질렀던 흔적이 지금도 기둥에 남아 있습니다. 소설 <토지>를 쓴 박경리를 비롯해 많은 이들이 이 건물에서 공부를 했다고 합니다.

'하늘의 은하수를 가져다 피 묻은 병장기를 씻어낸다'는 세병관이라는 이름에 담긴 뜻도 새겨볼 만합니다. 세병관 바로 앞에 있는 내삼문인 지과문은 전투에 쓰는 '창을 거둔다'는 뜻으로 더이상 전쟁이 없는 평화로운 세상에 살고 싶다는 염원을 이름에 담았습니다.

십이공방

통제영은 조선의 전체 수군을 통괄하는 규모가 아주 큰 군영이었습니다. 그런 만큼 다양한 군수물품을 필요로 했습니다. 창과 칼 같은 무기뿐 아니라 장수와 병사들에게 소용되는 모든 물건이 다 군수물품입니다. 이런 물품을 만들어 조달했던 곳이 바로 십이공방입니다.

십이공방이라 하면 공방이 12개 있었다는 뜻인가? 그리 생각할 수도 있지만 여기서 십이는 열두 개가 아니라 많다는 뜻으로 쓰입니다. '아리랑 열두 고개를 넘어간다' 그런 노랫말도 있지요. 그리고 흔히 쓰이는 '열두 번도 더 했다'는 표현도 꽤 많다는 뜻으로 쓰이거든요. '열두 폭 치마' '열두 대문' 같은 표현도 다 많다는 뜻입니다.

 십이공방의 정확한 숫자는 그때그때 사정에 따라 달랐다고 합니다. 함안군수 오횡묵이 1889년 5월 통제영을 둘러보고 남긴 <함안총쇄록>을 보면 선자방·하칠방·상칠방·소목방·통개방·주피방·안자방·화자방·화원방·상자방·패부방·총방·입자방·석방·은방·연마방·야방 공방 이렇게 17개가 적혀 있습니다. 선자방은 선풍기의 '선'과 같은 뜻으로 부채를 만드는 공방이고, 총방은 갓을 만드는 재료가 말총이라서 붙여진 이름입니다.

 군수물품은 중앙 조정에 바치는 진상품이 되기도 했고 통제사가 사사로이 보내는 선물이 되기도 했습니다. 갖은 무기에 더해 부채, 옻칠, 자개, 그림, 가죽, 철물, 고리짝, 목가구와 생활용품, 금은 제품, 갓 등 만들어 낸 물품의 종류도 다양했고 양도 많았습니다. 18~19세기 십이공방에서 만들어진 제품은 전국적으로 유명했는데 그 명성이 중국과 일본에까지 알려질 정도였다고 합니다.

쇠붙이를 녹여 연장을 만드는 야방

통영을 두고 예술의 고장이라 이르는 데는 십이공방이 그 중심에 있습니다. 십이공방에서 일하는 장인들은 뛰어난 기술자인 동시에 예술인이었습니다. 이렇게 형성되고 발전한 공방 장인들의 솜씨는 300년 세월이 흐르면서 통영 예술의 DNA가 됐습니다.

뛰어난 기술자와 훌륭한 물건들과 몰려드는 사람들과 풍성한 재화와 거기에 더해 통영의 아름다운 자연경관까지 이 정도면 예술을 꽃피우는 바탕으로는 더할 나위 없는 조건을 갖추었다고 할 수 있지 않을까요.

통제영은 통영(별)로도 열었습니다. 서울과 통영을 잇는 조선 시대 고속도로라고 생각하면 맞습니다. 요즘 고속도로처럼 곧고 너른 길이 아니라 포장이 제대로 되지 않은 좁은 길이었지만 가장 빠르게 갈 수 있는 지름길이었습니다. 통영(별)로는 동래로·해남로·흥해로·의주로 같은 조선 시대 10대 대로 중 하나였습니다. 임금이 내리는 교서와 통제사의 장계 등 갖은 문서가 오갔고 진상품도 이 길을 탔습니다.

주전소

통제영은 8년 동안 복원해 2014년 새롭게 문을 열었습니다. 옛날 모습 그대로인 건물은 객사인 세병관밖에 없습니다. 모두 복원되지는 않았고 옛 모습은 절반 정도뿐이지만 운주당(집무실), 내아(사택), 득한당(휴게실), 주전소(조폐창)터, 후원과 십이공방은 나름 짜임새가 있습니다. 그중에서 가장 눈여겨볼 만한 데가 주전소터입니다.

주전소 건물터(위)와 엽전 만들던 자리

　주전소는 돈을 찍어내는 공장입니다. 물품 교환과 재부 축적의 수단이 되는 화폐는 지금도 국가의 주요 정책 대상입니다. 위조 화폐를 만들면 중요 범죄로 취급돼 무거운 처벌을 받는데, 이는 조선 시대에도 마찬가지였습니다.

　중앙 조정의 지시와 통제 아래에 있었다 해도 한 관청이 돈을 찍어내는 것은 그 지위와 역할이 상당했기에 가능한 일이었습니다. 통제영에서 화폐를 제조했다는 것은 그만큼 통제사의 권한이 컸다는 것을 보여줍니다.

　통제영의 주전소 터에는 쇳물을 부어 엽전을 만들던 자리와 창고나 사무실 등으로 쓰였던 건물 자리가 있습니다. 엽전을 만들던 자리에는 화로 흔적과 쇳물 찌꺼기가 남아 있고 건물 자리에는 주춧돌이나 구들을 놓았던 흔적이 남아 있습니다.

관광도시로 알려지면서 통영을 찾는 사람들이 많습니다. 주말이면 발 디딜 틈이 없을 정도지요. 하지만 통제영을 온전히 돌아보는 사람들은 그리 많지 않은 것 같습니다. 우리나라에 남아 있는 하나뿐인 주전 유적이니만큼 발걸음을 해볼 만합니다.

통제영 서쪽 망루로 복원된 서포루
여기 서면 세병관을 비롯한 통제영은 물론 통영 앞바다까지 한 눈에 들어옵니다.

통영성

옛날에는 군사기지를 설치하면 반드시 성곽을 둘렀습니다. 외적의 침입을 막고 군영을 지키기 위해 꼭 필요한 시설입니다. 통제영도 마찬가지였습니다. 통제영을 중심으로 남쪽으로는 통영 바다가 트여 있고 나머지 동·서·북쪽은 성곽을 쌓았습니다.

서포루로 올라가는 자락에 성곽이 조금 남아 있는데 흔적이 뚜렷하지는 않습니다. 하지만 옛날 모습 그대로는 아니지만 성곽 자취를 따라서 중간중간에 포루가 세워져 있습니다. 세병관을 가운데에 두고 서쪽 산마루에 서포루, 동쪽 산마루에 동포루, 가장 높은 북쪽 산마루에 북포루가 있습니다.

서포루에 오르면 가운데 통제영이 보이고 동쪽 건너편으로 벽화로 유명한 동피랑 마을 꼭대기에 서 있는 동포루, 통제영 뒤편 멀리 산꼭대기에 북포루가 보입니다. 통영 시가지와 앞바다가 한눈에 담기는 것이 평상시에 망루의 기능을 했음을 알려주고 있습니다.

이순신 장군의 섬 한산도

지금의 통제영이 이순신 장군과 관련이 없다 해도 통영에는 이순신 장군의 흔적이 많습니다. 서포루 입구에 충무공 이순신을 기리는 충렬사가 있고, 학익진으로 유명한 한산도는 통째로 장군과 관련된 장소이지요. 그래서 사적으로 지정된 정식 명칭조차 '통영 한산도 이충무공 유적'입니다.

한산도는 거제도 서쪽에 숨은 듯이 있어서 동쪽에서 쳐들어오는 왜적에게 직접 노출이 되지 않으면서도 왜적의 동태를 손쉽게 살필 수 있는 전략 요충지였습니다. 이곳 앞바다 견내량에서 이순신 장군의 3대 해전 중 하나인 한산도대첩이 있었습니다.

한산도에 있는 충무공 유적 가운데 으뜸은 제승당입니다. 이순신 장군이 창건했을 때는 이름이 운주당이었습니다. 원균의 칠천량해전 대패 직후 배설이 불을 질러 폐허 상태로 있다가 1740년 후배 통제사 조경이 중건하면서 제승당으로 이름을 바꾸게 됩니다.

운주당은 이순신 장군이 밤낮으로 거처하면서 휘하 장수들과 작전회의를 열었던 장소로 알려져 있습니다. 당시 장군은 계급이 높든 낮든 왜란에 관해 말하고자 하는 사람이 있으면 누구나 와서 말할 수 있도록 했다고 합니다. 늘 열려 있는 소통의 풍모가 느껴집니다.

제승당 다음은 당연히 수루입니다. 원래 있었던 그대로는 아니고 1970년대 정화사업을 하면서 지었습니다. 사방을 살피는 망루였던 수루는 이순신 장군이 시조를 읊은 장소로 유명합니다. "한산섬 달 밝은 밤에 수루에 혼자 앉아/ 큰 칼 옆에 차고 깊은 시름 하는 차에/ 어디서 일성호가는 남의 애를 끊나니."

강직한 이미지로 새겨진 이순신 장군이지만 사실은 늘 병으로 고생을 했다지요. <난중일기>에 보면 "몸이 불편해서……"라는 기록이 수도 없이 나옵니다. 게다가 장수의 책임은 크고도 무거웠습니다. 그 무게는 다른 사람과 나눌 수도 없는 것

수루

이었습니다. 사무치는 외로움과 깊은 시름에 잠겼을 장군의
심정을 조금이나마 헤아려 보게 되는 곳이기도 합니다.

제승당에는 한글비가 있습니다. 해방 직후인 1948년 세 번
째 광복절을 맞아 경남 지역 초·중·고 학생들이 성금을 모아
세운 것이지요. 앞면에 '리충무공계시던제승당의터다'라고 적
혀 있는데, 뒷면의 비문은 그야말로 구구절절 마음을 뒤흔드
는 명문입니다. 가는 걸음이 있으면 꼭 한 번 읽어보시기를
권합니다.

산봉우리에는 한산대첩기념비가 있고, 그 앞바다에 거북선
모양을 하고 있는 거북등대는 한산도 제승당을 알리는 표지
역할을 하고 있습니다. 이처럼 이순신 장군과 깊은 인연이 있
는 통영에서는 8월이 되면 한산대첩축제를 열어 430년 전

그 날의 승리를 되새기고 있습니다.

바다의 땅 통영

통영은 누가 뭐래도 '바다의 땅'입니다. 바다는 풍성한 산물
도 선사하지만 때로는 목숨까지 집어삼킵니다. 고기잡이는 들
판에서 짓는 농사와는 견줄 수 없을 정도로 위험합니다. 그래
서 바닷가에는 전지전능한 존재에게 비는 별신굿 같은 제례
의식이 많았습니다.

삼덕항 돌벅수도 바닷가 사람들에게 그런 대상입니다. 고기를 많
이 잡게 해주십사, 거친 파도를 이기고 무탈하게 돌아오게 해주십
사 빌고 또 빌었습니다. 벅수 앞에는 지금도 막걸리와 북어가 놓여
있는데 그런 의식을 지금도 여전히 하고 있다는 표시입니다.

육지에서는 나무로 만든 장승을 흔히 볼 수 있지만 바닷가에서는
보기가 쉽지 않습니다. 대신에 돌로 만든 장승인 벅수가 많습니다.
짭조름한 갯바람에 나무가 잘 삭아서 자주 갈아야 하는 번거로움
때문이기도 하지만 알고 보면 다른 사연도 있습니다.

삼덕항 돌벅수

당포성

 벅수는 갯가 사람들의 신앙의 대상이라고 할 수 있습니다. 신성한 존재를 부정 탄 사람이 만들 수는 없는 노릇이지요. 하지만 사람들은 누구나 적당하게 죄를 짓고 살아갑니다. 벅수를 만들어도 될 만큼 깨끗한 사람을 구하기가 쉽지 않아 아예 돌로 만들었다는 이야기도 있습니다.

 삼덕항에는 통영이 바다의 땅이라서 생겨난 역사적 사실도 기록되어 있습니다. 포르투갈 사람 주앙 멘데스는 임진왜란 직후인 1604년에 일본으로 무역을 하러 가다 풍랑을 만나 일행과 함께 떠밀려왔습니다.

 듣도 보도 못했던 이상하게 생긴 커다란 무역선이 나타났으니 당시 통제영은 발칵 뒤집어졌습니다. 임진왜란의 상처가 채 가라앉지도 않았을 때니 다들 놀랄 만도 하지요. 곧바로 전투에 나서 무역선을 침몰시키고 일행을 생포했습니다. 통영시는 이를 기리기 위해 2006년 삼덕항 한켠에 '최초 서양인

도래비'를 세웠습니다.

 바로 옆 당포성은 지금의 삼덕항에 해당하는 당포의 수군
진영을 감싸는 성곽입니다. 왜구가 들끓던 고려 말기부터 임
진왜란을 치러낸 조선 시대까지 제 구실을 단단히 했습니다.
고려 시대에는 최영 장군이 이곳에서 승전을 했는데 그 때문
인지 남해안 곳곳에서 최영 장군을 수호신으로 모시고 있습
니다. 임진왜란 때는 이순신 장군이 당포해전으로 왜적을 무
찌른 곳이기도 합니다.

 당포성과 마주보며 삼덕항을 왼편에 끼고 있는 장군봉은 일
대를 한눈에 장악할 수 있는 지점으로 전투지휘소였다고 합
니다. 이름 그대로 갑주투구를 갖춘 우람한 장군 모양을 하
고 있습니다. 그 옛날 치열했던 역사와는 상관없이 당포성에
서 내려다보이는 삼덕항은 더없이 평화롭기만 합니다.

박경리기념관

 통영 하면 빼놓을 수 없는 예술가가 박경리입니다. 살아생
전 박경리에게 통영은 따뜻한 기억의 뿌리이기도 했지만 한
편으로는 많은 시련을 안겨주기도 한 곳이었습니다. 여자라
는 신분으로 혼자 살아가기에는 감내해야 할 것들이 많은 시
절이었지요.

 그의 작품 세계를 들여다보면 그래도 통영에 대한 근본 감
정은 애정이었음을 알게 됩니다. 박경리기념관은 이 위대한
소설가의 일생과 작품 세계를 알기 쉽게 갈무리해 놓고 있습
니다.

　대표작인 <토지>와 <김 약국의 딸들>에서 통영이 어떤 모습으로 형상화돼 있는지를 자세하게 일러줍니다. 배경이 됐던 통영 골목길에 대한 선생의 추억과 그리움이 소설 작품 속 묘사에서 느껴집니다.

　1926년 통영에서 태어난 박경리는 통영에서 초등학교를 다니고 진주여고를 졸업했습니다. <토지>의 주된 배경은 하동이지만 후반부에는 통영과 만주로 배경을 넓혀 갑니다. 서울에서 살던 박경리가 말년에 거처를 옮겨간 곳은 강원도 원주였습니다. 그리고 2008년 세상을 떠나자 다시 돌아와 통영 땅에 묻혔습니다.

　묘소는 박경리기념관 뒤편 언덕에 있습니다. 멀리 통영 바다가 내려다보이고 햇살이 따뜻하게 비치는 남향으로 자리를 잡았습니다. 묘소로 이어지는 오솔길에는 육필 원고 동판과 시편과 산문이 곳곳에 놓여 있습니다. 지나가면서 설렁설렁 읽어도 그 뜻이 마음에 제대로 새겨집니다

'버리고 갈 것만 남아서 참 홀가분하다.' 박경리기념관 앞마당의 박경리 동상 대좌에 새겨진 글귀입니다. 아무래도 젊은 이들보다는 세월을 많이 살아낸 어른들이 그 뜻을 좀 더 수월하게 이해할 수 있을 것 같습니다. 통영 사람들에게 박경리는 누가 뭐래도 축복이었습니다.

통영옻칠미술관

통영에는 옻칠미술관이 있습니다. 1935년 통영에서 태어난 김성수 관장은 옻칠공예를 발전시켜 세계에 널리 알리고, 공예가 아닌 미술로까지 옻칠의 영역을 확장한 인물입니다. 그는 옻칠의 원조가 중국이라는 잘못된 인식을 지적하며 우리나라에 고유한 옻칠 예술이 오래전부터 있었음을 알려왔습니다.

여러 가지 유물에서 그러한 근거를 찾을 수 있습니다. 창원 다호리 고분군에서 출토된 옻칠 제품은 중국식이 아닌 우리나라 고유한 양식이라고 하지요. 합천 해인사 장경판전의 팔만대장경도 옻칠을 했기에 썩지 않았고, 통제영 십이공방에도 옻칠을 하는 공방이 상·하로 있었습니다.

옻칠미술관에 전시되어 있는 작품은 경남과 통영이 대한민국 옻칠의 본고장임을 잘 보여줍니다. 작품을 구성하는 주재료가 자개와 옻칠로 이루어져 매우 독특한 아름다움을 지니고 있습니다. 수채화나 유화보다 훨씬 단정하지만 몽환적인 분위기는 마음을 끌어들이는 힘이 있습니다. 통영과 썩 잘 어울리는 미술관입니다.

거제

거제 하면 아름다운 섬 풍경을 먼저 떠올리게 됩니다. 그러나 조금만 들여다보면 섬이기에 겪어내야 했던 숱한 시련이 역사 속에 고스란히 담겨 있습니다. 해상방위의 요충지로 섬사람들은 오랜 세월 왜구의 침략에 시달리며 살아야 했습니다.

일제강점기에는 일본 해군의 군사기지로 사용됐으며, 한국전쟁 당시에는 10만 지역민으로 전쟁포로 17만 명과 피란민 15만 명을 감당하는 고통도 겪었습니다. 아름다운 풍광 뒤로 아픈 역사들이 커튼처럼 가리어져 있습니다.

해상 방위의 요충 거제

거제는 임진왜란 때 이순신 장군이 처음 승리를 거둔 옥포 해전과 조선 수군의 유일한 패전이었던 원균의 칠전량해전이 치러진 현장이었습니다. 사람들은 대부분 이 두 전투만 기억하지만 거제도에서는 크고 작은 해전들이 수도 없이 치러졌습니다.

거제도 앞바다에서 수많은 전투가 일어날 수밖에 없었던 까닭은 지리적인 특성과 관련이 있습니다. 거제는 옛적 우리나라 해상 방위의 요충이었습니다. 거제를 내주면 남해는 물론 서해까지 왜구가 들끓었고, 거제를 지키고 있을 때는 왜구가 아예 남해로 들어서지 못했습니다. 말하자면 든든한 방패 역할을 했던 셈이지요.

요즘에야 크고 튼튼한 군함이 많지만 옛날에는 배를 만드는 기술이 지금과 같지 않았습니다. 그러다 보니 거제도 남쪽의 험한 바깥바다를 당시의 배로는 빙 돌아다닐 수가 없었습니다. 지금도 장승포항과 지심도를 오가는 뱃길은 조금만 바람이 불고 물결이 높아도 배가 뜨지 못합니다. 직선 6km 남짓한 거리지만 바깥바다이기 때문에 그렇습니다.

이같이 거칠고 험한 자연조건으로 거제 북쪽의 통영과 마주보는 견내량을 지나거나 아니면 거제 남쪽 연안의 여러 섬들 사이로만 배가 다닐 수 있었습니다. 거제만 지켜도 왜구의 침략을 손쉽게 차단할 수 있었던 이유가 거기에 있었던 거지요.

왜구의 노략질은 오랜 옛날부터 있었지만 특히 고려 말기에 더욱 심했습니다. 하루가 멀다 하고 쳐들어오는 왜구 때문에 거제도를 통째로 비워야 했을 정도니까요. 고려 조정이 거제 사람들을 거창과 진주로 집단 이주를 시켰는데, 그렇게 뭍으로 옮겨간 거제 사람들은 오랫동안 섬으로 돌아오지 못했습니다.

대마도 정벌과 거제도 수복

조선 초기에도 왜구의 침략은 잦아들지 않았습니다. 충청도 비인과 황해도 해주까지 침략하는 일이 벌어졌는데 이는 조선 조정이 대마도 정벌을 결정하는 직접적인 원인이 됐습니다. 1419년 6월 삼군도체찰사 이종무 장군은 전선 227척과 군사 1만7285명을 거느리고 한산도 남쪽 주원방포를 떠나 대마도를 들이치고 7월에 돌아왔습니다.

정벌 당한 대마도는 항복을 하느냐 마느냐 저울질했고 이를 지켜보던 조선 조정은 다시 정벌을 하느냐 마느냐로 논란을 벌였습니다. 2년에 걸친 군사적·외교적 실랑이 끝에 1421년 대마도 도주의 통상 요청을 받아들여 평화 관계로 전환하게 됩니다.

대마도 정벌과 그에 따른 후속 절차까지 마무리되자 조선 조정은 곧바로 거제 정상화에 나섰습니다. 이듬해 세종은 거제현을 새로 설치하고 사등에 관아를 두었으며 성 쌓기가 마무리되던 1423년에 거제 사람들을 돌아오게 합니다. 거제도가 빈 섬이 된 때가 1271년이니 무려 150년이 넘는 긴 세월이었습니다.

수군 진영도 가다듬었습니다. 웅천 제포진에 있던 경상우수영을 거제 오아포 가배리로 옮겼습니다. 통영시 도산면 오륜리와 고성군 견내량에 뒀던 수군만호도 거제도의 옥포로 옮겨 지키게 했습니다. 1489년 부로 승격된 거제는 거제7진 전체의 군영본부에 해당하는 기성관 건물을 읍성에 새로 지었습니다. 그만큼 거제도가 군사적으로 중요했던 지역이라는 뜻이지요.

옥포대첩과 고현성 함락의 관계

거제에서는 옥포대첩을 크게 기리고 있습니다. 옥포대첩은 조선 수군이 거둔 최초의 승전인 만큼 그 의미가 작지 않습니다. 사람들이 처음이라는 데에 의미를 두는 것은 그것이 앞으로 나아갈 수 있는 용기와 희망의 시발점이기 때문입니다.

조선 수군은 옥포에 상륙하여 노략질하던 왜군을 기습적으로 포위하고 함포를 쏘아 적선 26척을 깨뜨렸습니다. 탈출한 왜선은 얼마 되지 않았고 배를 타지 못한 왜군은 뭍으로 달아났습니다. 그런데 이 왜군들이 옥포해전 닷새 뒤인 5월 12일 고현성을 함락시키고 불태웠습니다. 조선 수군에게 퇴로가 막혀 서쪽으로밖에 갈 수 없었던 왜적들이 저지른 일이었는데 승전과 패전이 이런 식으로도 맞물렸던 것이지요.

옥포대첩은 원균과 이순신이 함께 싸워 일군 승리였습니다. 그런데 이순신 장군과 원균이 함께 싸웠다는 사실을 아는 사람이 그리 많지 않습니다. 원균과 이순신을 오로지 적대관계로만 다룬 후대의 왜곡된 기록 탓이 크다고 할 수 있습니다. 이순신의 전승·불패 신화가 시작된 옥포해전에 대한 거제사

옥포대첩기념공원에서 내려다본 옥포만

람들의 애정은 대단합니다. 먹고 살기가 넉넉지 않았던 6.25 전쟁 직후인데도 1957년에 당등산에 옥포대승첩기념탑을 세웠을 정도였으니까요. 옥포만이 훤히 내려다보이는 여기에 대우조선이 들어서면서 기념탑은 바로 아래 아양공원으로 옮겨지게 됩니다.

 1996년 지어진 옥포대첩기념공원은 옥포만 언덕에 있습니다. 기념관 건물은 조선 수군의 주력이었던 판옥선 모양을 하고 있습니다. 왜군의 기세를 꺾고 조선의 바다를 지켜낸 조선 수군이 첫 승전을 이루었던 옥포만의 그 푸른 바다에는 지금 대우조선이 들어서 있습니다.

칠천량해전과 일본의 '대륙 진출'

칠천량해전은 잘 알다시피 임진왜란 당시 조선 수군의 유일한 패전이었습니다. 이순신 장군 대신 통제사가 된 원균은 1597년 7월 칠천량에서 참패했습니다. 원균 본인도 죽었을 뿐만 아니라 2만에 가까운 수많은 장수와 병사들이 목숨을 잃었습니다.

칠천량해전공원 전시관에는 이 패전이 재구성되어 있습니다. 칠천량해전을 애니메이션으로 만들어 놓았는데 주인공이 평범한 일반 백성입니다. 이처럼 임금이나 고관대작 또는 장군이 아닌 경우는 아주 드물다 하겠습니다. 노비에서 면천되기 위해 전쟁에 나서는 가장 도치의 정경은 눈물겹습니다. 면천은 고사하고 전사하는 장면에서는 보는 이의 눈시울을 붉게 만듭니다.

임진왜란이 끝나고 일본은 정권이 바뀌었으며 중국은 명에서 청으로 나라가 바뀌었습니다. 그리고 300년이 지난 후 침략의 역사는 반복됐습니다. 조선은 일제에 강점당했고 중국을 비롯한 동아시아 여러 나라는 참혹함을 겪어야 했습니다.

일본의 지배집단은 전쟁을 할 수 없도록 규정돼 있는 평화헌법을 뜯어고치는 데 지금도 목을 매고 있습니다. 성공보다는 실패를 통해서 배우고 얻을 게 많은 것은 전쟁도 다를 바가 없습니다. 되풀이하지 말아야 할 역사가 전쟁이라는 사실을 칠천량해전은 아주 생생하게 보여주고 있습니다.

원균은 나쁘기만 할까?

칠천량해전의 패장 원균은 정말 무능하고 나쁜 인간이었을까요? 경상우수사 원균은 임진왜란 초기 경상좌수영이 전멸한 가운데서도 왜군을 막기 위해 나서 싸웠습니다. 이순신 장군과 함께 전투를 치르며 승리를 거두기도 했습니다. 용렬하게 뒤로 숨는 지휘관은 아니었던 거지요.

이순신 장군은 임진왜란 1년 2개월 전에 전라좌수사로 임명됐기에 전란에 대비할 시간이 있었습니다. 하지만 원균은 고작 3개월 전에 경상우수사가 됐으므로 준비할 시간이 충분하지 못했습니다.

또한 원균은 1594년부터 통제사에 임명되는 1597년까지 줄곧 육전을 치르는 지위에 있었으므로 칠천량해전 당시는 해전에 익숙지 못한 상태였지요. 원균 자신도 통제사로 임명되고 나서는 부산 앞바다로 나가 싸우라는 어명의 무모함을 인식하고 한사코 저어했습니다.

이순신 장군이나 곽재우 장군의 불패 전승 신화는 지형지물을 잘 활용하고 준비를 철저하게 한 데에 크게 기대고 있습니다. 아울러 불리한 싸움에는 절대 나가지 않았던 것도 작지 않게 작용했습니다. 이런 전후 사정을 보면 원균을 두고 무모하거나 무능하다고만 평하면 억울한 측면도 없지 않을 것 같습니다.

임진왜란이 끝난 뒤 선무공신 1등으로 이름을 올린 사람은 이순신·권율·원균 셋뿐입니다. 당시 공신의 위계를 정하는 신하들은 이순신과 권율만 1등에 올리고 원균은 2등으로 낮춰

보고했지만 선조가 받아들이지 않았습니다.

　이순신을 꺼리고 원균을 좋아했던 선조의 사적 감정이 많이 작용한 것 같기는 합니다. 원균이 그렇게 나쁜 사람은 아니라 해도 1등 공신감인가에 대해서는 그 당시는 물론이고 지금도 의아하게 생각하는 사람들이 많은 것이 사실이지요.

　그렇다면 원균에 대한 이미지가 지나치게 왜곡되어 있는 까닭은 무엇일까요? 그것은 아마 박정희 대통령의 이순신 장군 우상화 정책과 관련이 있지 않나 싶습니다. 군인 신분으로 쿠데타를 일으켜 집권한 박정희는 군사정권의 정당성을 강변하기 위해 지나치게 이순신 장군을 숭앙하는 분위기로 몰고 갔습니다. 그러면서 선과 악의 선명한 대조를 위해 원균을 희생양으로 삼은 측면이 없지 않았습니다.

칠천량해전기념공원의 어린아이 모양 조형물

만약 두 사람이 살아 있다면 원균도 물론 기분이 나쁘겠지만 이순신 장군도 자신을 그런 식으로 이용하는 것을 결코 원하지 않았을 것 같다는 생각이 들지 않나요. 이순신 장군은 누구와도 비교·대조할 필요가 없는 그 자체만으로도 충분히 빛나는 존재입니다.

배설은 비겁한 도망자일까?

칠천량해전과 관련해서 재평가가 필요한 사람 가운데 한 명이 당시 경상우수사였던 배설입니다. 배설은 칠천량에서 조선 수군이 대패하자 12척의 배를 가지고 빠져나와 한산 진영을 불태운 다음 전라도 쪽 해역으로 달아났습니다. 한산 진영에 쌓여 있던 군수 물자를 왜적들 차지가 되도록 내버려둘 수는 없었던 겁니다.

배설이 갖고 나온 배 12척은 나중에 대반전의 주인공이 됩니다. 칠천량의 참패 이후 조선 조정은 바다는 아예 포기를 하게 됩니다. 이순신에게 육지로 올라오라고 명령했을 정도였습니다. 이때 장군이 올린 글이 바로 "신에게는 아직 12척의 배가 있사옵니다"였지요. 이순신 장군은 배설의 배 12척을 바탕으로 삼아 그 유명한 명량해전을 대승으로 이끌 수 있었습니다.

이처럼 조선 수군에게 재기의 기틀을 마련해 준 배설이 엉뚱하게도 왜적과 일대 격돌을 앞둔 시점에 탈영을 합니다. 신병을 치료하겠다며 나간 뒤 종적을 감춰버린 거지요. 배설은 임진왜란이 끝나고 1599년 고향인 경북 선산 본가에 숨어 있다가 붙잡혀 처형당했습니다. 엄청난 패전 현장을 목도한 그가 겪었을 트라우마를 짐작해보면 인간적으로는 비난만 할 수 없는 측면도 있습니다.

하지만 배설은 그 뒤에 또 한 번 반전을 맞이합니다. 비록 도망을 가서 목이 달아났지만 전란 중에 쌓은 공적을 인정받아 선무원종공신 1등으로 꼽혔습니다. 선무공신은 1·2·3등 모두 합해 18명뿐인 정식 공신이고 선무원종공신은 모두 9060명이나 되는 준공신이라 할 수 있습니다. 탈영은 탈영이고 전공은 전공이라는 평가가 아닌가 싶습니다.

칠천량해전 기념공원 앞마당에는 해맑은 어린아이의 구조물이 자리잡고 있습니다. 2만 장병의 시신으로 가득했던 칠천량 앞바다를 향해 무장해제를 하고 앉은 모습입니다. 참혹했던 그 날의 역사를 품어 안은 바다는 평화롭습니다. 천진난만한 어린아이와 잔잔한 바다가 건네주는 메시지는 그 무엇보다 강렬합니다.

기성관 담장 아래에 늘어선 송덕비군

통영보다 먼저 통제영이 있었던 거제

통제영은 수많은 변천의 역사를 거치게 됩니다. 1593년에 초대 삼도수군통제사가 된 이순신 장군은 여수에서 한산도로 옮겨온 전라좌수영을 통제영 본영으로 삼았습니다. 당시 이순신 장군이 전라좌수사를 겸하고 있었기 때문입니다.

원균의 칠천량해전 참패 뒤에 다시 통제사가 된 이순신 장군은 남해의 한산 진영은 이미 왜적에게 넘어갔으므로 서해를 지키기 위해 남해에서 서해로 꺾어드는 들머리인 전남 목포 고하도와 완도 고금도에 통제영을 두게 됩니다.

임진왜란이 끝난 뒤에는 경상우수영이 있던 거제 오아포에 삼도수군통제영을 뒀다가 1602년에 고성현 춘원포로 옮겼고 지금의 통영에 해당하는 두룡포에 자리잡은 것은 1604년입니다. 통제영 하면 사람들은 으레 통영을 떠올리지만 짧은 기간이나마 거제에 먼저 통제영이 있었던 거지요. 지명 '통영'이 '통제영'에서 생겨났으니 거제가 '통영'이 될 뻔했던 사연입니다.

오아포가 있던 일대 지명이 가배리로 바뀐 내력도 재미있습니다. 통영시 도산면 오류리 일대의 옛 지명 가배량에서 온 것입니다. 거제 오아포에 있던 통제영이 고성 춘원포로 떠나간 뒤 통영 가배량에 있던 수군만호진이 거제 오아포로 옮겨오는 변동이 있었는데 이때 지명까지 옮겨와 가배리가 된 것입니다.

동부면 가배리의 언덕배기 능선을 따라가면 수풀에 뒤덮인 채 거의 허물어지지 않은 가배량성을 볼 수 있습니다. 공격을

질청

위해 불쑥 튀어나오게 쌓은 치성도 있고 통제영 시절 군선이
가득했을 앞바다도 내려다보입니다. 통제영 관아 자리에는 주
춧돌이 아직도 남아 있습니다.

고현성이 함락돼 옮겨진 기성관

거제면 소재지에는 기성관과 질청이 거제향교와 더불어 잘
남아 있습니다. 객사로 쓰였던 중심 건물 기성관은 정면 아
홉 칸으로 통영 세병관·밀양 영남루·진주 촉석루에 이어 경남
에서 네 번째로 큰 목조 건축물입니다. 거제면사무소 자리에
있었던 동헌은 지금은 사라지고 없습니다.

거제현 관아의 부속 건물인 질청은 지금으로 치면 행정실 또
는 도서관에 해당된다고 합니다. 아전들이 업무를 보는 공간으

기성관

였지요. 지금은 'ㄷ' 모양을 하고 있는데 옛날 지도에는 'ㅁ' 모양으로 나옵니다. 한쪽이 뜯겨나간 것으로 보이는데 어느 쪽이든 독특한 양식인 것만은 분명합니다.

지금 자리에 기성관이 있는 것도 임진왜란과 관련이 있습니다. 원래는 고현성에 있었지만 왜군에게 성이 불타고 폐허가 되는 바람에 1663년에 관아를 지금 자리로 옮기면서 기성관도 함께 가져왔습니다.

거제향교는 요즘 공립 중·고등학교인 셈인데 경남에서는 밀양향교 다음으로 규모가 큰 편입니다. 일반적으로 앞쪽 낮은 곳에 공부하는 명륜당이 있고 제사 지내는 대성전을 뒤쪽 높은 곳에 두어 선현에 대한 존중과 신성함을 표현했습니다. 자리가 여의치 않을 때는 거제향교처럼 평지에 두더라도 뒤편에 나무를 심거나 큰 바위를 두어 그 뜻을 살렸습니다.

서원은 사립이라서 지은 사람의 뜻에 따라 모시는 사람이 달랐지만 고을마다 하나씩 두었던 공립인 향교는 공자와 그 제자, 최치원을 비롯한 우리나라의 선현들을 공통으로 모셨습니다. 입구에 서 있는 공자상이 특별하게 눈에 띕니다.

기성관과 질청 그리고 거제향교가 지금처럼 경관이 멋지게 보전될 수 있었던 것은 거제의 중심이 다시 고현으로 옮겨가면서 거제면이 한적한 시골 마을로 남았기 때문이지요. 지역 주민들로서는 서운한 일일 수 있겠지만 한편으로는 다행한 일입니다.

만약 거제면이 발전과 개발을 거듭했다면 기성관이나 질청·향교가 지금과 같은 모습이나 느낌은 아니었을 겁니다. 아파트나 빌딩 숲에 가려 당당한 면모가 한층 덜하지 않았을까 싶습니다. 기성관과 질청 바로 인근에서는 지금도 시골 5일장이 열리는데 오래된 건물과 썩 잘 어울립니다.

사등성

옥산금성

전통 성곽의 종합 전시장

거제는 성곽이 무척 많습니다. 영등포성·옥포성·조라포성·지세포성·율포성·오량성·아주현성·중금산성·탑포산성·수월리산성·율포산성·다대산성·장목산성·하청성·성포산성, 그리고 왜적들이 쌓은 견내량왜성·영등왜성·송진포왜성·장문포왜성……. 수많은 성들에서 고단했던 거제도의 역사를 보게 됩니다.

우리나라에서 가장 뒤늦게 쌓은 옥산금성도 있고, 흔히 폐왕성이라 하는 신라 시대에 처음 쌓은 둔덕기성도 있습니다. 변한 12국 가운데 하나인 독로국의 왕성이라는 사등성도 있습니다. 성은 화려하게 부활하기도 하지만 대부분은 희미하게 사라져 갑니다.

사등성은 자동차가 쌩쌩 내달리는 한길에서 보면 무슨 돌담장처럼 보이지만 가까이 다가가서 보면 옛 성의 느낌이 그대로 살아 있습니다. 원래의 모습을 많이 잃었다지만 들녘과 마주한 거뭇거뭇한 색깔은 옛날 분위기를 물씬 풍깁니다. 사등성은 왜구들의 준동으로 오랫동안 섬을 비웠다가 다시 돌아와 관아를 두었던 자리이기도 합니다.

기성관의 뒷산 옥산에 쌓은 옥산금성은 세계사적으로 볼 때는 화포가 발달해 전통적인 산성이 이미 효력을 잃은 시점에 탄생했습니다. 1873년 송희승 거제부사가 거제 관아를 두르는 읍성을 쌓겠다고 하자 임금은 백성들의 부담이 크다는 이유로 허락하지 않았습니다.

그러자 송희승이 읍성 대신 산성을 쌓으면 되지 해서 생겨난 것이 옥산금성입니다. 백성들의 노력과 재산을 동원해 여덟 달 만에 완공했습니다. 백성들 원성은 높았고 송희승은 파직당했습니다. 백성들의 원성과는 상관없이 옥산금성에 오르면 새로 만든 정자와 옛날부터 있던 연못, 준공 당시 세운 축성비 등이 그럴듯하게 자리하고 있습니다.

크고 화려한 옛날 유적에 지금 사람들은 감탄합니다. 하지만 생각해보면 그것은 당시 사람들의 피와 땀과 눈물로 이루어진 것들입니다. 중국의 만리장성이 세계적으로 엄청난 문화유산으로 여겨지지만 얼마나 많은 희생의 결과물인지요. 어쨌거나 옥산금성에 올라 내려다보는 산과 바다와 마을은 잘 어우러진 한 폭의 그림 같습니다.

거제초등학교 본관 건물

주민 스스로 쌓아올린 거제 교육의 자취

거제면 소재지에는 역사가 100년이 넘은 거제초등학교가
있습니다. 1907년 2년제 거제사립보통학교로 설립돼 이태
뒤 3월 31일 졸업생 6명을 배출했습니다. 경술국치 이듬해인
1911년에는 사립에서 공립으로 바뀌었습니다. 운영 주체가
조선의 민간에서 일제의 기관으로 넘어간 것이지요. 그러다
해방을 맞았으나 곧바로 터진 한국전쟁 탓에 학교 건물이 사
라지고 말았습니다.

지금 있는 건물은 지역 주민들의 자녀 교육에 대한 열정이
어떠했는지를 잘 보여 주고 있습니다. 등록문화재로 지정된
본관은 전쟁이 끝난 뒤 짓기 시작해 1956년 7월 2층 규모에
교실 16개로 준공됐습니다. 화강암과 붉은 벽돌을 제대로 섞
어 활용한 현관은 서양식으로 오래된 대학 건물 같은 장중함
이 느껴집니다.

해성중·고등학교의 플라타너스

전쟁 직후 초근목피로 연명하던 가난한 시절에 널빤지로 대충 얽거나 가마니로 가려도 그만이었겠지만 거제 사람들은 자식들을 위해 너도나도 품을 냈습니다. 바위를 떼어와 다듬었으며 벽돌을 손수 굽고 옮기고 쌓았던 거지요. 화단 빗돌에 새겨진 교가는 독립운동가를 능가할 정도로 기상이 드높은 것도 이채롭습니다.

장승포에 있는 해성중·고등학교도 비슷한 명물을 하나 품고 있습니다. 가톨릭 계열로 1952년 전쟁 중에 세워진 이 학교는 스탠드 위쪽 플라타너스 나무들이 멋집니다. 똑바로 서 있지 않고 운동장을 향해 구부러져 있는 나무 그늘이 한결같이 스탠드를 덮어주고 있습니다.

지금이야 학생이 귀하고 우선인 세상이 되었지만 예전에는 전혀 그렇지 않았지요. 스탠드를 향해 굽어 있는 플라타너스에는 학생들을 아끼는 선생님의 마음이 담겨 있습니다. 미사를 드리거나 행사를 할 때 학생들은 나무그늘 아래 스탠드에 앉고 선생님들은 운동장에 서 있었던 기억을 졸업생들은 떠올립니다. 잘 깔린 천연잔디와 플라타너스가 멋지게 조화를 이룬 교정이 참 아름답습니다.

현대까지 이어진 고난의 역사 지심도와 포로수용소

지심도는 동백꽃으로 유명한 섬입니다. 겨울부터 이른 봄까지 피고 지는 꽃잎으로 섬은 온통 붉습니다. 이 아름다운 섬에 일제강점기 당시 일본군의 포병부대가 있었습니다. 수많은 관광객들의 발길이 이어지지만 이런 아픈 역사를 알고 섬을 찾는 이는 의외로 많지 않습니다.

선착장에서 내려 조금 걸어 올라가면 카페가 나오는데 이곳이 1938년 지어진 일본군 발전소장 사택 건물로 전형적인 일본식 목조 가옥입니다. 포대 운영에 필요한 전력을 공급했던 발전소와 부속 건물이 함께 있었는데 지금은 그 모습을 제대로 찾아볼 수 없습니다. 그나마 이런 사연을 알고 살펴보면 흔적을 짐작할 수 있을 정도는 되지요.

빼곡하게 들어선 동백숲길을 따라 섬을 돌다보면 곳곳에서 당시 설치했던 시설물들을 만나게 됩니다. 중턱에 있는 넓은 터는 헬기가 이·착륙했던 곳입니다. 지심도 전체가 요새화되면서 이곳에서 터전을 잡고 살던 주민들은 쫓겨나고 대신에 각종 군사 시설이 들어섰습니다

바다를 오가는 선박들을 감시했던 탐조등을 보관하던 장소도 있고 군데군데 방향지시석도 볼 수 있습니다. 4개의 포진

지는 지금도 그 원형이 잘 남아 있습니다. 뒤편에 있는 탄약과 포탄을 저장하던 콘크리트 탄약고는 지하에 벙커식이라 예사로 보면 눈에 잘 띄지 않고 이리저리 찾아봐야 볼 수 있습니다.

지심도는 광복 이후에도 군사 요충이었습니다. 국방부가 관리를 하게 되면서 일반인은 출입을 할 수 없었습니다. 하지만 오랫동안 사람의 손을 타지 않은 덕분에 자연 생태가 잘 보존이 되어 지금의 아름다운 모습을 갖출 수 있게 되었지요. 지금은 소유권이 거제시로 넘어와 있습니다.

오랜 세월 이어져 오던 거제도의 수난은 일제강점기로 끝이 나지 않았습니다. 광복의 기쁨이 채 가시기도 전에 6.25전쟁이 일어나게 되고 거제도는 또 한 번의 혼란 속으로 빠져들게 됩니다. 포로수용소가 그 역사를 증언하고 있습니다.

거제도포로수용소는 고현동·수양동·장평동·연초면·남부면 일대에 걸쳐 12㎢ 규모였습니다. 여기에 포로는 북한 인민군 15만과 중공군 2만에 의용군·여자 3000명까지 최대 17만 3000명 정도였습니다. 이중에는 우리에게 잘 알려진 시인 김수영과 정지용 같은 예술인들도 포함되어 있었습니다.

원래 섬은 농지가 부족해 먹고 살기가 척박한 곳압니다. 포로수용소가 들어서면서 당시 10만km^{2}가량의 거제도 사람들이 그보다 7만이나 더 많은 포로들을 감당하기 위해 감내해야 했던 고통들이 어떠했는지 충분히 짐작을 할 수 있습니다. 게다가 피란민까지 15만 명이나 밀려들었으니까요.

당시 거제도포로수용소는 냉전시대 이념 갈등의 축소판이라 할 만큼 치열한 대결의 현장이었습니다. 송환을 거부하는

지심도의 발전소장 관사와 탄약고, 포진지(위에서부터)

반공포로와 송환을 원하는 친공포로 사이의 유혈사태는 일상이었으며 이런 가운데 목숨을 부지하고 살아남기 위한 노력 또한 처절했습니다. 1951년 운영을 시작해 1953년 7월 27일 휴전협정과 동시에 폐쇄됐던 거제도포로수용소는 이제 유적공원으로 탈바꿈했습니다.

옥포대첩기념공원, 칠천량해전기념공원, 지심도 그리고 포로수용소에 이르기까지 한 지역에 이처럼 아픈 역사의 흔적이 다양하게 남아 있는 곳도 드물지 싶습니다.

지나간 역사를 기억한다는 것은 지금 우리가 서 있는 자리를 돌아보고 미래를 내다볼 수 있는 계기를 마련해 주기도 합니다. 그런 면에서 거제도는 아름다운 풍경과 더불어 돌아볼 만한 데가 많은 곳입니다.

남해

  남해는 옛적에는 뱃길로만 드나들 수 있었던 우리나라에서 네 번째로 큰 섬입니다. 조선 시대까지 이웃한 거제와 더불어서 험한 유배지로 유명했습니다. 하지만 지금은 남해섬으로 건너갈 수 있는 길이 여러 개 나 있습니다.

  남해대교, 노량대교, 창선·삼천포대교 이렇게 다리가 셋입니다. 오랜 역사를 지닌 남해대교와 산뜻하게 새로 들어선 노량대교 거기에다 한국의 아름다운 길로 선정이 된 창선·삼천포대교까지 어디에 내놓아도 손색이 없는 다리들입니다. 남해는 이제 그야말로 다리 부자가 된 셈입니다.

임진왜란 마지막 전투 노량해전

남해대교를 건너면 설천면 노량마을이 나오고 길 따라 계속 가면 오른편에 이락사가 있습니다. 충무공 이순신 장군이 임진왜란 마지막 전투인 노량해전을 승리로 이끌고 목숨을 잃은 곳으로 정식 이름은 '관음포이충무공유적'입니다.

1598년 8월, 임진왜란을 일으킨 도요토미 히데요시가 죽으면서 7년 동안 계속된 길고도 험난했던 전쟁의 끝이 보이기 시작합니다. 1597년 정유재란으로 다시 쳐들어왔던 왜군은 한때 충청도까지 나갔으나 권율과 마귀가 이끄는 조명연합 육군에게 직산전투에서 패배합니다. 바다에서는 칠천량해전으로 통제사 원균을 비롯한 숱한 조선 수군을 수장시켰지만 얼마 가지 않아 통제사로 복귀한 이순신 장군에게 명량해전에서 대패를 하게 되지요.

직산전투와 명량해전에서 패하자 사기가 꺾인 왜적들은 보급 루트가 끊어지는 것이 두려워 울산·웅천·사천·순천 등 바닷가에 쌓은 왜성으로 물러나 있게 됩니다. 이런 상황에서 사천성전투에서 4만 명이나 되는 조명연합군이 왜군 7000명을 당하지 못하고 패배하는 일이 벌어졌습니다.

조선의 이순신 장군과 명나라의 진린 제독이 이끄는 조명연합 수군에게 포위당해 퇴로가 막혀버린 순천 왜군은 사천성전투에서 이긴 사천 왜군에게 구원을 요청합니다. 이에 사천 왜군은 고성·남해에 있던 왜군까지 합해 병선 500척에 병력 6만 명을 이끌고 남해 노량 앞바다로 모여들게 되는데 이것이 노량해전의 시작입니다.

이락사

　이순신 장군은 그냥 길을 터서 보내주자는 명나라 제독 진린의 은근한 요청을 단호하게 물리쳤습니다. 7년 동안 조선을 괴롭힌 왜적을 단 한 명도 살려 보내지 않겠다는 결연한 각오로 순천 앞바다에서 전선을 이끌고 남해 앞바다 노량으로 나아갑니다.

　조명연합 수군 150척 남짓은 이틀 동안 치러진 노량해전에서 왜선 450척가량을 불태우고 깨뜨렸습니다. 이로써 7년 동안의 전쟁이 끝이 나게 됐지만 이순신 장군은 왜적이 쏜 유탄에 맞아 전사를 하고 말았습니다.

관음포와 이락사

　관음포는 충무공 이순신 장군의 시신이 처음 뭍에 오른 자리입니다. 이곳에 충무공 사후 234년만인 1832년 세워진 유허비가 있습니다. 이순신 장군이 죽고 난 뒤에 남해 사람들은 관음포를 이순신(李) 장군이 떨어진(落) 포구(浦)라 해서

첨망대

이락포라고 일컬었습니다. 해질 무렵 첨망대에 오르면 관음
포 앞 노량바다는 노을을 받아 붉은 핏빛으로 물듭니다.

이락사 들머리에는 이순신영상관이 들어서 있습니다. 이순
신영상관에서는 이순신 장군이 마지막으로 싸웠던 노량해전
을 4D로 상영하고 있습니다. 실감 나는 화면으로 당시 전투
를 한층 생생하게 재현하고 있습니다.

관음포로 올라온 장군의 시신은 노량나루 근처 지금 충렬사
자리에 잠시 모셔졌습니다. 지금 충렬사 사당 뒤편에 가묘가
조성돼 있는 자리쯤이겠지요. 그러다 조선 수군의 본영인 전남
완도 고금도로 옮겨져 80일 남짓 머물다 충남 아산 본가로 가
서 장례식을 치렀습니다.

삼도수군통제사로 활약하면서 주로 남해안에서 싸운 때문인
지 많은 사람들이 이순신 장군이 전라도나 경상도 출신으로
알고 있지요. 하지만 이순신 장군은 서울에서 태어나 줄곧 자

충렬사의 한글비와 가묘

랐습니다. 뿐만 아니라 이순신 장군이 처음부터 수군 장수였다고 생각하는 사람들도 많은데 조선 시대 장수는 육군과 수군의 구분 없이 복무를 했습니다. 이순신 장군도 처음에는 북쪽 국경지대에서 육군으로 근무를 했습니다.

남해 충렬사는 1632년 남해 사람들이 충무공의 순국을 애도하며 조그만 띠집으로 지었습니다. 초가를 걷어내고 기와로 지붕을 이은 것은 1658년이고 임금이 정식으로 현판을 내린 것은 1663년이었습니다. 목숨을 걸고 나라를 지켜낸 영웅을 조정이 그리 후하게 대접한 편은 아니었던 것이지요.

충렬사와 이락사에는 색다른 비석이 있습니다. 보통은 한자가 새겨져 있지만 이 비석들은 한글이 주인공입니다. 장군을 기리고 죽음을 애달파하는 내용으로 가득합니다. 해방 직후 너나없이 배고팠던 시절, 남해와 경남 사람들이 힘을 보태 만들어 세운 것입니다. 어른들도 힘을 보탰지만 초등학교 아이들도 성금을 내고 함께 거들어 의미가 더합니다.

왜구를 무찌른 정지 장군의 승전기념탑

남해는 이순신 장군 이전에도 왜적을 무찔렀던 유서 깊은 고장입니다. 고려 말기에는 남해는 물론 서해와 동해까지 왜구가 들끓었습니다. <고려사절요>를 보면 "1350년 봄 2월에 왜가 고성·죽림·거제 등에서 노략질했는데, 왜구는 이때부터 일어났다"고 적혀 있습니다.

왜구 탓에 섬을 통째로 비워야 했을 정도였습니다. 노략질을 당하지 않고 목숨을 부지하기 위해 낯선 육지로 삶터를 옮겨야 했습니다. 남해는 물론 이웃 거제의 사정도 마찬가지였습니다. 왜구를 가까이에 둔 섬사람들의 가혹한 운명이었습니다.

<신증동국여지승람>의 기록이 당시 정황을 잘 보여줍니다. "1350년 왜구에게 침략당하기 시작해 붙들려가기도 하고 이사하기도 하여 쓸쓸하게 사람이 없었다. 1358년에 바다에서 육지로 나와 진주 들판에 거처했으니 토지도 지키지 못했고 공물과 부세도 바치지 못했다."

이런 상황에서 1383년 관음포대첩이 일어납니다. <고려사절요>를 보면 이렇습니다. "해도원수 정지가 남해현에서 왜적을 크게 깼다. 정지가 거느린 전함은 겨우 47척이었는데 전라도 나주와 목포에 있었다. 적선 120척이 이르자 (경상도) 바닷가 고을들이 매우 동요했다. 합포(마산)원수 유만수가 위급함을 고하므로 정지가 밤낮으로 몰기를 독려해 손수 노를 젓기도 하니 군사들이 더욱 힘을 다했다. 섬에 이르러 합포 군사들을 징집하니 적은 이미 관음포에서 대단히 성한 형세로 사면을 둘러싸고 나왔다. 정지가 (군사를) 독려해서 박두양(지명)에 이르니 적이 강한 군사 140명씩을 태운 큰 배 20척을 선봉으로 삼았다. 정지가 진격해서 적선 17척을 불태우니 뜬 시체가 바다를 덮었다."

지금은 그 이름을 아는 사람이 드물지만 당대에는 정지 장군이 최영과 이성계에 버금가는 유명한 장수였다고 합니다. 관음포대첩은 1376년 최영 장군의 홍산대첩, 1380년 이성계 장군의 황산대첩과 함께 고려 말기 왜구를 물리친 3대 대첩으로도 꼽히고 있습니다.

정지석탑

관음포대첩은 최무선이 개발한 화포를 실전에 적용한 '첫 해전'이라는 의미도 있습니다. 앞서 1380년 진포대첩에서 최무선 장군 등이 전북 군산 일대 항구에 정박해 있던 왜선 500척 남짓을 불태우는 데 쓰인 적이 있지만 이는 서로 맞서 싸운 전투가 아니었으므로 관음포대첩을 화포를 사용한 최초의 해전으로 꼽는 것입니다.

고현면 탑동마을에 가면 '정지석탑'이 있습니다. 탑동이라 할 때 탑은 이 정지석탑을 일컫습니다. 부처님을 모시는 불탑처럼 생겼지만 사실은 관음포 승전을 일구어낸 정지 장군을 기리는 기념탑입니다. 지역 주민들이 손수 돌을 깎고 다듬었다니 당시 이 승리를 얼마나 많은 사람들이 기뻐했는지 짐작됩니다.

큰 나무 아래 있으면 비바람을 피하기는 쉽지만 주변의 다른 나무들이 제대로 빛을 보지 못하는 법이지요. 이순신이라는 워낙 큰 거목이 사람들 마음에 새겨지다보니 그 못지않게 목숨 바쳐 싸웠던 많은 사람들의 공적이 덮이기도 합니다. 정지석탑은 정지 장군은 물론이고 저 멀리서 노를 저어와 함께 싸웠던 여러 사람들의 노고를 떠올려 보게 합니다.

관음포대첩으로 크게 승리했어도 남해 사람들이 곧바로 남해로 돌아오지는 못했습니다. 남해바다에서 왜구의 창궐이 그치지 않았기 때문입니다. 고려가 망하고 조선 시대 들어서야 비로소 돌아갈 수 있었습니다. <신증동국여지승람>의 기록은 이렇습니다.

"(남해가) 풀이 무성한 사슴의 놀이터와 왜구의 소굴이 된 지 46년, 지금 임금(태종) 즉위 4년(1404년)에 지역이 좁고

험하여 백성들이 옛날 살던 곳을 생각했다. 하동·사천·명주·고
성·진해 다섯 고을 사람을 동원해 고현 외딴 섬 복판에 성을
쌓았는데 2월에 시작하여 3월에 준공했다. 남해 백성들이 죄
다 돌아와 그 밭을 갈고 그 집을 꾸몄다."

대장경 판각지와 백제 무덤

　고현면에는 최근에 문화재를 발굴 조사한 데가 여럿 있습니
다. 고려 시대에 팔만대장경이 판각된 장소를 고현면 일대로
보고 그 물증을 찾으려고 벌인 작업이지요. 대장경을 새기는
사업을 맡았던 분사대장도감이 남해에 있었음은 역사학계에
서 사실로 인정되고 있습니다.
　팔만대장경의 판각은 최씨 무인정권이 고려를 침략해온 몽
골을 물리치기 위해 진행한 어마어마한 국책사업이었습니다.
대장경을 만들어 불교에 대한 신앙으로 외세의 침략을 막으
려고 했습니다. 왕족과 고위 관료에서부터 일반 백성은 물
론 그 아래 천민들까지 그야말로 국력을 총동원한 이 사업은
1236~1251년 무려 16년 세월에 걸쳐서 완성됐습니다.
　남해에서 대장경을 판각했던 이유는 여러 가지가 꼽힙니다.
첫째, 남해는 몽골 침략으로 인한 직접 피해가 없는 지역이었
습니다. 둘째, 남해안 한가운데에 있고 섬진강이 가까워 물길
을 따라 바다와 내륙에서 물건을 옮기기 좋았습니다. 셋째,
최씨 문중이 식읍으로 보유하고 있던 진주·산청 등과 가까워
인적·물적 자원의 동원이 쉬웠습니다. 게다가 당시 집권자 최
우의 두 아들 만전·만종이 남해와 가까운 쌍봉사(화순)와 단

속사(산청)에 주지로 있었으니 금상첨화였던 거지요.

또 남해에는 대장경을 새기는 판목의 재료인 후박·비자나무 등이 자라고 있었습니다. 판목에 새길 글자를 적어 붙이는 닥종이의 원료인 닥나무도 자라고 있었는데 지금 화방사 산닥나무 자생지는 천연기념물로 지정되어 있습니다. 요즘처럼 교통수단이 발달하지 않은 당시에는 이보다 더 좋은 조건을 갖춘 데를 찾기는 쉽지 않았을 겁니다.

남해군이 대장경 판각지로 짐작하면서 발굴을 진행한 장소는 전(傳)선원사터·전관당성지·전망덕사지·전백련암터·안타골 유적지 다섯 곳인데 결정적인 물증은 아직 나오지 않았습니다. 다만 대장경 판각과 같은 시기에 조성된 건물터나 물건은 꽤 확인됐습니다.

남치리에는 대장경 판각과 관련된 인물이 묻혀 있을 것으로 짐작했던 고려 분묘군 무덤이 있습니다. 그런데 발굴을 해봤더니 엉뚱하게도 백제 귀족의 무덤으로 판명이 됐습니다. 7세기의 전형적인 백제계 석실 무덤으로 백제 고위 관료들이 머리를 꾸몄던 은장식이 출토된 것이지요. 여태까지는 남해가 가야의 일부였다가 신라로 편입됐으리라고 여겨졌지만, 이 무덤을 통해 남해가 한때는 백제의 영향력 아래 있었음을 알 수 있게 되었습니다.

잘 갈무리된 남해 유배문학

외딴 섬 남해는 전통시대 유배지 가운데 하나였습니다. 고려에서 조선까지 130명가량이 귀양을 살았는데 뚜렷하게 이

름이 드러난 유배객만도 30명에 이를 정도이지요. 이중에는 안평대군·양사언·한석봉과 더불어 조선 전기 4대 서예가로 꼽히는 명필 자암 김구도 있었습니다.

김구는 13년 동안 노량에서 귀양살이를 하면서 남해의 아름다운 풍경과 그 속에서 살아가는 사람들의 모습을 시로 엮었습니다. 김구가 쓴 <화전별곡>은 남해 찬가라고 할 만합니다. 화전(花田)은 우리말로 꽃밭이 되는데 아름다운 남해를 일컫는 별명이었습니다. 모두 6장으로 1장에서는 경치를 읊었으며 나머지는 사람들의 생활 모습과 작가의 느낌을 적었습니다.

가장 널리 알려진 인물로는 서포 김만중을 꼽습니다. 벽련마을 앞바다 노도에서 귀양살이를 했던 김만중은 탱자나무 울타리로 둘러싸인 오두막에 살면서 <사씨남정기>를 썼습니다. 인현왕후를 몰아내고 장희빈을 왕비로 맞아들인 숙종을 일깨우기 위해 쓴 한글 소설입니다.

지극한 효자이기도 했던 김만중은 앞서 귀양을 살던 평안도 선천에서는 <구운몽>을 창작하기도 했지요. 홀로 된 어머니의 근심을 덜어주고 위로하기 위해 쓴 한글 소설입니다. 불도를 닦던 성진이 여덟 선녀와 노닌 죄로 인간 세상에 양소유로 태어나 여덟 여인과 인연을 맺고 입신출세하여 갖은 부귀영화를 누렸으나 깨어보니 꿈이더라는 이야기입니다.

안타깝게도 어머니는 김만중이 남해에 있을 때 세상을 떠났습니다. 김만중 역시 꿈에도 그리던 어머니를 뵙지 못하고 노도에서 삶을 마감했습니다. 같은 해 사위 이이명 역시 남해에서 귀양을 살게 됐는데 세상을 떠난 장인의 오두막에 있던 매화나무 두 그루를 자신의 유배처로 옮겨 심고는 장인의 절개를 매화에 빗대어 기리는 한시를 짓기도 했습니다.

남해 유배객 가운데는 유의양도 있습니다. 그는 유배 생활을 하면서 보고 듣고 겪은 바를 <남해문견록>으로 남겼습니다. 한글로 쓴 <남해문견록>에는 남해의 문화유적과 명승절경·세시풍속 등이 잘 담겨 있습니다. 다른 지역에서 부러워할 만한 남해의 소중한 기록유산이라 하겠습니다.

유배라는 형벌이 주는 가장 큰 고통은 함께했던 사람들과 일상으로부터 고립되는 철저한 외로움이 아닐까 싶습니다. 그런데 깊은 외로움은 때로 잠재되어 있던 감정과 재능을 끄집어내 주기도 합니다. 유배문학은 특별한 경험을 예술로 승화시킨 결과물이라 할 수 있습니다.

당시로 보자면 살아가기 가장 열악한 곳이 유배지였습니다. 하지만 남해가 지역의 귀한 자산을 얻을 수 있었던 것은 척박했던 곳이라 가능한 일이 아니었을까요. 아이러니한 역사를 유배문학을 통해서도 보게 됩니다. 남해유배문학관은 유배객들의 삶과 문학뿐만 아니라 지역사회에 끼친 영향까지 잘 다루고 있습니다. 남해가 자랑할 만한 현대의 문화재가 아닌가 싶습니다.

자연에 적응하는 인간의 역사

인간은 주어진 자연환경에 적응하거나 극복하면서 살아가게 됩니다. 남해는 농사를 지을 수 있는 땅이 부족했기에 비탈진 언덕을 개간하거나 거친 바다를 활용한 흔적들이 많이 남아 있습니다. 어부림·석방렴·죽방렴·다랑논이 그 결과물이라 할 수 있습니다.

죽방렴

천연기념물로 지정돼 있는 삼동면 물건리의 마을숲은 공식 명칭이 물건리 방조어부림입니다. 방조는 조류를 막는다, 어부는 물고기를 붙인다는 뜻입니다. 바닷가에 나무를 심으면 시원한 그늘이 생기고 플랑크톤이 풍부해진다고 합니다. 그러면 당연히 물고기가 많이 모여들겠지요.

이런 숲은 마을에 들이치는 바닷바람을 막거나 해일이 덮치지 않도록 파도를 막는 기능도 동시에 합니다. 물고기가 많아지게 하고 산란도 많이 하게 하는 구실을 주로 했지만 고된 노동에 지친 어부들의 쉼터가 되기도 했습니다. 남해에는 물건방조어부림 말고도 곳곳에 이와 같은 마을숲이 조성돼 있습니다.

물건방조림

　석방렴은 돌살 또는 독살이라고도 합니다. 커다란 바위로 바닷가에 둥글게 돌담을 쌓아서 밀물과 함께 들어온 고기를 썰물 때 빠져나가지 못하게 가두어 잡는 전통 고기잡이 방법입니다. 독살이 있는 남면 홍현마을에 가면 "호잇~ 호잇~" 숨비소리를 내며 물질하는 해녀도 볼 수 있습니다.

　죽방렴은 남해 본섬과 창선섬을 잇는 지족해협과 창선섬과 삼천포를 잇는 삼천포해협에 많습니다. 창선대교나 삼천포·창선대교를 건너다보면 다리를 떼어낸 마른오징어처럼 생긴 죽방렴을 볼 수 있습니다. 지금은 쇠로 된 커다란 빔을 꽂아 만들지만 옛날에는 통나무로 기둥을 삼고 대나무로 발을 쳐서 만들었습니다. 그래서 우리말로 대살이라 하지요.

 이들 두 해협은 이순신 장군의 명량해전으로 유명한 울돌목 다음으로 해류가 빠르다고 합니다. 이처럼 물살이 센 장소에다 물이 흘러들어오는 쪽으로 아가리를 벌린 다음 해류를 타고 들어오는 고기를 가두어 잡았습니다. 죽방렴에는 다양한 물고기가 잡히지만 멸치가 가장 유명합니다. 그물로 잡는 멸치보다 상처가 적고 깨끗해서 비싼 값으로 팔리지요.

 다랑논도 남해의 자연환경이 낳은 독특한 문화유산입니다. 사람들은 논이라 하면 원래부터 그런 모습이려니 여기지만 알고 보면 엄청난 노동의 산물입니다. 수북한 수풀을 뜯어내고 땅을 돋우거나 깎아내고 축대를 쌓아 붙이고 두렁을 만들고 돌과 자갈을 골라내야 했습니다.

 평지에 있는 논도 이런 고된 노동을 거쳐야 제 모습을 갖추게 됩니다. 하물며 바닷가 층층이 절벽처럼 가파르게 이어지는 언덕배기에 논을 만드는 일이야 말해 무엇 할까요. 섬사람들의 고단한 삶의 터전이었던 다랑논이 세상이 바뀌어 이제 남해를 대표하는 관광 상품이 되었습니다.

 가장 유명한 데가 남면 가천마을입니다. 곳곳에 들어선 펜션이나 식당들은 다랑논을 보려고 찾아오는 관광객들을 맞이합니다. 원래 살던 주민들은 떠나고 바깥사람들이 사들인 다랑논에서 본래 모습을 찾기는 아무래도 어렵겠지요. 그래서인지 간간이 농사짓는 모습을 보게 되면 더욱 반갑습니다. 세월이 좀 더 흐른 후에는 다랑논의 풍경이 어떤 모습으로 바뀌어 있을까 궁금해집니다.

두모마을 다랑논

가천마을 다랭이논

쉽고 재미있는 경남의 숨은 매력

앵강만의 동쪽 끝 상주면 두모마을도 다랑논이 많습니다. 도도록한 언덕에 자리 잡은 가천마을의 다랑논은 시원하고 상쾌한 느낌을 주는 반면 골짜기를 끼고 있는 두모마을 다랑논은 느낌이 아늑하고 편안합니다. 어느 쪽이 더 좋으냐 하는 것은 찾아가는 사람들의 눈에 비치는 기호에 따라 다르겠지요. 하지만 그곳에서 터 잡고 살았던 사람들의 고단한 삶은 서로 다를 바가 없었습니다.

북부

함양군
거창군
합천군

함양

   어떤 고장을 대표하는 이미지는 밖에서 안으로 들여다보는 것일 수도 있고 안에서 스스로 가지는 것일 수도 있습니다. 함양 하면 바깥사람들은 상림을 많이 떠올립니다만 함양 사람들 스스로는 선비의 고장이라는 자부심이 더 높습니다.

   함양은 전국적으로 알려진 역사 인물의 흔적이 많은 곳이기도 합니다. 고운 최치원, 점필재 김종직, 연암 박지원이 대표적이라 할 수 있지요. 지금은 함양의 랜드마크가 된 상림은 물론이고 함양이 내세우는 또 하나의 브랜드인 물레방아도 역사 인물들과 관련이 있습니다.

최치원과 상림

　고운 최치원은 통일신라 말기 진성여왕 시절에 함양 태수를 지냈습니다. 이때 수해를 막기 위해 고을 한가운데로 흐르던 위천 물길을 바깥으로 돌리면서 제방을 쌓고 여러 나무를 심었습니다. 그것이 남아서 지금의 상림이 됐으니 그 역사는 1000년 하고도 100년을 훌쩍 넘긴 셈입니다.

　우리나라에서 가장 오래된 인공숲으로 1962년 천연기념물로 지정된 상림은 최치원이 조성할 당시에는 대관림이라 했습니다. 지금보다 훨씬 규모가 컸는데 세월이 흐르면서 가운데가 사라지고 상림과 하림으로 나뉘었다가 상림만 남게 되었습니다.

상림 인물공원의 역사인물 흉상

상림의 봄

함양은 상림 덕을 톡톡히 보고 있습니다. 자연재해를 막기 위해 조성한 숲이 지금은 지역 주민들 살림살이를 떠받치는 구실을 하고 있습니다. 전남 담양에 있는 관방제림도 상림과 같은 경우라 할 수 있습니다. 처음 제방에 나무를 심을 때는 후손들에게 이런 은덕까지 끼치리라고는 생각을 하지 못했겠지요.

상림 숲길을 걷다 중간 정도에 이르면 인물 공원이 나옵니다. 함양 출신이거나 함양과 관련된 역사 인물들의 흉상이 늘어서 있는데 중심에 놓인 것이 최치원입니다. 그리고 그 좌우에는 덕곡 조승숙, 점필재 김종직, 일로당 양관, 뇌계 유호인, 일두 정여창, 옥계 노진, 개암 강익, 연암 박지원, 진암 이병헌, 의재 문태서가 늘어서 있습니다.

양반 출신 선비들로 절반은 역사에 조금만 관심이 있으면 알만한 전국구 인물이고 나머지 또한 함양에서는 잘 알려진 지역구 인물입니다. 지역마다 대표 인물이 있지만 이렇게 많은 경우는 다른 시·군에서는 드물다 하겠습니다.

당시 명성을 드날렸던 슈퍼스타 최치원을 비롯해 조선 초기 3대 문장가로 영남 사림파의 종조라고 일컬어지는 김종직, 김종직의 제자로 조선 유학을 대표하는 동방오현의 앞자리를 차지하는 정여창, <열하일기>로 유명한 박지원, 1905년 을사늑약에 떨쳐일어나 영남·호남·충청 일대에서 활약했던 의병장 문태서에 이르기까지 면면을 살펴보면 다들 대단한 분들이지요.

상림 인물공원에는 이런 흉상 말고 옛날 세웠던 선정비도 여럿 있습니다. 그중에서 눈에 띄는 것은 조병갑을 기리는 선정비입니다. 조병갑은 전라도 고부군수 시절 만석보 물세를 가혹하게 걷는 등의 학정으로 1894년 동학농민전쟁이 터지도록 만든 바로 그 장본인입니다.

선정비에는 유랑민도 어루만지고 조세도 줄여주었으며 자기 봉급을 헐어 관청까지 고쳤다는 내용이 나옵니다. 갑오농민전쟁 일곱 해 전인 1887년 세워졌는데 이렇게 선정을 베풀던 사람이 갑자기 악행을 저질렀을 리는 없을 것이고, 짐작하자면 아무래도 조병갑이 백성들을 윽박질러 세웠을 가능성이 크다고 봐야겠지요.

상림에는 조병갑의 아버지 조규순을 위한 선정비도 있습니다. 아들보다 40년 정도 앞서서 함양군수를 지낸 적이 있다고 합니다. 조병갑은 고부군수로 있으면서 충남 태안에 있는

열녀학생임술증처밀양박씨지려(위)와 조병갑 선정비

조규순의 선정비각을 짓는다며 백성들에게 1000냥을 뜯어낸 적이 있었습니다. 아무래도 함양에서도 비슷한 일을 벌였을 것 같지 않나요.

조병갑은 고부민란과 동학농민전쟁을 촉발시킨 탐관오리로 지목돼 1894년 유배를 갔다가 이듬해 풀려납니다. 그런데 1898년에는 법부 민사국장이 되어 동학 2대 교주 최시형의 사형 판결문에 판사로 이름을 올립니다. 조병갑의 변신이 그저 놀라울 따름입니다.

김종직과 선비의 고장

함양을 일러 선비의 고장이라고 합니다. 경상좌도에서는 안동, 경상우도에서는 함양이라 하여 '좌안동 우함양'이라는 말도 생겨났습니다. 이런 배경에는 바로 김종직이 있습니다.

학사루

함양군수를 지내는 동안 김종직은 교육에 크게 힘썼는데 정여창·김굉필을 비롯한 많은 제자들이 모여들어 함양을 학문의 고장으로 이끌었습니다.

학문과 선비 관련 문화유산으로는 학사루를 으뜸으로 꼽습니다. 학사루는 최치원이 오르내렸던 곳으로 역사가 오래된 누각입니다. 당나라에 유학을 가 빈공과에 장원급제를 하고 활약을 펼쳤던 최치원에게 신라 헌강왕이 내린 벼슬이 '시독 겸 한림학사 수병부시랑 지서서감사'였습니다. 긴 이름에는 한꺼번에 내린 네 가지 벼슬이 들어 있는데 여기서 학사를 따와 누각 이름으로 삼았습니다.

김종직에게는 악연의 장소라 할 수 있습니다. 함양군수 시절 학사루에 걸려 있던 관찰사 유자광의 시를 떼어내 불태워 버립니다. 관찰사는 지금으로 치면 도지사인데 함양군수에게는 상관이었지요. 유자광은 충신 남이 장군을 모함한 간신배에다 여종에게서 태어난 천한 신분이었습니다.

김종직은 그런 유자광의 시문이 학사루에 걸려 있는 것이 몹시 못마땅했던 모양입니다. 앞서 유자광이 함양에 온다는 소식을 듣고는 일부러 피해 버렸을 정도였으니까요. 유자광의 함양 방문이 사적인 것이기는 했지만 옛날 법도로는 그렇다 해도 맞아들여 접대해야 마땅한 일이었습니다.

비록 유자광이 간신배였다 해도 양반 출신이었다면 어땠을까 싶은 생각을 해보게 됩니다. 지금 세상에서는 있을 수 없는 일이지만 신분의 차별이 당연시되던 당시는 이런 행동이 용기 있고 본받을 만한 일로 여겨질 수 있었지요. 같은 사건이라 할지라도 보는 시각이나 시대에 따라 다르게 평가할 수 있는 것이 역사이기도 합니다.

이 사건은 나중에 김종직에게 엄청난 화근이 됩니다. 김종직이 쓴 '조의제문'을 제자 김일손이 사초에 올렸고, 유자광은 연산군에게 증조할아버지 세조가 단종을 죽이고 왕위를 빼앗은 것을 비방하는 내용이라고 고자질을 하게 됩니다. 그 속내를 들여다보자면 김종직이 자신의 시를 불태워버린 것에 앙심을 품고 복수를 한 것이 분명해 보입니다.

'조의제문'이 발단이 되어 무오사화가 일어나게 됩니다. 세조에 대한 비판으로 그 자손인 연산군의 정통성을 부정하는 것이 사건의 본질처럼 보이지만 사실은 사림파를 견제한 훈구파의 모략이라고 할 수 있습니다.

무오사화를 계기로 그의 수많은 제자들이 처형되거나 귀양을 가게 됐고 이미 세상을 떠난 김종직 본인은 관을 쪼개 시신을 끄집어낸 후 목을 베는 부관참시를 당했습니다. 이후에 연산군 치세에서는 사림파가 힘을 잃고 훈구파들이 득세를 하게 됩니다.

연산군의 세자 시절 스승이었던 정여창 역시 김종직의 문인이라는 이유로 함경도 종성으로 귀양을 가 그곳에서 죽었습니다. 정여창은 죽음 앞에서도 자신이 김종직의 제자임을 부인하지 않고 주어진 운명을 그대로 받아들였습니다.

정여창의 호 일두는 한 마리의 좀벌레라는 뜻입니다. 의리를 저버리고 정의를 부정했으면 살 수는 있었겠지만 그 반대의 선택을 하고 참담한 최후를 맞았습니다. 드높은 기개와 인품을 갖췄기에 스스로를 한없이 낮추는 호를 지을 수 있지 않았을까요.

정여창은 안의현(함양군 안의면 일대) 현감을 지냈습니다. 선화루를 새로 고쳐 짓고 이름을 광풍루로 바꾸었습니다. '햇살과 풍경이 멋지다'는 '광풍'이 '(임금의) 덕화를 널리 펼친다'는 '선화'보다 덜 권위주의적이고 훨씬 멋스럽습니다. 이런 장면에서도 우리는 그가 어떤 사람이었는지를 짐작해 볼 수 있습니다.

휴천면 동호마을에는 관영차밭터가 있습니다. 지금은 커피가 사람들의 입맛을 사로잡고 있지만 옛날에는 그 자리에 차가 있었습니다. 차는 대단히 귀한 물건이었고 백성들은 차를 공물로 바쳐야 했습니다. 차가 나지 않는 함양에서도 백성들은 돈을 거두어 값비싼 차를 사서 바쳐야 했으니 그 부담이 예사롭지 않았던 거지요.

김종직은 지리산에서 차 씨앗을 구해와 차밭을 만들고 관에서 직접 운영을 해 백성들의 짐을 덜어주었습니다. 함양 사람들은 김종직이 임기를 마치고 떠나자 고마움을 생사당을 지어 표현했습니다. 김종직이 유자광을 피해서 숨었던 이은대에다 지었는데 지금은 사라지고 없습니다.

학사루 맞은편 함양초등학교 한켠에는 500년이 훨씬 넘은 느티나무가 한 그루 있습니다. 1474년 봄에 막내아들이 다섯 살 어린 나이로 세상을 떠나자 애끓는 슬픔에 아들을 생각하며 김종직이 심은 나무라고 합니다. 덕분에 나이를 정확하게 알 수 있게 된 이 느티나무는 몇 길이나 되는 굵기와 높이로 학교를 오가는 아이들을 내려다보고 있습니다.

박지원과 물레방아

 연암 박지원은 풍류와 문학적 소질이 뛰어났지만 무엇보다 이용후생에 능한 인물이었습니다. 양반이었지만 고정관념에 얽매이지 않았던 그는 안의현감을 지내면서 농사에 도움이 되는 것들을 많이 만들었습니다. 청나라를 여행하면서 봤던 것을 응용해 만든 것 가운데 하나가 물레방아입니다.

 덕분에 안의 백성들은 곡식을 빻는 노고를 덜 수 있었고 지금 함양 사람들은 물레방아 축제로 그 덕을 보고 있습니다. 박지원은 이밖에도 벽돌을 구워 정자를 짓고 담을 쌓기도 했으며, 곡식의 낟알을 가리는 풍구와 손쉽게 논에 물을 댈 수 있는 수차 등 백성들의 실생활에 도움이 되는 기구들을 만들었습니다.

거연정

동호정

 고추장 하면 함양을 꼽기도 합니다. 그런데 알고 보면 그 또한 박지원과 관련이 있습니다. 서울에 있는 아들에게 손수 만든 고추장과 함께 고추장 만드는 레시피를 적어 보내기도 했다니 과연 박지원답습니다. 함양이 고추장의 고장으로 이름을 얻게 된 배경에는 그런 이야기가 숨어 있습니다.
 함양에는 김종직을 떠올릴 수 있는 유적은 많지만 박지원과 관련되는 흔적은 아쉽게도 남아 있지 않습니다. 대신 1986년에 새긴 '연암박지원선생사적비'가 안의초등학교 한켠에 세워져 있는데, 옛적 안의현의 관아가 있던 자리입니다.
 안의면 소재지에서 광풍루를 끼고돌면서 금천 시냇물을 거슬러 오르면 옛날 선비들의 으뜸 탁족처였던 화림동 골짜기가 펼쳐집니다. 원래는 여울이 여덟 개, 정자가 여덟 개여서 팔담팔정을 이뤘다고 합니다. 하지만 지금은 위에서부터 거연·군자·동호 세 정자만 남았고 2003년 불탔다가 2015년 복원된 농월정은 가장 아래에 있습니다.

시내 한가운데 제멋대로 놓여진 바위 위에 다소곳이 앉아 있는 거연정은 화림동 계곡에서 하나뿐인 국가 명승으로 바라보는 경관이 빼어납니다. 일두 정여창이 처가 마을을 찾을 때면 노닐었다는 자리에 1802년 들어선 군자정 또한 자연풍광과 멋지게 조화를 이룹니다. 차일암과 월연암이 앞으로 펼쳐져 있는 동호정과 농월정은 지금도 많은 사람들의 발길이 끊이지 않습니다.

정여창 고택과 무덤, 남계서원

2019년 유네스코 세계문화유산으로 등재가 된 일두 정여창을 모시는 남계서원 또한 선비의 고장 함양을 대표하는 문화

남계서원

재라 할 수 있습니다. 상림 인물공원에 모셔져 있는 개암 강익이 1552년 사림들과 뜻을 모으고 군수의 지원을 받아 짓기 시작해 10년 세월을 거쳐 완공했습니다. 1542년 가장 먼저 건립된 소수서원에 이어 두 번째 서원입니다. 관이 주도한 소수서원과는 달리 민이 앞장서서 건립한 남계서원은 그래서 의미가 남다릅니다.

홍살문을 지나 외삼문 풍영루를 들어서면 학생들 기숙사로 쓰던 동쪽 양정재와 서쪽 보인재, 명성당·거경재 현판이 걸린 강학공간이 차례대로 자리를 잡고 있습니다. 양정재와 보인재의 애련헌과 영매헌은 남계서원을 한결 돋보이게 합니다. 여기에 연못까지 더해지니 누마루에 오르면 절로 시가 나올 듯합니다.

정여창 고택

고을마다 한 개씩 두는 것을 원칙으로 하는 향교에 비해 서원은 숫자에 제한을 두지 않았습니다. 말하자면 세우고 싶은 사람 마음이었지요. 향교는 정형화된 모습을 하고 있지만 서원은 형식이 좀 더 다양하고 아름다운 곳이 많습니다. 이 또한 서원을 세운 사람들의 취향이 자유롭게 반영된 결과라 할 수 있겠지요.

남계서원에서 반경 3km 안쪽에 정여창 고택과 정여창 무덤이 있습니다. 정여창 고택은 정여창 사후 1570년대에 새로 지었는데 사랑채 앞에 높이 솟은 전나무와 그 옆에 비스듬히 누운 소나무는 정여창의 인품을 닮은 듯 곧고 넉넉해 보입니다. 지금은 드라마 촬영지로 전국에 알려져 찾는 이들이 많습니다.

정여창 무덤은 승안사지 삼층석탑과 석조여래상을 지나 산으로 조금 올라가면 나옵니다. 부인의 무덤이 나란히 있거나 아래에 있지 않고 위에 있다는 게 색다릅니다. 동계 정온이 지은 비문에는 "1504년 여름 4월 1일 유배지(함경도 종성)에서 세상을 떠나니 …… 상여를 모시고 돌아와 승안동 …… 언덕에 안장했다"고 적혀 있습니다.

모든것이 지금과 같지 않은 시절에 북쪽 끝 유배지에서 남쪽 고향 마을로 옮겨오기까지 얼마나 많은 사람들의 노고가 있었을까요. 정여창은 훗날 갑자사화 때 스승 김종직과 마찬가지로 부관참시를 당하는 수모를 겪게 됩니다.

여권 신장의 상징 허삼둘 가옥

허상둘 가옥의 뒷모습과 부엌 내부

선비들이 탁족하던 화림동에서 흘러내린 금천 시냇물은 옛날 정여창·박지원이 다스리던 안의현의 광풍루 앞으로 이어집니다. 금천은 우리말로 비단내라는 뜻이지요. 광풍루 바로 옆 골목 안에는 구조가 독특한 옛집이 하나 있습니다. 윤대흥이라는 사람과 혼인한 허삼둘이 일제강점 초기에 지은 기와집입니다. 그이는 진양 갑부 집안의 딸이었는데 가옥 이름을 안주인 이름을 따서 붙이는 경우는 아주 드물다 하겠습니다.

이런 정도의 크기는 옛집에서 흔히 볼 수 있지만 가옥 구조는 우리나라에 하나뿐이지 않을까 싶습니다. ㄱ자로 굽은 모양을 하고 있는 안채가 아주 독특합니다. ㄱ자로 꺾이는 한가운데 모서리에 부엌을 두었는데 앞쪽은 물론 장독대가 있는 뒤로도 문이 나 있습니다. 여자들이 살림하는 데 수월하도록 편의를 많이 생각한 구조라고 할 수 있지요.

게다가 부엌에서 내다보면 안마당을 지나 사랑채 쪽 인기척까지 곧바로 알아챌 수 있습니다. 여자들의 전용 공간인 부엌이 가옥 전체를 장악하고 있는 셈이어서 집안 실권을 쥐고 있었던 안주인의 지위를 짐작게 합니다. 안채는 2004년 불이 나서 다시 복원을 했습니다.

박지원의 '열녀함양박씨전'

상림 인물공원에 있는 '열녀학생임술증처밀양박씨지려'라고 새겨진 빗돌은 남성 중심의 양반 사회에서 생각하기 어려웠던 여자의 인권과 관련되어 있다는 점에서 허삼둘 가옥과 연결지어 생각해볼 만합니다.

비석의 주인공 밀양 박씨는 안의 고을 아전 집안 출신으로 일찍이 어버이를 여의고 조부모 아래에서 자랐습니다. 열아홉 살에 이웃 고을 함양의 아전 집안으로 시집가서 임술증의 아내가 됐습니다. 어려서부터 몸이 약했던 임술증은 혼인한 지 반년이 못 돼서 세상을 떠나게 됩니다. 박씨는 남편의 초상을 치르고 3년상 탈상을 하는 날에 약을 먹고 죽었습니다.

참담하기 이를 데 없는 이 사연은 당시 안의현감이었던 박지원을 만나면서 소설로 부활하게 됩니다. 박씨는 박지원 현감이 아전으로 부리던 박상효의 조카딸이었습니다. 박지원은 박상효에게서 전해 들은 사정을 바탕으로 '열녀함양박씨전'이라는 한문소설을 남겼습니다.

"지아비가 죽은 날과 같은 날 같은 때에 마침내 (이 몸이 없어져야 하겠다는) 처음의 뜻을 이룩했으니 그가 어찌 열부가 아니겠는가?"라고 먼저 칭송했습니다. 하지만 그러면서도 그 가혹함을 함께 짚었습니다.

"개가한 여자의 자손에게는 벼슬을 주지 말라는 법이 있으나 이는 양반에게만 해당될 뿐이다. 그런데도 조선 400년 이래 과부 된 여자 대부분이 절개를 지키게 됐다. 그러다 보니 개가를 하지 않는 것만으로는 절개라 할 것이 없다는 생각이 퍼졌다. 남편을 따라 저승길 걷기를 바라고 물불에 몸을 던지거나 독을 탄 술을 마시거나 끈으로 목을 졸라매면서 그것을 마치 극락으로 가는 것처럼 여기게 됐다. 그러나 더할 나위 없이 모질어서 어찌 너무 지나치다 하지 않을 수 있겠는가."

박지원은 이런 이야기도 하고 있습니다. "혈기는 때를 따라 왕성한 법인데 어찌 과부라 하여 정욕이 없겠느냐." 이는 남편 잃은 여성에 대한 개가 금지가 세상 이치에 맞지 않음을 직접적으로 내비치고 있습니다. 남편이 세상을 떠났다 해서 함께 목숨을 버리는 일이나, 개가 금지로 얻을 게 없는 평민까지 이 법도를 따르는 것은 옳지 않다는 등의 발언도 당시 양반으로서는 파격적인 것이라 하겠습니다.

선비의 고장이라 일컫는 함양에서 여자들의 일상을 중심으로 삼아 지은 허삼둘 가옥과 여성 인권에 대한 진지한 성찰이 담긴 '열녀함양박씨전'은 상징하는 바가 남다릅니다. 이런 것들 덕분에 함양은 역사적으로나 문화적으로나 한층 풍성한 고장이 될 수 있었습니다.

미인송(왼쪽)과 도인송

벽송사의 봄

선불교의 벽송사와 미래 문화재 서암정사

　함양은 산이 높고 골이 깊어서 예로부터 유수한 절간이 많
았습니다. <신증동국여지승람>을 보면 견불사·군자사·승안
사·선열암·고열암·신열암·화장사·엄천사·마적사·금대암·보월
암·안국사·무주암·덕봉사·등귀사·미타사·장수사 등 무려 열일
곱이나 나옵니다. 물론 지금 남아 있는 것은 금대암·안국사
정도뿐이지요.

　1520년 창건했다는 벽송사는 지리산 칠선계곡 들머리에 있
습니다. 내려다보이는 풍경이 멋지고 앉은 자리는 푸근합니
다. 삼층석탑은 통일신라 양식으로 만들어진 조선 초기 작품
으로 법당 앞에 있지 않고 뒤편 언덕 위에 있습니다. 지금은
없어졌지만 원래 대웅전 자리가 거기였다는 것을 보여주고
있습니다.

대웅전이나 비로자나전 또는 대적광전 대신 벽송선원이 중심에 자리 잡고 있는 것도 여느 절간과 크게 다른 점입니다. 기복 신앙의 장소로 변질이 된 요즘 절간들과는 달리 참선을 중심에 둔 불교 원래의 모습을 하고 있지요. 6.25전쟁 때 빨치산들의 야전병원으로 쓰였던 벽송사는 국군에게 불태워진 뒤에 다시 지은 건물입니다.

원통전 뒤쪽으로 우뚝 솟은 두 그루 소나무는 각각 도인송과 미인송이라는 이름을 가지고 있습니다. 쭉 곧은 것이 도인송이고 도인송을 향해 비스듬히 기울어진 것은 미인송입니다. 도인이라 자세가 꼿꼿하고 반듯한 것인지, 미인이 고개를 돌려 도인을 유혹하고 있는 것인지, 보는 사람마다 이름에 대한 해석이 분분할 것 같아 재미있습니다.

바로 옆 서암정사는 천연 바위를 이용해 자연스럽게 굴법당을 만들고 그 안에 여러 가지 불상과 그림·글씨를 새겼습니다. 옛날에는 일일이 사람 손으로 만들어 따뜻하고 정감이 느껴진다면, 서암정사 벽에 새겨진 것들은 기계작업으로 정교하고 세련됐습니다.

둘을 비교를 하는 것은 별 의미가 없어 보입니다. 둘 다 그 시대의 모습을 반영하고 있으니까요. 100년이나 200년 뒤 후세 사람들은 서암정사에 남겨진 20세기 말 21세기 초 물건들을 바라보면서 이 시대의 문화는 이러했구나 생각하게 되겠지요. 지금의 불교의 모습을 담고 있는 미래 문화재라 할 수 있겠습니다.

거창

거창의 풍물과 역사·문화는 돌과 바위를 빼놓고는 이야기할 수 없을 정도입니다. 심심산골에서 시작된 물줄기가 골짜기를 따라 흐르다 여울을 이루는 곳이면 어김없이 바위가 있습니다. 이런 곳에는 정자나 누각이 멋진 자연을 배경 삼아 들어앉아 있습니다.

지정 문화재로 이름이 올라 있는 정자만 꼽아도 다른 고장과는 비교할 수 없을 정도로 많습니다. 고장의 특징이 자연의 조건과 밀접한 관련이 있다는 것을 선명하게 보여주는 곳이 거창입니다.

거창을 키운 것은 8할이 바위

 수많은 누정 가운데 으뜸으로는 금원산 원학동의 수승대 일
대에 놓여 있는 관수루와 요수정을 꼽을 수 있습니다. 원학
동 골짜기는 이웃 함양의 화림동·심진동 골짜기와 함께 안의
삼동이라 일컬어져 왔습니다.
 옛적에는 안의현이라는 고을이 따로 있었는데 1914년 일제
강점기 행정 통·폐합으로 없어지면서 서상·서하·안의면은 함
양으로, 북상·마리·위천면은 거창으로 넘어가 소속이 갈리게
되지요. 원학동 골짜기가 함양 안의가 아니라 거창 위천인데
도 안의삼동이라 하는 데는 그런 까닭이 있습니다.

수승대 거북바위

수승대는 신라와 백제의 접경지였습니다. 백제가 신라로 사신을 보내며 돌아오지 못할까봐 걱정했다고 해서 원래는 근심 수(愁) 보낼 송(送) 수송대였다고 합니다. 그러다 1543년에 퇴계 이황이 거창 영승마을에 머물다 떠나며 수승으로 고치기를 권하자 일대 주인이었던 요수 신권이 따랐다는 얘기 또한 유명하지요. 수승(搜勝)은 명승지를 찾아다닌다는 뜻이라고 합니다.

위천 물줄기가 흘러 깊은 여울을 만든 한가운데의 커다란 화강암은 이름이 거북바위(구암대)입니다. 오른쪽 구연서원 들머리 출입문이 관수루이고 건너편 산기슭에는 요수정이 있습니다. 거북바위에는 퇴계 이황의 한시와 이에 대한 갈천 임훈의 답시를 비롯해 수많은 묵객들의 시문과 성명이 이리저리 새겨져 있습니다.

문바위·사선대·분설담·수포동

수승대를 품은 금원산은 우리나라에서 가장 큰 바위인 문바위도 함께 보유하고 있습니다. 금원산자연휴양림 매표소를 지나 길을 따라 오르다 보면 오른쪽으로 서 있는 커다란 문바위를 마주하게 됩니다. 고개를 들어서 보면 '달암이선생순절동'이라 적힌 한자를 눈에 담을 수 있습니다.

달암은 고려 말기 판서를 지낸 이원달을 이르는데 고려가 망하자 두 조정을 섬길 수 없다며 사위 유환과 더불어 여기 들어와 살다가 죽었다고 전해집니다. 그래서인지 문바위 아래에는 사람이 똑바로 서도 될 만한 공간이 열려 있는데요,

움막 정도는 충분히 지을 수 있었을 것 같습니다. 옛날에는 여기서 기우제도 지냈다고 하는데 그만큼 기운이 맑고 세다는 말이겠지요. 바위의 고장 거창에 걸맞은 명물이라 하겠습니다.

이밖에도 바위가 만들어낸 멋진 풍경은 거창 곳곳에 있습니다. 남덕유산 자락 월성계곡은 사선대와 분설담을 품고 있고, 오도산은 가조 일대로 물줄기를 보내 대학동에서 수포대를 이뤘습니다. 신선 넷이 바둑을 두었다는 4층 겹바위를 사선대라 이릅니다. 분설담은 너럭바위 위를 구르는 냇물이 흰눈을 뿜는 것 같다고 붙여진 이름입니다.

바람과 물과 세월에 빛이 바랜 하얀 바위는 분설이라는 이름과 썩 잘 어울립니다. 수포대는 물이 떨어져 폭포를 이루는 바위라는 뜻으로 동방오현으로 꼽혔던 일두 정여창과 한훤당 김굉필이 5년 동안 강학한 자리로 알려져 있기도 합니다.

분설담

크고 많은 거창의 석불

거창의 바위는 불교문화에도 영향을 미쳤습니다. 거창만큼 커다란 석불이 많은 데도 찾아보기 어렵지요. 둥근 돌갓을 쓴 양평동석조여래입상, 키가 커서 균형이나 아름다움과는 거리가 먼 듯한 상림리석조관세음보살입상, 가느다란 선으로 관세음보살과 같은 여성성을 구현했다는 얘기를 듣는 농산리 석조여래입상은 모두 키가 3m를 훌쩍 넘습니다.

문바위 위쪽의 가섭암지 석면에 새겨져 있는 마애삼존불상도 있습니다. 가운데 본존불은 대좌와 광배를 합해 3m를 넘는 정도고 좌우에 모시는 보살상도 2m는 넘습니다. 이처럼 거창의 불상들은 정교함이나 미감을 떠나 크기만으로도 사람을 압도하는 바가 있습니다.

'가섭암지마애삼존불상'은 이름이 길어서인지 이게 무슨 뜻인가 궁금해하는 사람들이 많습니다. '가섭'은 유명한 부처님 제자의 이름입니다. '암지'는 암자가 있었던 자리를 말하니까 가섭암이라는 절터 바위 절벽에 새긴 세 명의 존귀한 부처상이라는 뜻이지요.

가섭암지마애삼존불상

가운데 본존불은 손 모양으로 봐서 사후세계인 서방정토를 관장하는 아미타불로 짐작된다고 합니다. 석벽에는 1111년에 만들었음을 알려주는 한자와 죽은 어머니를 생각한다는 뜻의 한자가 함께 적혀 있습니다.

마애삼존불은 놓인 자리가 퍽 특이합니다. 가파른 계단을 타고 오르면 사방으로 바위에 둘러싸여 마치 동굴 같은 곳에 들어서 있습니다. 햇빛이 드는 정도에 따라, 맑은 날은 맑은 대로, 비가 오면 비가 오는 대로 시시각각 분위기가 달라지며 다양한 느낌을 선사합니다.

무덤에서도 거창 바위는 남다른 면모를 보여줍니다. 둔마리 벽화고분은 그 석실이 원래 있던 화강암 바위를 깎아 파내 만든 것입니다. 모자라는 부분에는 다른 판석을 세운 다음 거기에 벽화를 그려 넣었습니다.

같은 정자와 누각이라도 전라도에는 대체로 평지에 있다면, 거대한 바위가 많은 거창은 깊은 골짜기에 자리 잡고 있는 경우가 많습니다. 인간의 삶은 자연과 더불어 공존하기에 인간이 빚어내는 문화와 역사는 주변의 자연환경과 깊은 연관을 맺고 있습니다.

거창 바위는 조선 시대에 펴낸 <신증동국여지승람>에도 올라가 있을 정도입니다. 가조면 우두산의 견암사(지금 고견사)를 두고 "바위 구렁이 깨끗하고 훌륭하다"고 적었습니다. 지리 서적에서 이렇게 바위 하나를 두고 무어라 말해 두는 일은 지금도 옛적도 드문 편이라고 합니다.

네덜란드식 가옥에 담긴 뜨거운 고장 사랑

남상면사무소 쪽에서 거창박물관을 향해 가다 보면 왼쪽으로 색다르게 생긴 집이 한 채 나옵니다. 1947년 지어진 '거창 정장리 최남식 가옥'으로 2005년 등록문화재로 지정이 됐습니다.

거창을 사랑하는 열정으로 농촌계몽운동을 벌였던 최남식이 네덜란드 전원주택을 모델로 삼아 손수 설계하고 지은 집입니다. 2층 건물로 눈이 많은 거창의 겨울을 고려해 지붕 기울기를 크게 했는데 처음 지었을 때는 현관이 도로 쪽으로 나 있었습니다. 건축학계에서는 설계·시공한 사람과 짓고 고친 연혁이 뚜렷한 사실을 높게 평가하고 있습니다.

'밭을 가는 백성'이라는 뜻의 '경민'을 호로 삼은 최남식은 1940년 계림농원을 열었고 1960년 거창에 사과를 처음 보급했습니다. 원래는 거창군청에 근무하면서 농사를 지었는데 4년째 되던 해 심었던 가을무가 풍년이 들어 당시 월급 30원의 10년 치를 웃도는 4000원의 수익을 올리게 되자 공무원을 그만두고 전업 농부로 접어들게 됩니다.

지역 문화재에도 관심이 많았던 그는 문화재가 사라지는 것을 안타까워하며 수집에 적극 나섰습니다. 제창의원의 김태순 원장과 함께 둔마리벽화고분을 발견했는데 이 또한 최남식이 이룩한 큰 업적 중에 하나이지요. 나아가 본인이 갖고 있던 문화재를 내어놓으면서 향토박물관 설립 운동을 벌인 끝에 1988년 거창유물전시관이 만들어지고 이것이 지금의 거창박물관으로 자리를 잡게 되었습니다.

정장리 최남식 가옥

군 단위 최초의 공립 박물관

거창박물관은 거창에서 출토됐거나 고장 사람들이 기증한
유물을 주로 전시하고 있습니다. 고 최남식·김태순 두 분이
기증한 문화재 1000여 점을 바탕으로 정부 지원과 군민들
의 적극적인 후원을 받아 향토박물관 건립이 가능했습니다.
1988년 문을 연 거창박물관은 전국 최초 군 단위 공립 박물
관으로 거창 사람들의 자존심이라 해도 과언이 아닙니다.

거창박물관에는 특별하게 눈길을 둘 만한 세 가지가 있습니다. 하나는 고산자 김정호가 만든 대동여지도의 1864년판으로 복제본이 아닌 원본입니다. 거창읍 가지리 밀양 박씨 문중에서 기증한 것인데 지역박물관에 원본이 전시되어 있어 그 가치가 더합니다.

우리나라는 국보급 문화재가 발굴되면 대부분은 지역을 떠나 국립중앙박물관에 들어가게 됩니다. 그나마 전시라도 되면 다행이지만 그렇지 못한 채 수장고에 박혀 빛을 보지 못하는 것들도 수두룩하지요. 이런 문화재들이 돌아와 제자리를 잡으면 지역 문화의 든든한 자산이 될 뿐 아니라 지역을 특색 있게 만드는 데도 적지 않은 기여를 할 수 있을 텐데 말입니다.

나머지 둘은 금원산 문바위 위에 있는 가섭암지마애삼존불상의 탁본과 둔마리벽화고분에서 나온 벽화입니다. 탁본은 문화재로서 가치는 없지만 가섭암지 현장에서 제대로 보기 어려웠던 불상 모습을 좀 더 자세히 들여다볼 수 있게 해줍니다. 둔마리벽화고분은 보존을 위해 현장 내부는 공개하지 않고 있는데 거창박물관에서만 그 벽화를 볼 수 있습니다.

동계 정온 고택

거창 풍물과 역사·문화를 키운 것이 8할이 바위라면 나머지 2할은 소나무라고 할 수 있습니다. 경남의 다른 지역은 마을 숲이 대부분 참나무·서어나무·왕버들 같은 활엽수지만 거창에서에서는 압도적 다수가 침엽수인 소나무입니다. 마을 동구에 돌무더기를 쌓아 성황단으로 삼은 데도 많은데 여기 심은 나무 또한 대체로 소나무입니다.

소나무는 독야청청 '곧고 굳은 절개'를 상징하는데 거창의 대표 인물인 동계 정온이 그런 소나무를 닮았습니다. 지금 잣대로 보자면 다른 평가가 나올 수도 있겠지만 전통시대 선비의 눈으로 보면 다시 나오기 어려울 정도로 대단한 인물이었습니다.

정온은 영창대군을 죽이고 인목대비마저 폐출하려는 광해군에게 상소를 올렸다가 제주도로 유배되어 10년 동안 위리안치를 당하게 됩니다. 병자호란 때는 척화를 주장하다 항복하게 되자 할복을 시도하기도 했지요. 이후 벼슬을 내려놓고 덕유산 모리에서 고사리와 미나리만 먹으며 살다 세상을 떠났습니다. 나물만 뜯어먹으며 살았다 해서 중국의 백이·숙제에 비유하기도 하지요.

동계 정온 고택은 거창의 기후를 잘 반영해서 만들어진 집입니다. 평행으로 나란히 배치하는 겹집 구조의 안채와 사랑채는 추위를 막을 수 있게 만든 것으로 경남에서는 보기 드물다고 합니다. 사랑채의 겹으로 붙인 눈썹지붕과 난간을 장식한 높은 누마루에서는 당당한 위풍이 느껴집니다.

대문 안으로 들어서면 사랑채에 걸린 예사롭지 않은 편액들이 시선을 사로잡습니다. 그중에서도 으뜸은 추사 김정희가 쓴 '충신당(忠信堂)'입니다. 정온과 김정희는 제주도에서 귀양을 살았다는 공통점이 있습니다. 물론 시대는 정온이 200년가량 앞섭니다. 충신당 글씨는 김정희가 1848년 유배 생활을 마치고 돌아가는 길에 들러서 썼다고 하지요. 정온의 고통

동계 정온 고택

과 외로움에 대한 김정희의 깊은 동병상련이 느껴집니다.

안주인의 위상을 짐작게 하는 안채도 이채롭습니다. 일단 정면 여덟 칸으로 규모가 압도적으로 큽니다. 그리고 앞으로 내민 툇마루 일부를 누마루로 꾸몄는데 보통은 사랑채에만 있는 것이라 이 또한 색다릅니다.

비극의 민간인 학살사건

일제강점 당시 일본에 당했던 고통은 이루 말할 수가 없었습니다. 1945년 해방이 되고 사람들은 대부분 감격의 눈물을 흘렸습니다. 모두들 추운 겨울이 지나고 따뜻한 봄날이 올 거라 믿었지요. 그러나 봄은 그리 쉽게 오지 않았습니다.

새롭게 들어선 이승만 정권은 권력을 유지·강화하기 위해 이념 갈등을 부추겼습니다. 전향한 좌익들의 보호·지도를 명목으로 보도연맹을 조직했지만 이는 결과적으로 민간인 학살을 손쉽게 저지르기 위한 전초 작업이 됐습니다.

6.25전쟁이 터지자 보도연맹원들을 시·군별로 소집해 집단으로 총살·매몰·수장해 버렸습니다. 보도연맹원 중에는 좌익과는 아무 상관없는 사람들도 많았습니다. 숫자를 늘리기 위해 마구잡이로 가입을 시켰던 것입니다.

산이 높고 골이 깊은 함양·산청과 거창에서는 또 다른 민간인 학살이 대규모로 벌어졌습니다. 북한군 또는 빨치산을 도울 우려가 있다는 것이 이유였습니다. 적군이 활용할 수 있는 자원은 모조리 없애버리는 '견벽청야' 작전을 수행하면서 남녀노소 구분 없이 마을 사람들을 남김없이 죽였습니다.

앞서 산청과 함양에서 민간인을 수없이 죽인 부대가 1951년 2월 9일 거창에 들어와 사흘 동안 신원면 일대에서 다시 학살극을 벌였습니다. 이때 거창에서 죽은 민간인은 공식 통계에서만 719명입니다. 하지만 실제로는 1400명에 이르는 것으로 알려져 있습니다.

719명 안에는 15살 이하 어린이가 359명이고 61세 이상 노인이 60명에 이릅니다. 노인은 차치하더라도 숨진 희생자의 절반이 어린아이였으며 성별로 구분해도 남자 327명에 여자가 397명으로 오히려 많았습니다. 적군을 도울 우려가 있어서라는 명분이 무색해집니다.

산청·함양과 거창에서 일어난 이 민간인학살사건을 산청·함양사건과 거창사건으로 따로 떼어서 이야기를 하지요. 하지만 산청에서 시작돼 함양을 거친 다음 거창에서 끝난 이 사건은 시간대도 순차적으로 이어져 있고 주범이 육군 11사단 9연대 3대대인데다 목적 또한 동일하므로 단일한 산청·함양·거창사건으로 보는 것이 합당합니다.

처음에는 이를 두고 양민 학살이라 했는데 요즘은 민간인 학살이라고 합니다. 양민은 죄가 없는 선량한 사람을 말합니다. 양민 학살이라는 말에는 아무런 죄도 없이 죽은 억울함이 담겨 있는 표현이라 할 수 있습니다. 그런 식으로라도 풀어야 했던 그들의 한이 느껴집니다.

신원면 월여산 자락에는 거창사건추모공원이 있습니다. 높게 솟은 위령탑 옆으로 용서할 수 없는 범죄를 저지른 국군의 사죄를 담은 조각상이 있습니다. 정적만이 가득한 묘지에는 차마 풀지 못한 억울함이 켜켜이 쌓여 있습니다.

박산합동묘역

근처에 있는 박산합동묘역은 1954년 4월 학살현장에서 유골을 수습해 안장한 자리입니다. 신원을 확인할 길이 없어 큰 뼈는 남자, 중간 뼈는 여자, 작은 뼈는 어린아이로 분류해 세 무덤밖에 만들 수 없었습니다.

 1960년 4.19혁명 뒤 세웠던 위령비는 한 해 뒤 5.16쿠데타를 일으킨 군사정권이 비문을 낱낱이 쪼아내고 파묻었습니다. 지금은 1988년 파낸 위령비가 글자가 지워진 그대로 비스듬히 누워 있습니다. 유족회는 이렇게 두는 까닭을 "믿기지 않는 후대들에게 왜곡된 역사의 진실을 바로 알리기 위해서"라고 안내판에 적었습니다.

합천

합천은 해인사로 널리 알려져 있습니다. 해인사가 합천의 랜드마크인 셈입니다. 해인사 하나만으로 지역을 널리 알릴 수 있다는 좋은 점도 있지만 한편으로는 다른 좋은 것들이 해인사 때문에 가려지는 아쉬움도 있습니다.

합천은 면적이 983㎢로 넓은 땅을 갖고 있습니다. 서울의 1.6배에 이를 만큼 대단한 땅 부자입니다. 황강과 그 지류를 따라 멋진 풍광이 펼쳐집니다. 넓은 만큼 곰탁곰탁 돌아보면 볼 것 누릴 곳이 많은 합천입니다.

남명 조식

　남명 조식은 조선 시대 경상우도를 대표하는 선비입니다. 경상좌도 대표 선비 퇴계 이황이 예와 인을 강조했다면, 남명은 경과 의를 내세우며 실천을 중시했습니다. 어느 것이 우위에 있는지를 따지는 것은 의미가 없어 보입니다. 제각각 후세에 끼친 영향은 크고 깊다고 할 수 있습니다.

　합천군 삼가면 외토리 외가에서 태어난 남명은 김해·합천·산청 일대에서 선비를 가르치며 살았습니다. 그는 작은 일 하나에도 선과 악을 구분하고 경과 의에 견주었습니다. 그런 성품은 그가 지은 한시에서도 잘 나타납니다. "티끌이 오장 안에 생기면 바로 배를 갈라 흐르는 물에 띄워 보내리."

남명 조식 생가

뇌룡정

　가장 힘든 것이 욕심을 내려놓는 일이라고 하지요. 말은 누구나 쉽게 할 수 있지만 행동으로 옮기는 것은 아무나 하기 힘든 일이 바로 이 욕심 내려놓기 입니다. 시공을 초월해 부와 명예에 자유로운 사람이 드뭅니다. 남명은 평생을 가난하게 살면서도 벼슬을 단 한 차례도 하지 않았습니다. 자기를 부르는 임금에게 쓰고 곧은 상소를 올릴 수 있었던 바탕도 거기에 있지 않았을까 싶습니다.

뇌룡정과 용암서원

　외토리 마을에 들어서면 오른편 들판 너른 자리에 용암서원과 뇌룡정이 있습니다. 남명이 머물면서 제자들을 가르쳤던 뇌룡정은 원래 양천 물가에 붙어 있었는데 최근 제방 공사를 하면서 지금 자리로 조금 옮겼습니다.

오른쪽과 왼쪽 기둥에는 '시거이룡현'과 '연묵이뢰성'이라고 적힌 주련이 걸려 있습니다. "주검처럼 가만히 있다가 용처럼 나타나고, 연못 같이 묵묵히 있다가 우뢰처럼 소리를 낸다"는 뜻입니다. 이를테면 아무 때나 들이밀거나 나대지 말고 꼭 필요한 때에 나타나서 해야 할 일을 하라는 얘기입니다.

남명이 세상을 떠난 뒤 스승을 위해 제자들이 세운 용암서원 앞에는 남명의 흉상과 을묘사직소를 새긴 빗돌이 놓여 있습니다. 단성소라고도 하는 이 상소는 단성현감직을 받지 않으면서 임금을 호되게 나무라는 꼿꼿함이 표현된 명문으로 이름이 높습니다. 한글로도 적혀 있어 한 번 들여다보면 그 대강의 내용을 알 수 있습니다.

"전하의 나랏일은 이미 잘못됐고 나라의 근본은 이미 망해서 하늘의 뜻이 이미 떠나갔으며 인심도 이미 떠났습니다. …… 낮은 벼슬아치는 아래에서 히히덕거리며 주색이나 즐기고 높은 벼슬아치는 어물거리며 오직 재물만을 불립니다.

궁궐 안의 신하는 후원 세력 심기를 용이 못에서 끌어들이는 듯하고 궁궐 밖의 신하는 백성 벗기기를 이리가 들판에서 날뛰듯 합니다. ……전하의 어머니는 생각이 깊으시기는 하나 깊숙한 궁중의 한 과부에 지나지 않고, 전하께서는 어리시어 다만 선왕의 한 외로운 아드님일 뿐입니다. ……죽음을 무릅쓰고 전하께 아룁니다."

이 글을 올리고 나서 남명은 어떻게 됐을까요? 귀양이라도 가지 않았나 싶지만 다행히 무사했습니다. 이런 글로 문책한다면 앞으로 옳은 소리를 하는 선비가 없어질 것이라는 신하들의 의견을 받아들여 처벌은 하지 않았습니다.

임금에 대한 능멸을 무엇보다 큰 죄로 여겼던 당시의 분위기로 보면 이런 결정 또한 남명의 상소만큼 파격적이다 싶은 생각이 듭니다.

용암서원의 대문은 '집의문'이고 공부하는 강당의 이름은 '거경당'입니다. '의가 모이는 문'이고 '경이 머무는 집'이라는 뜻입니다. 의와 경은 남명이 평생을 두고 공부의 핵심으로 삼은 것이었습니다. 마을 가운데에 복원돼 있는 생가는 생전에 가난했던 그의 삶과는 어울리지 않게 그럴듯한 건물들이 들어서 있습니다.

합천군 창의사

남명 조식의 실천을 중시하는 학풍은 임진왜란을 맞아 제대로 빛이 났습니다. 남명의 제자들 대부분은 '시거이룡현 연묵 이뢰성'의 뜻을 살려 위기에 처한 나라를 구하기 위해 몸과 마음과 재산을 아낌없이 내놓았습니다.

당시 의병장으로 나섰던 남명의 제자들은 숱하게 많습니다. 대표적으로는 남명의 애제자였던 곽재우와 수제자였던 정인홍을 꼽습니다. 홍의장군으로 널리 알려진 의령 출신 곽재우는 전국 최초로 의병을 일으켰고 기발한 전술과 과감한 진퇴로 불패의 명성을 얻었습니다.

광해군 시절 영의정까지 올랐던 합천 출신 의병장 정인홍은 합천·삼가·초계는 물론 경북 고령과 성주에서까지 활발한 의병 활동으로 왜적들을 물리쳤습니다. 영남의병대장에 임명되는 등 경상도 전체 의병활동의 중심 역할을 했습니다.

우리나라를 통틀어 합천·삼가·초계만큼 의병 활동이 왕성한 데는 없었지요. 삼가·초계를 포함한 합천 일대의 의병 활동을 갈무리한 합천군 창의사가 2001년 합천댐 근처에 세워졌습니다. 사당에는 정인홍을 중심으로 110분의 위패가 모셔져 있는데, 의령 충익사가 곽재우 장군을 비롯해 열여덟 분 위패를 모신 데 견주어도 엄청난 규모입니다.

삼가장터3·1만세운동기념탑

경과 의를 강조하고 실천을 중시하는 남명 조식의 사상은 당대는 물론 근대까지 이어져 큰 영향을 끼치게 됩니다. 1919년 3·1운동 당시 삼가장터에서 만세 시위가 두 차례 벌어졌습니다. 1차 시위는 400명 정도가 모여 만세를 부르고 일본 경찰 주재소를 포위했으며 2차 시위는 무려 1만3000명이 모여 성토대회를 열었습니다. 크지 않은 고을 삼가에서 이만한 사람들이 모일 수 있었다니 놀라운 일이지요.

이렇게 많은 사람들이 참여한 배경에는 당시 조직적·주도적으로 참여했던 유림이 있었다고 합니다. 유림의 지도층과 유지들은 직접 나서지 않았어도 책임 지역을 나누어 맡거나 가까운 동네끼리 연대해서 나서도록 배후에서 지원했습니다. 남명 조식의 사상적 영향력이 300년 넘는 세월을 뛰어넘어 이들 유림에게 작용했기에 가능한 일이 아니었을까요.

삼가장터 들머리에는 2005년에 제막된 삼가장터3·1만세운동기념탑이 있습니다. 나팔을 들거나 맨손인 남녀가 태극기를 펼쳐 들고 사방으로 뛰쳐나가는 조각상에서 당시 상황의 긴박함과 결연함이 느껴집니다. 기념탑의 앞면에는 당시의 만

세 시위 모습이 세밀하게 새겨져 있고 뒷면에는 삼가장터만 세운동의 내력과 의의가 적혀 있습니다. 담긴 의미와 더불어 예술적으로도 훌륭하다는 평가를 받는 미래 문화재입니다.

 기념탑이 있는 조그만 광장 한켠에는 정미의병전쟁 삼가의병장 순국기념비도 있습니다. 1907년 일제의 군대 해산과 왕비 시해에 맞서 싸우다 숨진 삼가 출신 아홉 의병장을 기리는 비석입니다.

삼가장터3·1만세운동기념탑

팔만대장경과 장경판전

합천 하면 해인사이고, 해인사 하면 팔만대장경입니다. 해인사는 양산 통도사 순천 송광사와 더불어 삼보사찰입니다. 송광사는 승보사찰, 통도사는 불보사찰, 해인사는 법보사찰이라고 하지요. 부처님의 말씀을 담은 팔만대장경을 모시고 있어서 붙은 이름입니다.

사람들은 해인사 하면 팔만대장경을 떠올리지만 대장경판을 모시는 장경판전 또한 뛰어난 건축물입니다. 국보로 지정된 건 물론이고 1995년에는 유네스코 세계문화유산으로 등재가 되었습니다. 오랜 세월이 흘렀음에도 나무로 만들어진 대장경판이 손상되지 않고 온전하게 유지될 수 있었던 비결이 바로 이 장경판전에 있습니다.

장경판전 들머리

창문의 크기를 아래위와 좌우 모두 다르게 만들어 바람이 스스로 흐름을 만들며 잘 통하도록 하고, 흙바닥에는 숯가루·횟가루·소금·모래를 섞어서 습기가 자동으로 조절되도록 했습니다. 대장경판을 보관하는 목적에 충실하도록 색칠이나 장식을 하지 않아 단정한 모습입니다. 대부분의 절간에서는 중심 전각이 가장 높은 데에 있지만 해인사는 팔만대장경과 장경판전이 중심 전각보다 높은 자리에 있습니다.

 절에 대해서 잘 모르는 사람들은 전각에 붙은 이름을 궁금하게 생각하지요. 어떤 것은 대웅전이라고 하고 어떤 것은 대적광전이라 하고 또 어떤 것은 무량수전이라고도 하니까요. 이름은 전각에 모시는 주불에 따라 달라집니다. 가장 많은 것이 대웅전인데 이는 현세불인 석가모니불을 모시는 전각이랍니다.

 비로자나불을 모시면 대적광전, 아미타불을 모시면 무량수전, 진신사리를 모셨으면 적멸보궁 이런 식으로 말입니다. 그러니까 해인사 중심 전각이 대적광전인 것은 모시고 있는 부처가 화엄경을 중심 사상으로 삼는 비로자나불이구나 이렇게 생각하면 맞습니다.

 해인사에는 세 분의 비로자나불이 있는데 이 또한 해인사의 특징이라 할 수 있습니다. 한 분은 중심 전각인 대적광전에 모셨고 나머지 두 분은 대비로전에 모셔져 있습니다. 대적광전에 모신 비로자나불은 만든 연대를 정확히 알 수 없는 조선 초기 작품이지만 대비로전에 모신 비로자나불은 통일신라 말기인 883년에 조성된 쌍둥이 불상입니다.

대가야 건국신화와 해인사

해인사의 또 하나의 특징으로 국사단을 꼽을 수 있습니다. 일주문을 지나 봉황문과 해탈문 사이에는 산신령을 모시는 조그만 전각이 있는데 여자가 그려진 그림이 있습니다. 보통 산신령은 수염이 허연 남자인데 여기는 여자라는 것이 신기합니다. 하지만 산신령은 원래 여성이었습니다. 지리산 산신령이 어머니를 뜻하는 성모천왕인 데서도 확인할 수 있지요.

이 그림의 주인공이 가야의 건국신화에 정견모주라는 이름으로 등장합니다. "가야산신 정견모주가 천신 이비가와 감응하여 두 아들을 낳았는데 형 뇌질주일은 고령 대가야의 임금이 됐고 동생 뇌질청예는 김해 가락국의 임금이 됐다."

그런데 가야의 어머니 정견모주가 왜 여기에 모셔져 있을까요? 802년 해인사가 창건될 때 이 산신령이 나서서 청량한 땅을 잡아주었기 때문입니다.

국사단의 정견모주

성철스님사리탑

 해인사를 창건한 스님들은 터를 내어주서 고맙다는 표시로 국사단을 세우고 정견모주를 모셨습니다. 종교적으로 보면 외래종교인 불교와 토착 종교인 무속의 결합을 의미합니다.
 가야산 해인사는 통일신라 말기의 고운 최치원과도 인연이 깊습니다. 최치원의 친형이 여기 스님으로 있었고, 말년에는 식구들을 데리고 들어와 살다가 생을 마친 곳이기도 합니다. 학사대는 최치원이 즐겨 거닐던 장소로 그 앞에 있던 전나무는 최치원이 꽂은 지팡이에서 자라난 나무였다고 전해집니다. 원래 나무는 죽었는지 없어지고 1757년에 후계목을 심었는데 그마저 2019년 9월 태풍에 쓰러지고 말았지요.
 일주문으로 들어서기 전에 오른쪽으로 보면 성철스님 사리탑이 나옵니다. 네모꼴을 탑처럼 쌓고 둥근 반구 두 개를 등이 맞대도록 얹은 다음 원구를 올렸습니다. 그동안 보아왔던 사리탑과는 전혀 다른 모습으로 상승감과 확장감을 안겨줍니다.

선입견과 고정관념에서 벗어난 시도가 훌륭합니다. 과거로부터 이어져 오는 문화재를 보면서 미래에 전해질 지금의 문화재는 어떤 것일까 생각하게 되는데, 예술작품으로도 손색이 없는 성철스님 사리탑은 미래 문화재의 좋은 사례가 될 수 있을 것 같습니다.

홍류동 아래쪽 골짜기에는 '고운최선생둔세지'가 있습니다. 최치원이 여기에 신발과 갓을 벗어놓고 세상에서 사라졌다는 자리입니다. 하동 지리산이 아니라 합천 가야산 산신령이 됐다는 얘기지요. 둔세지를 알리는 표지석 옆에는 농산정이 들어서 있습니다. 신선이 된 최치원을 기리기 위해 후세 사람이 지었습니다.

'농산'은 산을 둘러쌌다는 뜻입니다. 건너편 제시석에 새겨진 고운 최치원의 한시를 보면 산을 둘러싸는 정체가 무엇인지 바로 알 수 있습니다. "첩첩 바위 사이 미친 듯 내달려/ 겹겹 쌓인 산을 울리니/ 지척의 사람 소리 구분조차 어려워라/ 시비 다투는 소리 들릴까 두려워/ 흐르는 물로 산을 통째 둘렀다네." 과연 농산정에 올라앉으면 바위와 산수의 아름다움마저 압도하는 우렁찬 물소리가 귓가를 울립니다.

대가야 마지막 태자와 월광사지

합천에는 해인사 말고 월광사도 있었습니다. 지금은 절간이 모두 없어지고 삼층석탑 두 개만 남아 있습니다. 대가야의 마지막 태자인 월광태자가 짓고 거닐었다는 전설이 내려오고 있습니다. 월광사라는 이름도 월광태자에서 왔다고 합니다.

월광사지 동·서삼층석탑

하지만 석탑을 만든 시기는 그 양식과 기법을 볼 때 아무리 올려잡아도 통일신라시대를 뛰어넘지는 못합니다. 그러니까 월광태자가 지은 절이라고 보기는 어렵고 오히려 월광태자가 쓸쓸하게 거닐던 자리에 후세 사람들이 지었을지도 모르겠습니다.

사정이야 어찌 됐든 월광사지를 찾는 지금 사람들은 월광태자를 떠올리며 그의 심정을 헤아려 보기도 합니다. 신라의 침공을 받아 멸망한 대가야와 월광태자의 서글픈 운명을 투영시켜 비운이나 비애 같은 느낌을 떠올릴 수도 있겠지만, 월광사지는 그렇게 쓸쓸한 분위기가 아닙니다. 가지가 늘어진 서너 그루 소나무는 삼층석탑과 어우러져서 호젓한 느낌을 건네줍니다.

멋진 유물 가득한 영암사지

합천에 남아 있는 또 다른 폐사지로 가회면 모산재 아래 영암사지가 있습니다. 영암사지는 창건 시기와 연혁이 알려지지 않은 베일에 싸인 절터입니다. 관련한 내력이 하나도 남아 있지 않기 때문이지요. 다만 고려 초기를 살았던 적연선사가 한때 이 절에서 지냈다는 기록이 남아 있을 따름입니다.

이런 까닭에 영암사지를 두고 여러 가지 추측을 하게 됩니다. 회랑터 자리로 미루어 경주의 불국사·감은사처럼 왕립 사찰일 개연성이 있다고도 하고, 서울 경주와는 무관하게 합천 일대가 세력권인 토호가 세운 절간이라는 얘기도 있습니다. 구조가 남다르고 독특한 조각이 있는 것을 두고는 정통 불교와 거리가 먼 밀교 관련 사찰이라는 주장도 있습니다.

유물을 보자면 유홍준이 쓴 <나의 문화유산 답사기>에 표지 모델로 등장했던 쌍사자석등이 으뜸입니다. 앞발과 가슴을 서로 맞댄 채 불을 밝히는 등을 받치고 선 두 마리 사자의 엉덩이가 마치 살아 있는 듯 탱글탱글합니다. 잔뜩 힘이 들어가서 팽팽한 긴장이 흐르면서도 균형이 잘 잡힌 모양새가 일품입니다.

쌍사자석등 아래로 이어지는 다리도 예사롭지 않습니다. 통돌을 파서 만든 무지개 모양의 계단은 여느 곳에서나 쉽게 볼 수 있는 것이 아닙니다. 단정하게 서 있는 삼층석탑은 모자람 없이 잘 생겼습니다. 금당터 돌축대에 새겨진 연꽃무늬와 사자상·해태상은 생동감이 넘칩니다. 햇빛이 드는 방향에 따라 은근하게 또는 강렬하게 느낌이 달라집니다.

금당에서 왼쪽 오솔길을 따라가면 서금당터가 나옵니다. 동쪽과 서쪽에 거북상이 하나씩 있습니다. 동쪽 거북상은 자세가 다소곳하며 전체적인 조각이 깊고 뚜렷하면서 느낌이 화사한 편입니다. 물고기 두 마리가 원형으로 쌍을 이룬 쌍어문이 시선을 끕니다. 고개를 들고 있는 서쪽 거북상은 등짝이나 꼬리 등의 조각이 얕고 가늘면서 수수합니다.

절터 주변에는 석재를 떼어낸 흔적들이 남아 있는 바위들이 곳곳에 있습니다. 바위에 나무쐐기를 박았던 자취는 절간을 조성하면서 축대를 쌓고 조각을 하는 일련의 과정을 실감나게 상상할 수 있는 좋은 거리가 되어줍니다.

영암사지와 모산재

마당을 떠받치는 석축에 박힌 굵은 못돌에서 영암사지의 쎈 기운이 느껴집니다. 영암사지는 망한 절터라고 하기에는 뿜어내는 기운이 넘칠 정도로 밝고 환합니다. 양지바른 곳에 터를 잡은데다 우람한 바위산인 모산재가 뒤를 받쳐주는 덕분입니다.

금당 축대의 사자상과 마당 축대에 박힌 못돌

거북상과 쌍사자석등

  팔만대장경을 모신 해인사의 그늘에 가리어져 영암사지나 월광사지가 상대적으로 덜 두드러져 보이는 것은 사실입니다. 그러나 두 절터가 품고 있는 의미나 느낌은 해인사가 갖고 있는 매력과는 또 다른 빛깔로 훌륭합니다. 해인사뿐만 아니라 월광사지와 영암사지까지 둘러봐야 합천의 절 맛을 제대로 누렸다 할 수 있지 않을까요.

옥전고분군과 합천박물관

황강변 야산 정상에 자리잡은 옥전고분군은 물길을 따라 낙동강과 남해안까지 이어졌던 가야시대 다라국 수장들의 무덤입니다. 이곳에서 발굴된 유물들은 다라국과 가야뿐 아니라 고대 고분 문화의 정수를 보여준다는 평을 받고 있습니다.

옥전은 우리말로 구슬밭입니다. 마을 사람들은 옛날부터 곳곳에서 옥구슬을 주울 수 있었다고 합니다. 이를 뒷받침하듯 옥전고분군을 발굴했더니 엄청나게 많은 구슬이 나왔습니다. M2호 무덤 한 곳에서만 2000개 넘게 쏟아졌습니다. 함께 출토된 구슬 가는 숫돌 옥마지석은 구슬이 외래 수입품이 아니라 자체 생산품임을 입증해 주고 있습니다.

지금도 그렇지만 먹고 살기가 어지간해야 몸을 장식하고 꾸미는 일을 생각할 수 있지요. 옥전고분군에서는 옥구슬뿐만 아니라 신라와는 양식이 다른 금귀걸이와 금동모자도 출토되었습니다. 이런 유물들로 미루어 다라국이 얼마나 풍요로웠는지를 알 수 있습니다.

장식물뿐만 아니라 무기류도 많이 나왔습니다. 투구·갑옷·화살통·말갑옷·기꽂이는 물론이고 높은 신분의 수장급이 차는 용봉무늬 고리자루큰칼도 여러 자루 출토됐습니다. 둥근 고리가 달린 손잡이와 칼집 등에 용과 봉황을 금·은으로 새겨 넣은 큰칼을 말합니다. 용과 봉황은 옛날에는 임금과 같은 지존에게만 허락되는 것으로 당시 권력의 정도가 어떠했는지를 보여줍니다.

마지막으로 눈길을 끄는 것은 로만글라스입니다. 2000년

옥전고분군

전 서양 로마제국에서 만들어진 이 유리잔은 깨어진 채 발견됐으나 존재 자체만으로도 가치가 높습니다. 서양과 동양을 잇는 비단길의 처음과 끝이 이탈리아 로마와 중국 장안이라고 알려져 있지만 실제로는 한반도 동남쪽까지 이어져 있었음을 말해줍니다.

합천박물관은 옥전고분군에서 나온 유물들을 전시하고 있습니다. 아쉽게도 거의 대부분은 복제품으로 진품은 서울 국립중앙박물관과 국립김해·진주박물관, 그리고 경상국립대학교박물관에 보관되어 있습니다. 국립중앙박물관에서 로만글라스를 보게 된다면 옥전고분군을 함께 떠올려도 좋을 것 같습니다.

합천의 향교

합천은 향교가 모두 넷입니다. 하나 아니면 둘인 다른 시·군에 비한다면 많은 숫자라고 할 수 있습니다. 경북 포항과 더불어 전국에서 가장 많다고 합니다. 한 고을에 하나씩 둔다는 전통시대 원칙에 따라 합천군에 하나, 초계현에 하나, 삼가현에 하나가 있었습니다.

지금은 초계와 삼가가 합천군으로 합해져 있지만 예전에는 독립된 현으로 나뉘어 있었지요. 합천향교는 원래 합천읍내에 있던 것이 야로면으로 옮겨갔는데 거리가 멀어 불편을 느낀 읍내 사람들이 1965년 강양향교를 새로 만들면서 네 개가 되었습니다.

향교는 보통 산기슭에 자리를 잡고 낮은 앞쪽에 명륜당, 높은 뒤쪽에 대성전을 두게 됩니다. 삼가와 초계 향교가 전형적인 모습을 하고 있습니다.

반면 합천향교는 평지에 있으면서 공부하는 명륜당과 제사 지내는 대성전이 좌우로 나란히 있는 것이 특징입니다. 우람한 은행나무가 멋진 경내에 여자 사당이 있는 것도 색다릅니다. 임진왜란 때 목숨을 걸고 향교를 지켰던 정씨 부인을 모시고 있습니다.

초계향교에서는 풍화루의 주춧돌을 눈여겨볼 만합니다. 소박한 솜씨로 다듬은 거북 모양이 새겨져 있는데 그 생뚱맞은 듯한 표정이 저마다 달라서 살펴보는 재미가 있습니다. 앞에 서 있는 오래된 은행나무와 회화나무도 풍화루를 그럴듯하게 받쳐줍니다.

동부

창녕군
밀양시
김해시
양산시

창녕

창녕 하면 우리나라 최대의 자연 습지인 우포늪을 떠올리게 됩니다. 다들 한 번 정도는 다녀왔을 정도로 널리 알려진 곳이 우포늪입니다. 합천 하면 해인사를 떠올리는 것처럼 우포늪은 이제 창녕의 랜드마크가 되었습니다. 그러다 보니 다른 것에는 눈길이 덜 가게 되기도 합니다.

하지만 알고 보면 제2의 경주, 경남의 경주라고 일컬어질 정도로 곳곳에 유적이 많습니다. 술정리 동·서삼층석탑, 창녕 지석묘와 창녕석빙고, 진흥왕척경비 등 훌륭한 문화재가 곳곳에 자리 잡고 있는 고장이 창녕입니다.

화왕산성을 지킨 곽재우

가을 억새로 유명한 화왕산에는 화왕산성이 있습니다. 화왕산성은 곽재우 장군과 작지 않은 인연이 있습니다. 지형을 잘 활용했던 곽재우 장군은 화왕산성에서 싸움을 벌이지 않고도 방어를 잘 한 것으로 알려져 있습니다.

1597년 정유재란 당시 왜장 가토 기요마사가 수만 대군을 이끌고 화왕산성으로 쳐들어왔습니다. 함양을 거쳐 전라도로 넘어가기 위한 진격이었지요. 밀양·창녕·영산·현풍 네 고을 군사와 백성을 이끌고 화왕산성에 들어와 있었던 곽재우의 목적은 싸우는 것이 아니라 지키는 것이었습니다.

화왕산성

왜병의 엄청난 위세에 흔들리는 백성과 장졸들에게 곽재우는 이렇게 이야기를 합니다. "왜장도 병법을 안다면 쉽사리 공격하지는 못하리라." 화왕산성을 둘러싼 깎아지른 듯한 산세가 난공불락이었던 거지요. 과연 가토는 하루 밤낮을 을러대다 물러났고 일대는 안전할 수 있었습니다.

정유재란으로 다시 침략해 온 왜군은 그야말로 기세등등했습니다. 이런 왜적과의 정면대결은 스스로 죽음을 불러들이는 일이었습니다. 산성에 들어가 인마를 보전해야 한다는 조정의 판단에 따라 곽재우는 들판과 고을에서 왜적에게 도움이 될 만한 물품을 모조리 거두어들이고 산성을 굳게 지켰습니다.

곽재우 장군의 이때 행적을 두고 지금 사람들은 한편으로 아쉬워하기도 합니다. 왜적을 한칼에 쓸어버리고 무찌르는 통쾌한 상상을 하면서 말이지요. 하지만 당시 조선 조정이 채택한 전략은 수성전이었습니다. '왜장도 병법을 안다면'의 뜻은 무모한 싸움을 피하는 것이 병법이라는 이야기가 아니었을까 싶습니다. 그러면 다른 산성을 지키던 장수들도 모두 수성에 성공을 했을까요? 수성전에 성공한 장수는 민관군의 일치단결을 끌어낸 곽재우뿐이었습니다.

새로 쌓은 성곽은 너무 말끔해서 오히려 어색하지만 성문을 이루는 일대와 휘어 돌아가는 곡선 자리가 억새 무리와 어우러져 장관을 이룹니다. 가운데 있는 용지와 곳곳에서 솟아나는 샘물은 당시 여기에 머물렀던 네 고을 백성들에게는 무엇보다 귀한 생명수였을 겁니다.

창성부원군 조민수

고려 말기 으뜸 장수는 최영이었고 그 다음이 창녕 출신인 조민수였습니다. 나중에 조선을 건국하는 이성계는 그 아래였습니다. 당시 임금 우왕은 새로 등장한 명나라가 고려에 영토를 내놓으라고 하자 요동정벌을 단행합니다.

팔도도통 최영은 개성에 남아 전체를 총괄하면서 조민수를 현장 최고사령관(좌군도통수)으로 삼아 5만 대군을 이끌고 요동 정벌에 나서게 합니다. 군사를 돌려야 한다는 우군도통수인 이성계의 설득에 1388년 5월 말머리를 남쪽으로 돌리게 되는데 이것이 우리가 잘 아는 위화도회군입니다.

돌아온 군대는 최영을 몰아내고 실권을 장악했습니다. 이성계는 개혁의 대표였고 조민수는 보수의 대표였습니다. 지위는 조민수가 높았지만 실권은 회군을 주도한 이성계한테 많았습니다. 하지만 조민수도 만만하지는 않았습니다. 우왕을 뒤이은 창왕의 등극은 조민수 쪽이 주장한 결과였다고 하니 권력의 정도를 짐작할 수 있습니다.

조민수는 1389년 토지제도 개혁을 반대하다 이성계 일파의 탄핵을 받게 됩니다. 그로 말미암아 창녕으로 귀양을 와서 이듬해 숨을 거두었습니다. 조민수의 지위 가운데는 창성부원군이라는 것도 있었는데 창성은 창녕이고 부원군은 공신 등에게 주었던 명예로운 칭호를 뜻합니다.

말하자면 창녕을 거점으로 하는 권문세족이었는데 그런 조민수에게 주어진 역사적 역할이 조선 건국 개혁세력에 맞서는 마지막 저항이었던 셈입니다. 대합면 신당마을 지나면 나오는 산기슭에는 조민수의 무덤이 있습니다.

전민변정도감과 신돈

창녕 출신 역사 인물 가운데 널리 알려지기로는 신돈이 으뜸이지요. '편조'라는 신돈의 법명은 세상 만물을 고루 비춘다는 뜻으로 부처가 이룩한 높은 경지 가운데 하나라고 합니다. 관룡사 올라가는 오른쪽 산기슭에 터가 남은 옥천사에서 신돈은 나고 자랐습니다.

아버지가 누구인지 모르는 절간 하녀의 아들이었습니다. 천한 신분인 신돈을 두고 권문세족 출신으로 국사의 지위에까지 오른 보우 스님은 사승, 요사스러운 중이라고 일렀습니다. 신돈은 지금도 여전히 그런 이미지에 갇혀 있습니다. 처음의 개혁 의지와 다르게 갈수록 주색을 즐기고 권력을 탐했기 때문인데, 물론 이것은 승자의 기록일 따름입니다.

신돈은 1365년 역사의 전면에 등장합니다. 공민왕은 왕권 강화를 위해 신돈을 발탁했습니다. 신돈이 만든 전민변정도감은 농지와 백성들의 실상을 제대로 가려서 가지런하게 만들기 위해 만든 특별 관서였습니다. 당시는 귀족들의 횡포와 농간 때문에 억울하게 농지를 빼앗기고 노비로 전락해 자유를 잃은 평민들이 많았습니다.

이런 부조리를 원래대로 돌려놓으려는 신돈의 개혁에 대한 반응은 극과 극이었습니다. 백성들은 성인이 나타났다며 크게 반겼지만 잃을 것이 많은 권문세족은 신돈을 적으로 여길 수밖에요. 개혁을 완성시키지 못하고 자리에서 밀려난 신돈

옥천사지의 폐허 잔재

은 이듬해 역모를 꾸몄다는 빌미로 처형을 당하게 됩니다.

신돈이 나고 자란 옥천사는 망가진 채로 있습니다. 부도·석등·석탑은 물론 연자방아까지 하나도 제자리에 반듯하게 남아 있지 않습니다. 깨어지고 부서지고 뒤집어진 흔적만이 스산하게 흩어져 있습니다. 옥천사의 폐허는 신돈에 대한 권문세족들의 저주와 원망이 어떠했는지를 잘 보여줍니다.

가야의 순장소녀 송현이

창녕은 누가 뭐라 해도 가야의 옛 땅입니다. 창녕의 옛 이름 불사국·비자벌·비사벌·비자화는 모두 여기 빛벌에 있었던 가야 세력을 이르는 말입니다. 가야의 옛 자취는 교동과 송현동 고분군을 비롯한 여러 옛 무덤들로 남았습니다. 창녕박물관은 거기서 나온 유물들을 전시해 놓고 있습니다.

교동과 송현동 고분군은 일제강점기에 발굴된 적이 있습니다. 명분은 발굴이지만 출토된 유물을 모두 일본으로 빼돌렸으니 도굴이 맞습니다. 빼내간 분량이 철도 화물차량 두 칸에 가득

했다고 합니다. 남은 유물조차 창녕에 두지 않고 서울 조선총독부박물관으로 가져갔습니다.

고분군에서 송현이를 찾은 것은 2007년이었습니다. 송현동 고분군 가운데 하나를 발굴하다 깊이 잠들어 있는 소녀를 발견했습니다. 함께 순장됐던 네 사람 중에 가장 온전한 한 명을 복원했더니 키 153㎝에 열여섯 살 소녀였습니다.

성장판이 닫히지 않은 상태였고 사랑니 또한 턱 속에 그대로 남아 있었습니다. 광대뼈가 살짝 나오고 펑퍼짐한 얼굴에 아래턱이 짧은 전형적인 몽골리안인 이 소녀는 정강이뼈와 종아리뼈에 무릎을 꿇었다 폈다 하는 노동의 흔적이 새겨져 있었습니다.

열여섯 소녀 송현이는 먼 훗날 다시 만난 사람들에게 연민을 건넵니다. 꽃다운 나이에 생목숨을 잃어야 했던 공포와 그렇게 보낼 수밖에 없는 가족들의 심정을 짐작하는 것은 지금도 가슴 아픈 일입니다. 왼쪽에 금동귀걸이를 하고 있었던 송현이는 긴 세월을 건너와 지금 창녕박물관에서 이곳을 찾는 이들을 맞이하고 있습니다.

창녕지석묘와 진흥왕척경비

창녕지석묘는 장마면 유리의 조그만 야산 꼭대기에 있습니다. 주로 평지나 야트막한 언덕에 놓인 여느 고인돌과는 달리 창녕지석묘는 제법 높은 산마루에 자리를 잡았습니다. 지금은 주변에 수풀이 우묵하게 자라나 있지만 예전에는 둥글게 펼쳐진 분지 한가운데 사방으로 툭 트인 자리였습니다.

창녕지석묘

　창녕지석묘는 1962년 국립중앙박물관이 전국 고인돌을 조사할 때 창원 진전면의 곡안리 고인돌과 함께 경남 대표선수로 부름을 받았을 만큼 잘 생겼습니다. 원래는 여러 개가 더 있어서 칠성바위라고 했습니다. 하지만 일제가 신작로를 만들면서 잘게 깨어 바닥에 까는 바람에 없어지고 말았지요. 지금 남은 창녕지석묘는 마을 사람들이 20원을 보상금으로 물어주어서 온전할 수 있었다고 합니다.

　바위의 재질은 근처에 흔한 퇴적암이 아니고 화강암입니다. 낙동강과 계성천이 만나는 장마면 일대는 모두 퇴적암입니다. 화강암은 멀리 창녕읍이나 영산면에 가야 볼 수 있습니다. 부피가 30㎥를 넘고 무게는 150톤이나 되는 바위를 멀리서 여기까지 누가 어떻게 옮겨왔을까요? 가야 이전 또는 가야 초기 시대에도 창녕에 꽤 커다란 정치세력이 있었다는 것을 보여주고 있습니다.

창녕진흥왕척경비

  창녕에는 신라 자취도 남아 있습니다. 561년에 세운 신라
진흥왕척경비가 그것입니다. 앞선 555년에 비사벌을 직접 통
치하기 시작한 진흥왕은 남아 있는 낙동강 유역의 가야 잔존
세력을 향하여 대규모 군사 퍼레이드를 벌였습니다.
  진흥왕척경비는 임금이 몸소 행차한 군사 퍼레이드에 참여
한 전국각지의 여러 장군들을 꼼꼼하게 기록하고 있습니다.
마지막 남아 있던 가야 세력인 경북 고령의 대가야는 이듬해
신라 침공을 받아 멸망하게 됩니다.
  지금 창녕 사람들은 진흥왕행차길을 만들어 진흥왕의 가야
정복을 기리고 있습니다. "창녕은 누가 뭐래도 가야의 옛 땅"
이라는 말이 무색합니다. 진흥왕행차길은 아무래도 가야의
후예인 창녕 사람들의 관점은 아닌 것 같습니다. 1500년 전
에 이곳에 살았던 가야 사람들이 이 모습을 보면 어떤 생각
을 하게 될까 궁금해집니다.

술정리동삼층석탑과 창녕석빙고

 술정리동삼층석탑은 국보라는 것을 알고 볼 때와 모르고
볼 때의 차이로 나눌 수 있습니다. 술정리동삼층석탑이 국
보라고 일러주면 그냥 무심하게 쳐다보던 사람들도 한 번 더
돌아보게 됩니다. 이게 정말 국보라고? 이런 분위기지요. 멋
진 절간 안이 아니라 장터 옆에 자리 잡고 있기 때문이 아닌
가 싶습니다.

 그런데 술정리동삼층석탑은 주변에 아무런 걸림도 없이 저
홀로 서 있어 오히려 빛이 납니다. 오롯이 내뿜는 기운이 보
는 이를 압도할 정도니까요. 군더더기 없이 쌓아올린 탑을
보고 있노라면 참 잘생겼다 싶은 탄성이 절로 나옵니다.

술정리동삼층석탑

탑에도 나름의 급이 있고 급이 정해지는 기준도 다양합니다. 어떤 탑은 국보가 되기도 하고 보물이 되기도 하고 그냥 범상한 탑이 되기도 하지요. 쓰여진 석재의 크기와 새겨진 조각과 다듬어진 정도, 균형미 그리고 만들어진 시기 등에 따라 구분이 된다고 보면 맞습니다.

탑은 본래 인도의 무덤 양식이었습니다. 석가모니는 죽어서 화장한 다음 그 사리를 탑에 모셨습니다. 그래서 불교가 처음 들어올 당시에는 이 탑이 지금의 불상과 같은 기능을 했습니다. 탑 가운데 감실을 만들어 불경과 사리 등을 넣어 부처님을 대신했습니다. 지금도 사람들이 탑돌이를 하면서 소원을 비는 것은 그런 연유에서 비롯되었다고 할 수 있습니다.

창녕은 석빙고도 유명합니다. 남한에 남아 있는 석빙고는 모두 여섯 개인데 신기하게도 모두 경상도에 있습니다. 경북 청도·현풍·안동·경주에 하나씩 있고 경남인 창녕은 영산면에 하나 창녕읍에 하나 해서 두 개가 있습니다.

냉장고가 없었던 옛날, 겨울에 얼음을 캐서 창고에 보관했다가 여름철에 꺼집어내서 귀하게 썼던 자취가 바로 석빙고입니다. 처음에는 돌로 만든 석빙고가 없었고 나무로 만들어 짚이나 풀을 덮어씌워 얼음을 보관했다고 합니다. 석빙고는 민간이 아니라 관에서 만들었는데 얼음을 상이나 선물로 주기도 했다니 지금 생각해보면 재미있는 일이지요.

추운 겨울 강바람을 맞으며 얼음을 깨서 옮기고 넣는 노동을 당연히 양반들은 하지 않았겠지요. 모든 것이 그렇지만 쓰기는 양반이 쓰고 고생은 밑바닥 백성이 했는데 대표적인 사례가 석빙고라 하겠습니다.

1600년대 후반에 김창협이 쓴 '착빙행'에 그 정경이 생생하게 그려져 있습니다. 우리말로 '얼음 뜨러 가는 길' 정도로 해석이 됩니다. 김창협은 아버지와 형이 모두 영의정을 지냈을 정도로 대단한 권문세족이었지만 당대 민중의 고통에 공감하는 이런 작품을 남겼습니다.

"늦겨울 한강에 얼음이 꽁꽁 어니/ 천 사람 만 사람이 강가로 나왔네/ 꽝꽝 도끼로 얼음을 찍어내니/ 울리는 소리가 용궁까지 들리겠네/ 찍어낸 얼음이 설산처럼 쌓이니/ 차고 싸늘한 기운이 사람을 파고드네/ 아침이면 아침마다 빙고로 져나르고/ 밤이면 밤마다 강에서 얼음을 파내네/ 해짧은 겨울에 밤늦도록 일을 하니/ 일하는 노래소리 모래톱에 이어지네/ 짧은 옷 맨발은 얼음 위에 달라붙고/ 매서운 강바람에 언 손가락 떨어지네/ 고대광실 오뉴월 푹푹 찌는 무더위에/ 예쁜 여인 하얀 손이 맑은 얼음 건네주네/ 멋진 칼로 얼음 깨어 자리에 두루 돌리니/ 멀건 대낮에 하얀 안개가 피어나네/ 더위를 모르는 채 한가득 기쁘게 즐기니/ 얼음 뜨는 그 고생을 그 누가 알겠는가/ 그대는 알지 못하는가?/ 길가에 더위 먹고 죽어 뒹구는 백성들이/ 지난 겨울 강 위에서 얼음 뜨던 이들임."

석빙고는 아무 곳에나 들어설 수 있는 건 아니었습니다. 적당한 기울기가 있는 땅에 아래로 개울을 끼고 있어야 합니다. 얼음 녹은 물이 제대로 빠질 수 있어야 하기 때문이지요. 전국에서 가장 크고 완벽한 모습을 갖춘 창녕석빙고도 딱 그런 자리에 놓였습니다.

석재를 길게 자르고 다듬어 벽면을 쌓고 천정을 올린 내부
는 지금도 들어가면 시원합니다. 바닥은 흙으로 마감을 했고
천정 가운데에는 공기구멍이 나 있는데 바깥은 흙으로 덮고
돌로 띠를 둘렀습니다. 둥글게 쌓아올린 석빙고 모양을 두고
잘 모르는 사람들은 고분이라고 생각하기도 합니다.

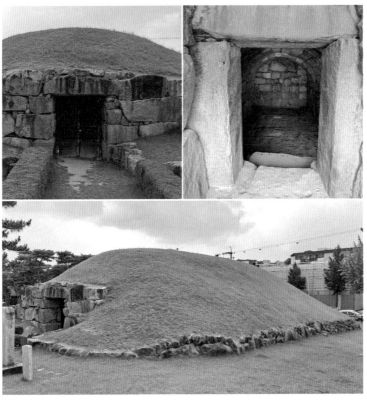

창녕석빙고 정면과 내부(위), 전경

관룡사

　창녕을 이야기하면서 관룡사를 빠뜨릴 수 없습니다. 규모에 비해 멋지고 오래된 문화재로 가득한 절이 관룡사입니다. 먼 발치에는 절간의 영역을 알리는 멋진 석장승 한 쌍이 있을 뿐이고 절의 시작을 알리는 일주문은 따로 없습니다. 대신 가파른 계단을 지나 좁다란 석문을 지나서 진입하는 구조가 매우 독특합니다.

　다른 쪽으로 편하게 들어갈 수 있는 길에는 천왕문이 있는데 이는 1970년대에 새로 만든 것입니다. 대웅전 뒤편으로 병풍처럼 둘러싼 바위 절벽 산세는 한 폭의 동양화를 보는 듯합니다. 관룡사가 빛나는 까닭이 여기에 절반은 넘게 있지 싶습니다.

관룡사 석문

관룡사에서 가장 오래된 건물인 약사전은 몸채는 작고 지붕이 커다란 가분수 모습을 하고 있는데 명물로 꼽힙니다. 임진왜란 때도 불에 타지 않아 영험한 곳으로 소문이 나면서 건강을 기원하는 사람들의 발길이 끊이지 않습니다.

법고와 사자 모양 받침

삼층석탑, 약사전, 대웅전, 대웅전 뒤편 병풍바위 산세가 하나로 이어지면서 멋진 광경을 만들어냅니다. 이 모습을 한 눈에 담을 수 있는 약사전 앞이 최고 뷰 지점이라고 관룡사 스님들이 추천할 정도입니다. 이곳에서 멋진 풍경을 감상해보는 것도 빼놓을 수 없는 즐거움입니다.

잘 만들어진 대웅전도 볼만하지만 조금 더 가까이 들여다보면 재미있는 것들도 있습니다. 범종루에 있는 사자 모양을 한 목조 법고 받침은 보는 위치에 따라 표정이 달라집니다. 위에서 내려다보면 성난 것처럼 보이지만 눈높이를 맞추면 괜찮은 미소를 입꼬리에 물고 있습니다. 슬쩍 웃어 주는 모습이 마치 귀여운 강아지 같지요. 아래에서 올려다보면 입이 찢어져라 박장대소하는 모습이 보입니다.

용선대석조여래좌상

　대웅전 옆에 놓인 나무통 구시에도 눈길이 갑니다. 수많은 사람들이 모여 행사를 치를 때 주먹밥 따위를 담았던 그릇입니다. 그 크기가 관룡사의 옛 영화를 짐작게 합니다. 산령각과 칠성각은 불교가 들어올 때 토속 신앙을 품어 갈등 없이 안착할 수 있었음을 보여주는 흔적이라 할 수 있습니다.

　가장 으뜸은 뭐니뭐니해도 용선대 석조여래좌상입니다. 용선은 사람이 죽으면 극락정토로 데리고 가는 배를 말합니다. 대웅전 왼쪽으로 500m 정도 산길을 오르면 크고 잘 생긴 불상이 동짓날 해 뜨는 쪽을 향해 앉아 있습니다. 통일신라시대 불상으로 경주 석굴암 본존불에 버금갈 정도지요. 용선대에서 여래불이 내려다보는 인간 세상은 더없이 평화롭습니다.

한강 정구

한강 정구는 창녕의 역사와 문화를 이야기할 때 빠뜨려서는 안 되는 중요한 인물이지만 창녕 출신이 아니어서 놓치기 쉽습니다. 1580년 현감으로 와서 창녕을 새로 만들었다고 해도 과언이 아닐 정도로 끼친 영향이 컸습니다.

조선 시대 고을 수령에게는 칠사를 잘하는 것이 으뜸 덕목이었습니다. 일곱 가지 일이란 농사와 길쌈을 번성하게 하는 것, 인구를 늘리는 것, 학교와 교육을 일으키는 것, 병역 관련 업무를 똑바로 보는 것, 부역을 고르게 하는 것, 민·형사 소송을 끌지 않고 신속하게 처리하는 것, 간사하고 교활한 풍속을 없애는 것이었습니다. 이런 걸 보면 세상이 많이 달라졌다고 하지만 사람살이라는 게 옛날이나 지금이나 별반 다를 게 없구나 싶은 생각을 하게 됩니다.

한강 정구는 교육을 증진하고 실생활 향상에 힘을 썼을 뿐 아니라 문화수준을 끌어올렸습니다. 팔락정·부용정·술정 등 마을마다 정자를 세우고 그곳을 서당으로 삼아 아이들을 가르치게 했습니다. 창녕의 역사·문화와 풍물을 기록한 읍지 <창산지>를 펴냈는데 아쉽게도 지금은 남아 있지 않습니다. 낙동강 옆에 있는 유어면 가항마을에는 우포늪에서 물이 넘어들지 못하도록 들머리 땅을 돋우었던 흔적도 있습니다.

퇴계 이황과 남명 조식이라는 당대 쌍벽을 이루었던 걸출한 두 스승에게서 학문을 배운 한강 정구는 스스로에게는 엄격했으나 다른 사람에게는 관대한 성품이었다고 합니다. 한강 정구가 창녕을 떠나게 되자 창녕 사람들은 생사당을 지어 그의 업적과 인품을 기렸는데 그때 지은 생사당은 지금 관산서원으로 바뀌었습니다.

망우정과 여현정

임진왜란이 끝나고 곽재우 장군은 임금이 내린 경상좌도병마절도사 벼슬을 도중에 그만둔 적이 있습니다. 그로 인해 전라도 영암에서 귀양살이를 하기도 했지요. 전란 도중에도 벼슬살이에서 쓴맛 단맛을 모두 겪은 곽재우 장군은 이로써 벼슬에 대한 뜻을 완전히 접게 됩니다.

귀양에서 돌아온 그는 첫 승전지인 기강나루에서 지척인 도천면 우강마을 강가 언덕에 망우정을 짓고 살았습니다. 육신은 병들고, 글을 쓸 종이 한 장 없고, 입고 나갈 옷 한 벌도 변변찮은 삶이었지만 곽재우 장군은 이곳에서 바람처럼 구름처럼 자유로웠습니다.

마지막 남은 망우정조차 다섯 아들에게 남기지 않고 외손녀 사위 이도순에게 물려줍니다. 망우정을 가장 잘 지키고 유용하게 쓸 사람이라고 생각했기 때문이지요. 요즘 상식으로도 예사롭지 않은 일이라 여겨집니다. 망우정에는 어진 사람에게 준다는 뜻의 '여현정'이라는 현판이 하나 더 달려 있는데 그런 사연이 담겨 있습니다.

"중국 요임금은 자식이 아닌 순에게 천하를 넘겼고 나는 이 정자를 현자인 이군에게 물려준다. 이를 요순에 견주는 것은 넓은 하늘을 좁은 못에 비교함과 같으나 마음속 깊은 뜻은 크게 다르지 않으리라. 자네가 자연을 벗하고 학문을 좋아하여 능히 지킬 수 있겠기에 정자를 내 것으로 삼지 않고 이렇게 준다네."

남명 조식의 제자로 곽재우와 마찬가지로 의병 활동을 했던 정인홍은 전쟁이 끝난 후 광해군 아래에서 영의정까지 오르지만 인조반정으로 결국 처형을 당하는 운명이 됐습니다.

반면 곽재우는 전란 이후 되도록 벼슬을 피하며 마음 편하게 살다가 천명을 다하고 세상을 떠났습니다. 세상만사 새옹지마라고들 하지요. 누가 뭐라 해도 곽재우는 삶의 본질을 깨달은 위인이었습니다.

곽재우 장군이 만년을 보낸 망우정

곽재우의 호는 망우당입니다. 그가 짓고 마지막까지 살았던 정자의 이름은 망우정입니다. 망우란 근심을 잊는다는 말입니다. 한 시대를 풍미하고 많은 이들로부터 우러름을 받으며 후회 없이 살았던 곽재우가 그토록 잊고 싶었던 근심은 과연 무엇이었을까요? 지금 사람들은 다만 짐작해 볼 따름입니다.

밀양

밀양아리랑은 밀양의 너른 들판이 낳았습니다. 비장미가 느껴지는 정선아리랑이나 진도아리랑과 달리 밀양아리랑은 어깨가 절로 들썩여질 만큼 밝고 흥겹습니다. 들판이 너르기에 산물이 풍성했고, 풍성한 산물이 보장되었기에 힘든 노동을 해도 흥이 나지 않았을까요.

풍성한 물산은 다른 한편으로 배움의 기회로 이어졌고 이것이 일제강점기에는 수없이 많은 밀양사람들이 독립운동에 나섰던 원동력이 되기도 했습니다. 활발했던 항일투쟁과 유쾌한 밀양아리랑이 탄생한 배경이 그런 식으로 맞닿아 있습니다.

밀양강과 수산제

　너른 들판은 커다란 물길이 없이는 생겨나기 어렵습니다. 커다란 물길은 산이 높고 골이 깊어야 가능합니다. 밀양은 이 둘을 고루 갖춘 땅입니다. <신증동국여지승람>은 밀양을 두고 동쪽과 북쪽은 "잇단 봉우리와 겹친 봉우리가 있으며" 서쪽과 남쪽은 "긴 내를 굽어 당기며 넓은 들을 평평히 머금고 있다"고 적었습니다. 재약산·천황산 등 고봉준령이 밀양강을 낳았고 밀양강은 주변에 너른 들판을 펼쳤습니다.

　그렇다고 들판이 곧바로 풍성한 물산으로 이어지지는 않았습니다. 들판은 사람들에게 고달픈 노동을 요구합니다. 풀과 나무를 뽑아내고 자갈과 돌을 골라내고 높낮이가 다른 땅을 평평하게 만들고 논두렁과 밭두렁을 내야 비로소 농사를 지을 수 있는 모양새를 갖추게 됩니다.

수산제 수문

이것으로도 끝이 난 것은 아닙니다. 들판으로 이어지는 물 길을 내야 하고 물을 모아두는 시설을 만들어 그 물이 적실 수 있도록 해야만 농토가 완성됩니다.

역사에 나오는 삼한 시대 수리시설의 하나인 수산제는 낙 동강의 지류 용진강이 넘쳐서 안으로 들지 못하도록 막는 제 방이었습니다. 제방의 가장자리에는 언제나 물이 고여 있었 고 그 안쪽으로 농경지와 황무지가 함께 섞여 있었습니다.

수산제의 자취는 하남읍 수산리에 남아 있는데 천연 바위 를 뚫어 만든 수문입니다. 커다란 바위가 흙에 덮인 채 누워 있는데 뚫어낸 길이가 적어도 5m는 넘는 것 같습니다. 별다 른 기술도 장비도 없었던 옛적에 어떻게 이렇게 뚫었을까 싶 을 정도지요.

수산제는 조선왕조실록에도 여러 기록이 있습니다. 당시 중앙 조 정이 수산제와 일대 들판을 중요하게 여겼기 때문입니다. 대표적으 로 <성종실록>은 "호조에서 '밀양 수산제 아래에 있는 국둔전은 토 질이 기름져 거둔 곡식을 군수에 보충하는데 많으면 8000석에 이릅 니다. 근래에 허물어졌는데 제 때에 수축하도록 해서 경작을 권장하 고 독려하소서'라고 임금께 아뢰었다"고 적고 있습니다.

항일독립투쟁과 밀양

밀양시립박물관 옆에는 밀양독립기념관이 있습니다. 우리나 라 기초자치단체 가운데 밀양처럼 독립기념관을 따로 세워 운영하는 데는 거의 없습니다. 일제강점기에 3.1만세운동 등 항일투쟁과 독립운동을 벌이지 않았던 고장이 없지만 밀양은 특히 그 정도가 크고 세었기 때문입니다.

밀양경찰서 폭탄 투척 사건과 소작쟁의·노동쟁의 등 밀양에서도 항일운동이 활발하게 있었지만 국내 다른 지역이나 나라 밖에서 독립운동을 한 밀양 사람들도 많았습니다. 독립운동을 벌인 공적이 공식으로 인정된 인물만도 거의 100명에 이를 정도입니다. 이를 일러주듯이 기념관 앞마당에는 약산 김원봉·석주 윤세주 선생을 비롯한 서른여섯 열사의 흉상이 세워져 있습니다.

밀양독립운동기념관 앞마당에 놓인 밀양 출신 서른여섯 열사의 흉상

밀양 사람들은 이를 두고 밀양의 기름지고 너른 들판이 낳은 결과라고 생각합니다. 거기서 나는 풍부한 물산 덕분에 많은 사람들이 학문을 할 수 있었고 이를 통해 나라와 사회를 생각하고 걱정하는 안목을 갖출 수 있었다는 얘기입니다.

의병활동이나 독립운동의 중심이 민중들이었다고 생각하는 사람들이 의외로 많습니다. 물론 틀렸다고 할 수는 없지만 핵심적인 역할은 부자나 많이 배운 사람들이 이끌어 나간 경우가 대부분입니다. 그런 생각의 바탕에는 돈 많은 부자가 더 인색하다는 요즘의 사회 분위기와도 무관해 보이지 않은 것 같습니다.

그런데 조금만 더 생각을 해보면 이렇습니다. '목구멍이 포도청'이라는 말이 있지요. 당장 먹고 살기 힘든 사람은 주변을 돌아볼 여유가 없습니다. 배움을 통해 국가와 사회의 가치와 중요함을 인식하게 됩니다. 임진왜란을 맞아 의병을 일으키거나 일제강점기에 항일운동을 한 사람들이 대부분 재물도 넉넉하고 배울 기회도 많았기 때문에 가능한 일이었습니다.

밀양시는 활발했던 독립운동을 기리기 위해 약산 김원봉 선생의 생가터에 밀양의열기념관을 만들었습니다. 영화 <암살>에서 "나, 밀양 사람 김원봉이요"라는 대사가 전국적으로 인기를 끌게 되면서 세울 수 있게 된 것이 의열기념관입니다.

의열은 김원봉 선생이 오랫동안 단장을 맡았던 무장항일독립투쟁단체 의열단에서 가져온 이름입니다. 의열기념관에는 약산 김원봉과 아내 박차정, 윤세주·한봉근·최수봉·김익상 등 밀양 출신 열사들의 활동과 밀양에서 독립운동이 활발하게 일어난 이유 등이 잘 정리되어 있습니다.

공적이 혁혁함에도 월북 인물이라는 이유로 김원봉은 정부
의 공식 인정을 받지 못하고 있습니다. 의견이 분분하지만 어
쨌든 아쉬운 일입니다. 세월이 좀 더 흐르면 이런 시대적인
상황 또한 역사로 남게 되는 날이 오겠지요.

작원관전투와 작원잔도

1592년 4월 임진왜란이 터졌을 때 왜적들의 기세는 그야말
로 파죽지세였습니다. 엄청난 규모로 달려들던 공세를 밀양
의 낙동강변에서 소수의 조선 관군이 며칠 동안이나마 막
아낸 적이 있습니다. 임진왜란 당시 조선군이 벌인 최초의
전투다운 전투였다고 할 수 있습니다.

이를 작원관 전투라고 이르는데, 작원은 양산에서 밀양으로
이어지는 낙동강변의 지명이고 작원관은 여기에 두었던 군사
방어시설입니다. 조선군이 며칠이라도 버틸 수 있었던 것은
이곳의 지형이 아주 험준하기 때문에 가능했습니다.

강변 쪽으로 깎아지른 듯 비탈져 있는데다 둘이서 비켜 가
기도 어려울 정도로 좁은 작원잔도는 왜적이 아무리 많이 몰
려와도 활을 쏘면서 지키면 손쉽게 지나갈 수 없는 길목이었
습니다. 이런 조건으로 인해 바로 진격하지 못한 왜적들은 이
웃 양산으로 돌아가서 산을 넘은 다음 뒤로 쳐들어와서야 조
선군을 물리칠 수 있었습니다.

일제가 경부선 철길을 만들면서 작원잔도를 모두 없앤 줄
알았는데 2012년 남아 있는 일부가 확인이 됐습니다. 밀양과
양산을 잇는 낙동강 자전거 길을 따라가다 보면 바위 벼랑에

작원관 한남문과 임진순절용사위령비

기다랗게 돌을 다듬어 내어놓은 잔도가 조금 남아 있는 것이
보입니다. 낙동강 강바람을 시원하게 맞받으면서 걷거나 자
전거로 달리기 좋은 길입니다.

　원래 현장에서 조금 떨어진 자리에 새 작원관이 들어섰고
그 바로 위에는 '작원관임진순절용사위령비'가 세워졌습니다.
"1592년 임진 4월 17일 아침에 동래를 출발하여 양산을 거
쳐 밀양으로 침입해 온 고니시의 왜병 제1군 1만8700명의 병
력이 부장 마쯔우라의 지휘로 오후 들어 조총으로 사격을 가
하며 달려들자 …… 분전했으나 중과부적으로 패배해 300여
명이 목숨을 잃은 역사의 고전장이기도 하다."

밀양 사람들에게 각별한 사명대사

임진왜란 하면 바로 떠오르는 밀양 사람이 승병장 사명당 유정입니다. 사명당을 두고 <대동지지>는 "임진년에 휴정(사명당의 스승 서산대사)을 대신해서 도총섭(승병 총대장)이된 뒤 일본에 사신으로 갔었다"고 짧게 적고 있습니다. 하지만 사명당은 전투에서도 외교에서도 크게 활약을 했던 인물입니다.

평양성 탈환 작전에 참가해 전공을 세웠고 이어서 빼앗긴 서울을 되찾는 전투에서도 두드러진 활약을 보였습니다. 전란이 끝난 뒤에는 일본으로 건너가 강화 협상을 벌이면서 조선인 포로를 3000명 넘게 데리고 돌아오는 빛나는 공적을 올리기도 했습니다.

그래서인지 사명당에 대한 밀양 사람들의 애정은 각별합니다. 밀양 곳곳에 그의 동상을 세운 것으로도 짐작할 수 있습니다. 산내면 남명초등학교 교정에서는 이순신 장군 대신에 사명당이 한가운데를 차지하고 있습니다. 초등학교에서 이순신은 대체로 세종대왕과 함께 가장 돋보이는 대접을 받지만 여기서는 운동장 한쪽 구석으로 밀려나 있습니다.

단장면 홍제중학교에서도 사명대사의 모습을 볼 수 있고, 영남루 가까운 아동산 기슭에도 동상이 있습니다. 사명당이 태어난 무안면의 표충비는 나라에 큰일이 있을 때마다 땀을 흘리는 것으로 유명합니다. 이렇듯 땀을 흘리는 이유도 어쩌면 사명대사를 기리는 밀양 사람들의 정성과 관련이 있는지도 모르겠습니다.

사찰 표충사(寺)에 있는 사당 표충사(祠)도 사명대사를 모시고 있습니다. 절 이름 표충사도 사명대사의 나라에 대한 충성을 표창한다는 뜻을 담고 있습니다. 표충사 우화루에는 여러 개의 영정이 걸려 있습니다. 모두 동일 인물로 전국 여러 사찰에 모셔져 있는 사명대사의 초상을 모아놓은 것입니다. 표충사를 즐겨 찾는 사람들도 이 많은 그림의 주인공이 사명대사인 줄을 아는 이가 드물지요.

홍제중학교 교정의 사명대사 동상

삼랑창과 삼랑진역급수탑

밀양은 예로부터 교통의 요지였습니다. 작원관 전투도 낙동
강을 따라 북상하는 길이 밀양 말고는 없었기에 치러졌던 전
투였습니다. 잔원잔도를 일제가 가설한 경부선 철길이 대부
분 덮어쓴 것도 밀양이 교통요지임을 보여주고 있습니다.

밀양의 물길 또한 마찬가지였습니다. 조선 영조 때 밀양에
삼랑창을 둔 것도 삼랑진이라는 수상 교통 거점이 있었기에
가능했습니다. 삼랑창은 밀양을 비롯한 현풍·창녕·영산·김해·
양산의 여섯 고을에서 조세로 걷은 곡식을 서울에 보내려고
모아두는 창고였습니다.

삼랑진역급수탑

조창은 대개 해안이나 강변에 세워졌는데, 조세 물품은 조운선에 실어 남해와 서해를 거쳐 서울 한강으로 들어갔습니다. 삼랑창이 들어서면서 덩달아 생겼던 이런저런 흔적들은 사라지고 없지만 벼슬아치들을 칭송하는 선정비 여덟 개가 언덕에 남아 당시 사정을 짐작게 해줍니다.

　삼랑진역에 있는 급수탑도 밀양이 교통 요충이었음을 일러주는 흔적입니다. 삼랑진역은 경전선의 시발점으로 경남 내륙을 거쳐 전라도까지 이어지는 주요 노선이었습니다. 지금은 기차가 전기로 달리지만 일제강점기는 석탄을 때서 뜨거워진 수증기를 에너지로 삼아 달렸던 시절이지요. 기차역에는 물을 공급해 주는 시설이 필요했는데 이런 역할을 맡은 급수탑은 주요 거점에 있었습니다.

삼랑진역 일대의 적산가옥

1923년에 세워진 급수탑은 1950년대에 디젤기관차가 나오면서 기능을 잃게 됩니다. 지금은 교통 요충 삼랑진의 옛 역사를 일러주는 명물로 거듭나게 되었지요. 담쟁이덩굴이 감싸고 있는 둥근 원기둥 모양의 급수탑을 배경삼아 사진을 찍는 사람들의 발길이 이어집니다. "칙칙폭폭~ 칙칙폭폭~" 증기기관차가 뿜어내던 거친 숨소리만큼 시끌벅적했던 삼랑진역에는 이제 말쑥한 KTX가 조용히, 빠르게 달리고 있습니다.

영남루와 월연대

밀양강변에 자리잡고 있는 영남루의 매력은 <신증동국여지승람>의 표현만으로도 충분히 알 수 있습니다. "영남은 크고 작은 고을 관청이 예순 남짓인데, 누·대·관 등이 없는 곳이 없다. 대체로 거기서 무엇이 보이느냐로 이름을 지었는데 홀로 이 누각만이 영남이라 이름한 것은 그 강산 좋은 경치의 아름다움이 영남에서 으뜸이기 때문이다. 그러니 올라가 볼 것도 없이 멀리서도 알겠다."

평양의 부벽루, 진주 촉석루와 더불어 조선 3대 누각으로 꼽혔던 영남루는 밀양 관아의 객사에 딸린 건물이었습니다. 처음 시작은 신라 시대 영남사라는 사찰이었는데 고려 시대 절이 없어지고 그 뒤로도 여러 차례 고쳐지어졌지요. 지금의 모습이 갖추어지게 된 것은 1844년 밀양부사였던 이인재의 공역이었습니다.

경남에서 으뜸가는 건물로는 세병관과 촉석루, 영남루를 꼽습니다. 세병관은 국보로 지정이 돼 있고 촉석루도 6.25전쟁

영남루

으로 불타기 전에는 국보였습니다. 경관이 훌륭하고 건물이
웅장해서 영남루를 국보로 여기는 사람들이 많지만 국보는
아니고 보물입니다. 1948년 대한민국 정부 수립 때 국보로
지정됐는데 어찌 된 일인지 1962년 해제가 되고 말았습니
다. 밀양 사람들은 지금 영남루 국보 환원 운동을 벌이고 있
습니다.

영남루에는 수많은 현판이 걸려 있습니다. 죄다 한자로 적
혀 있어 알아보기는 어렵습니다만 그 가운데 일곱 살짜리와
열한 살짜리 어린아이가 쓴 글씨가 있어 흥미롭습니다. 부사
이인재의 아들들인데 글자 하나가 어린아이 몸통만큼 큼지
막하지요. 현판 왼쪽에 작은 글씨로 칠세서(七歲書) 십일세서

(十一歲書)라고 적혀 있으니 어렵지 않게 찾을 수 있습니다. 어른들은 어린 아이들의 글씨를 대견해하고 또래 친구들은 문득 자기 자신을 돌아보게 만드는 구실도 합니다.

　누각과 정자는 기능이나 모양이 다른 듯 같으며 같은 듯 다릅니다. 누각은 대개 2층 건물로 되어 있고 정자는 단층 건물로 이루어져 있습니다. 누각이 공공의 기능을 수행하는 곳이라면 정자는 개인의 사적인 공간인 경우가 많습니다. 누각이나 정자는 경치가 좋은 곳에 자리 잡기 마련인데 영남루 앞으로 흐르는 밀양강이 누각의 품격을 한층 높여 줍니다.

　밀양강이 동천을 품어 안은 곳에 자리 잡은 월연대 일대는 국가 명승으로 지정이 돼 있습니다. 월연은 달이 비치는 연못을 말하는데, 밀양강과 동천이 만나 흐름이 느려지면서 연못처럼 이룬 여울을 일컫는 것이지요. 한밤중에 여기서 앞쪽을 내려다보면 물 위에 어리는 달이 하늘에 떠 있는 달과 함께 두 개의 거울, 쌍경을 이룹니다.

강과 계곡, 숲과 물이 조화로운 이런 자리에 이런 명승을 조성한 이는 월연 이태입니다. 무슨 대단한 업적이 있는 인물은 아닙니다만 과거에 급제하고 벼슬을 했으나 사림파와 훈구파가 맞서는 당쟁이 심해지자 벼슬살이를 그만두었습니다.

　그 직후에 기묘사화가 일어났는데 덕분에 이태는 일신을 보전할 수 있었습니다. 시류를 읽어내는 선견지명이 그의 탁월한 능력이 아니었나 싶습니다. 그는 월연대에서 밀양의 젊은 선비들을 가르쳐서 밀양의 문화에 적지 않은 영향을 끼치기도 했습니다.

예림서원과 밀양향교

밀양은 우리나라에서 보기 드물게 향교와 서원이 모두 아름답고 멋집니다. 먼저 밀양향교를 보면 전국 어디에 내놓아도 규모나 아름다움이 빠지지 않을 정도입니다. 이 또한 밀양의 풍부한 물산과 연관을 지어 생각해 볼 수 있습니다. 당장 입에 풀칠하기 힘들면 자식들 가르치는 데 신경쓸 수 없습니다. 여유가 있어야 교육에 관심을 가질 수 있는 것은 당연한 이치니까요.

밀양향교의 중심에 명륜당을 두고 양옆으로 동재·서재 기숙사가 있는 배치는 여느 향교와 다르지 않습니다. 하지만 성현을 모시는 제사공간인 대성전이 뒤쪽 높은 곳이 아니라 명륜당 옆으로 나란히 앉아 있는 특징이 있습니다.

밀양향교

대성전 앞에 우람하게 서 있는 전나무와 은행나무가 인상적입니다. 은행나무는 향교나 서원에서 많이 볼 수 있는데 거기에는 나름의 이유가 있습니다. 공자가 은행나무 아래에 단을 놓고 제자들에게 공부를 가르쳤다고 해서 행단은 학문을 배우고 익히는 장소를 상징하게 된 것이지요.

　풍화루는 전국 모든 향교의 누각에 공통으로 쓰인 이름으로 풍속을 교화한다는 뜻을 담고 있습니다. 이것으로 미루어 마을과 고을의 구심점 역할을 했음을 짐작할 수 있습니다. 풍화루에 오르면 마을이 눈에 담깁니다. 이곳은 학생들이 야외수업을 하거나 찾아온 손님을 접대하거나 놀이나 행사를 하거나 여러 가지 기능을 했던 다목적실 정도로 생각하면 맞을 듯합니다.

예림서원

조선 시대 사림의 첫 시발로 일컬어지는 점필재 김종직을 모시는 예림서원은 밀양향교와는 또 다른 색깔로 멋지고 아름답습니다. 사림파는 조선 건국에 참여하지 않았던 신진사대부로 대의명분을 강조하는 정통 성리학자를 일컫는데 훈구파와 끊임없이 대립·갈등을 하게 됩니다.

김종직은 관운이 좋았던지 과거에 급제한 뒤 여러 벼슬을 두루 거쳤습니다. 하지만 가정사는 그리 평탄하지 않았다고 합니다. 세상에서 가장 큰 고통이 자식을 잃은 슬픔이라고 하지요. 그는 일곱 명의 자녀를 모두 앞세우는 아픔을 겪었다고 합니다. 말년에는 고향 밀양으로 내려와 후학양성에 힘을 썼는데 그 흔적이 예림서원이라 할 수 있습니다.

세상을 떠난 뒤에는 자신이 쓴 '조의제문'이 문제가 돼 부관참시를 당했습니다. 조선 시대를 통틀어 문학이 가장 뛰어난 인물 가운데 하나로 꼽히지만 그가 쓴 글은 그다지 많이 남아 있지 않습니다. 무오사화 때 뒷사람들에게 재앙이 미칠까 봐 불태워졌기 때문이라고 합니다.

색칠이나 꾸밈이 없어 목재의 재질이 자연스럽게 드러나는 예림서원 강당의 첫인상은 단정하고 깨끗합니다. 다른 서원에서는 보기 드물 정도로 잘 자란 소나무는 서원의 분위기를 한결 돋보이게 합니다.

지금으로 치면 부설 초등학교에 해당하는 몽양재와 그 맞은편에 있는 벽면을 나무로 만든 장판각은 예림서원에서 볼 수 있는 특별한 건물입니다. 장판각은 책을 보관하는 지금의 도서관과 같은 기능을 했습니다. 지금도 음력 3월과 9월에 김종직을 모시는 제사를 올리고 있습니다.

어디에도 없는 절 표충사

 가까이 있으면 귀하고 좋음을 잘 모른다고 하지요. 늘 옆에
있으려니 싶기 때문입니다. 표충사가 바로 그런 절이라고 할
수 있습니다. 많은 절을 다녀보면 그것이 무슨 뜻인지 알게
됩니다. 어느 절을 가더라도 빼곡하게 들어서 있는 건물들로
비움을 생각할 수 없는 요즘입니다. 표충사는 과하거나 부족
함이 없이 적당한 것이 얼마나 좋은지를 잘 일러주는 훌륭한
절입니다.
 정문을 들어서면 왼쪽으로 사명대사를 모시는 사당 표충사
가 있고 그 왼쪽 자리에 표충서원이 있습니다. 서원과 사당
은 불교가 아니라 유교의 것입니다. 절에서는 보기 드문 이
런 모습은 임진왜란 당시 크게 활약을 했던 사명당을 기리는
것들입니다.
 가파른 계단을 오르면 사천왕문이 나옵니다. 사천왕은 불법
을 수호하고 악귀를 막는 문지기 같은 존재들입니다. 그냥 슥
지나치지 말고 자세히 들여다보면 특별히 눈에 담기는 것이
있습니다. 사천왕이 밟고 있는 악귀 중에 여자의 모습이 섞여
있지요.
 다른 절에서는 좀처럼 보기가 쉽지 않은 것입니다. 그런데
왜 여자를 밟고 있냐고요? 아름다움도 때로는 죄가 된다~
자신이 의도하지 않았지만 자신도 모르게 누군가에게 죄를
짓게 될 수도 있다는 원죄의식 같은 뭐 그런 심오한 뜻이 숨
어 있답니다.

우화루에서 누리는 여유로운 한때

정갈한 마당과 단정한 삼층석탑

표충사의 백미는 뭐니뭐니해도 중심 전각인 대광전과 마주 보고 자리 잡은 우화루입니다. 우화는 우리말로 하면 꽃비입니다. 불교에서는 부처님의 말씀을 꽃비에 견줍니다. 아름다운 꽃비가 세상을 적신다는 뜻이 담겨 있습니다. 이름처럼 아름다운 우화루는 규모는 웅장하지만 느낌은 마치 여염집의 사랑채처럼 푸근합니다.

누각이 있는 절은 많지만 우화루처럼 멋진 풍경을 배경 삼아 몸과 마음을 편히 쉴 수 있는 곳은 드물지요. 두 다리를 쭉 펴고 기둥에 기대고 눈을 감으면 쏟아져 내리는 물소리 바람소리 새소리로 세상 근심을 잊게 합니다. 대광전에서 부처님께 절을 올리는 사람들의 기원과 근심이 아득하게 느껴집니다.

김해

　김해를 대표하는 것은 우리나라에서 유일한 가야 전문 박물
관인 국립김해박물관입니다. 철을 녹이는 용광로를 상징하는
국립김해박물관 건물 외형은 금관가야로 영화를 누렸던 김해
의 정체성을 그대로 보여주고 있습니다.

　김해의 가야뿐만 아니라 경상도와 전라도의 가야까지 포괄하는 국
립김해박물관은 전국에서 찾아오는 학생들과 가족 단위 탐방객 그
리고 역사에 관심이 많은 사람들로 언제나 북적입니다. 박물관이 한
지역을 대표하는 상징물이 되기는 쉽지 않은데 김해는 이처럼 가야
의 본고장이라 해도 지나치지 않을 정도입니다.

수로왕은 몰랐던 '금관가야'

김해는 옛적 금관가야였다고들 합니다. '금관' 또는 '금관국'은 김부식이 지은 <삼국사기>에 나옵니다. '금관국 수로왕', '금관국주 김구해' 같은 표현이지요. 그렇다면 김해 지역에 있었던 가야 세력은 스스로를 금관이라고 했을까요? 수로왕이 나라를 세우고 그 이름을 금관이라고 붙였는지 궁금해집니다.

일연 스님이 편찬한 <삼국유사>를 보면 '가락국기'가 나옵니다. 시조 수로왕의 탄생에서부터 왕국의 멸망까지를 다룬 글입니다. 일연 스님은 '가락국기'는 고려 문종 시절에 김해 장관을 지낸 한 문인이 쓴 글인데 간추려 싣는다고 밝히며 "서기 42년에 수로왕이 왕위에 오르면서 나라를 대가락이라 하고 또 가야라고도 일컬었다"고 적었습니다. 그러므로 수로왕의 나라는 국명이 가락 또는 가야였습니다.

그러다가 신라 법흥왕에게 정복당하면서 금관군·금관소경으로 바뀌었고 '금관가야'라는 명칭은 고려 태조 왕건이 지었습니다. 금관가야는 말하자면 수로왕은 몰랐던 국명입니다. 그렇다면 신라는 지금 김해를 왜 금관이라 했을까요? 뚜렷한 기록은 있지 않습니다만 '쇠를 관리한다'는 정복자의 의지가 담겼다는 얘기가 있는데 그럴듯하게 여겨집니다. 쇠는 가락국의 중요 산물 가운데 하나였지요.

떨어져 있는 수로왕릉과 허왕후릉

분성산은 해발 382m로 그다지 높지는 않지만 정상에 서면 김해 시가지가 한눈에 들어옵니다. 분성산에서 동쪽을 바라보면 김해 한가운데로 해반천이 흐르고 있습니다. 북쪽에서 남쪽의 낙동강을 향해 나가는 해반천 언저리에는 가락국 관련 유적들이 줄줄이 자리 잡고 있습니다.

구지봉의 동쪽과 서쪽 기슭에 국립김해박물관과 수로왕비릉이 있고 그 아래에 대성동 고분군과 대성동고분박물관이 천변에 바짝 붙어 있습니다. 다음으로 가락국의 멋진 정원인 수릉원과 수로왕릉이 잇달아 있고, 회현리 조개더미를 포함하는 봉황동유적은 그보다 조금 아래 하류에 자리를 잡았습니다.

수로왕의 왕비인 허황옥에 대해서는 많은 자료가 나와 있는데 인도 아유타국에서 왔다는 전설 속 인물이라는 것은 널리 알려져 있습니다. 수로왕릉과 허왕후릉을 두고 사람들이 궁금해하는 것이 두 가지 있습니다. 첫째는 그 능묘가 아주 큰데다 신라 고분과 같은 형태를 하고 있다는 것이지요.

'가락국기'를 보면 수로왕과 수로왕비가 세상을 떠난 시점이 각각 서기 199년과 189년으로 나옵니다. 그런데 신라에서도 지금처럼 봉분이 커다란 고분은 서기 300년대에 만들어지기 시작했습니다. 그 이전에는 신라도 국가 형성기였고 왕권이 강하지 못해서 무덤 또한 크지 않았다고 합니다. 그러니 수로왕릉과 수로왕비릉 또한 처음부터 지금 같은 모습은 아니었습니다.

허왕후릉(위)과 수로왕릉

후대에 커다랗게 쌓아올렸다고 보는 편이 타당할 것입니다. 가락국 마지막 임금 구해왕(=구형왕)의 증손자인 김유신 장군은 신라 왕실의 외척이 됩니다. 거기에다 삼국 통일을 이룩한 주역으로 엄청난 존경 속에 커다란 권한을 누렸으니 충분히 가능한 일이었겠지요.

두 능묘가 지금과 같은 모습을 갖춘 것은 조선 선조 때로 알려져 있습니다. 조선 초기 한때를 빼고는 고려와 조선 두 왕조에서 모두 제대로 보살폈습니다. 김해에 부임한 수령들의 주요 임무 가운데 하나였으며, 임금이 직접 관심을 보이고 보호를 명한 적도 있을 정도였습니다.

다른 하나는 그 두 능묘가 함께 있지 않고 1km가량 거리를 두고 떨어져 있다는 것입니다. 부부인데도 왜 합장을 하거나 무덤을 나란히 조성하지 않고 저렇게 거리를 멀리 두었을까 궁금하게 생각합니다. 고려나 조선 시대는 대부분이 합장을 하거나 쌍분을 썼는데 수로왕 부부는 너무 멀리 떨어져 있으니까요.

2000년 전 고대 사회는 절대 왕권 시대가 아니고 여러 유력 부족이 연합해서 나라를 다스렸습니다. 고구려나 신라에서도 확인되는 현상으로 임금이 죽으면 왕족의 영역에 묻히고 왕비가 죽으면 왕비족의 영역에 묻히는 것입니다. 그러니 부부라 해도 제각각 무덤을 조성한 자리가 다를 수밖에 없었다는 얘기입니다.

대성동고분군과 봉황동유적

대성동고분군에는 서기 200년대부터 500년대까지 다양한 형태의 무덤이 있습니다. 크지 않은 초기 무덤은 구조도 단순했지만 300년대와 400년대 초반의 전성기에 해당하는 대형 무덤은 구조도 복잡하고 유물도 많으며 순장이 확인되기도 합니다. 하지만 이후에는 무덤이 다시 작아졌는데 이를 통해 가락국의 흥망성쇠를 짐작할 수 있습니다.

이는 철의 생산과 유통이라는 경제적 요인과 고구려의 침공이라는 군사적·정치적 요인이 밀접하게 관련돼 있습니다. 품질이 우수한 철을 독점 생산·유통할 수 있었던 시기와 그렇지 못한 시기로 구분이 되는 거지요. 400년의 고구려군 침공은 치명적이었습니다. 광개토왕이 5만 규모의 보병과 기병으로 유린한 이후로는 고분을 제대로 만들지 못할 정도로 기세가 꺾이고 말았습니다.

출토 유물로는 화폐 구실을 했던 덩이쇠와 납작도끼, 호랑이 모양 띠고리 등이 있어 재부의 수준을 보여줍니다. 중국제인 청동솥과 청동거울을 통해서는 대외교역이 활발했음도 알 수 있습니다. 일본계 유물도 있는데 이들은 대성동고분박물관에 갈무리돼 있습니다.

수로왕릉에서 남쪽으로 해반천 하류에 있는 봉황동유적은 가락국의 초기 시대 생활·항만 유적입니다. 생활 유적인 회현리 조개더미에서는 조개껍데기와 토기·짐승뼈·뿔도구·석기·가락바퀴·불탄쌀과 기원전 14년에 만든 중국 화폐인 화천이 나왔습니다. 해상 무역이 없었다면 화천은 나오지 않았겠지요.

대성동고분군의 청동기시대 고인돌(위)과 가락국 시기의 고분

해반천과 이어지는 습지에서는 선박 부재와 노, 배를 대는 접안시설이 출토되었습니다. 위쪽 평지와 언덕에서는 목책·토성, 움집·마루 높은 고상건물·망루 등이 확인됐습니다. 임금의 왕성과 일반 백성들의 주거지가 함께 있었던 거지요.

이렇듯 봉황동 일대는 1500~2000년 전에 교역을 하며 살았던 사람들의 생활 터전이었으며, 그 북쪽에 있는 대성동 고분군은 그 지배층의 사후를 위한 영역이었습니다.

해반천변에 조성된 중무장 기병과 보병

봉황동유적의 고상건물

유적으로 가득한 분성산

분성산성은 통일신라시대에 처음 쌓았고 고려 말기에 박위 장군이 왜구를 막기 위해 고쳐 쌓았으며 마지막 손질은 1871 년 흥선대원군 시절이었습니다. 화포가 발달해 있어서 산성 은 이미 쓰임새가 큰 존재가 아니었지만 정현석 김해부사가 다시 쌓았습니다. 아무래도 대원군의 쇄국정책이 영향을 끼 치지 않았나 싶습니다.

산마루에는 봉수대가 있고 그 아래에는 커다란 바위가 있 는데 대원군이 만장대라는 별칭을 내렸답니다. 충의각도 있 는데 정현석 부사가 산성을 고쳐 쌓은 그해에 '정국군박공위 축성사적비'와 '흥선대원군 만세불망비'를 여기에 세웠다고 합니다.

바위가 험한 남쪽은 빼고 나머지 삼면을 쌓아올린 분성산성은 그다지 가파르지 않은 굴곡을 따라 미끈한 곡선을 그려 보입니다. 정상에 오르면 바라보는 눈맛이 호쾌한데 옛날에도 마찬가지였던 모양입니다. 김해로 유배 왔던 고려 충신 정몽주가 "성을 다 쌓은 뒤에 밑에서 올려다보니 천 길 깎아지른 기세가 한 사람만 지켜도 만 명이 당해낼 수 없겠다"고 했을 정도이니까요.

　이런 분성산을 오르거나 멀리서 바라보거나 하는 김해 사람들은 늘 그 자리에 있으려니 그리 여길지도 모르겠습니다. 품고 있는 역사로 보나 시가지가 한눈에 담기는 멋진 형세로 보나 김해 사람들에게는 더없이 고마운 분성산입니다.

분성산성

또다른 항만 유적과 솟대 자리

봉황동에서 확인된 옛적 가락국의 항구 유적은 관동리에서 더욱 뚜렷한 모습으로 나타났습니다. 관동리가 지금은 내륙이지만 1500~2000년 전에는 바다와 붙은 갯벌 지대였습니다. 선착장 구실을 했던 뜬다리 자리와 창고건물 자리가 함께 발견됐습니다.

선착장을 오가며 물건을 운반했을 가야 시대의 도로도 나왔습니다. 양쪽으로 물 빠짐을 위한 도랑을 끼고 있었고 바닥은 돌을 깐 위에 진흙을 다져 넣어 만들었습니다. 조선 시대 도로도 확인됐는데 단단한 정도는 오히려 오래된 가야 시대의 것이 더 나아 눈길을 끌기도 했지요. 이처럼 우리나라에서 보기 드물 정도로 제대로 갖춘 항구 유적이지만 '관동유적모형관'만 하나 들어서 있을 뿐입니다.

율하리 유적은 우리나라에서 유일하게 솟대 자리가 확인된 곳입니다. 솟대는 지금도 마을 어귀에서 손쉽게 볼 수 있습니다. 원래는 영역을 구분하는 기능을 하면서 마을로 들어오는 액을 막고 하늘나라와 사람 세계를 이어주는 역할을 겸했습니다. 지금은 의미보다는 대부분 장식용으로 만듭니다.

옛날 솟대 자리가 발견된 '김해율하유적공원'은 사방이 아파트 단지로 둘러싸인 채 건물 숲속에 섬처럼 남았습니다. 구멍 자리가 점점 흙으로 메워져 흔적을 찾는 게 쉽지가 않습니다. 솟대 자리에 새로 솟대를 만들어 표시를 하면 좋을 것 같습니다.

청동기시대의 공동묘지 율하리 유적

율하리 유적은 하나 더 있습니다. '김해율하유적전시관'이 있는 일대입니다. 전시관 주변에는 크고 작은 고인돌이 엄청나게 많습니다. 옛적 커다란 공동묘지였지 싶습니다. 나름 특징이 뚜렷한 고인돌 유적지에 잔디가 깔리고 손쉽게 드나들 수 있게 된 것은 다행스러운 일입니다. 하지만 근처에 사는 사람조차 제대로 가치를 알지 못하는 것은 좀 아쉽지요.

고인돌은 청동기시대를 대표하는 무덤 양식으로 전국에 널리 퍼져 있습니다. 전 세계 고인돌의 60%가량이 우리나라에 있다니 고인돌의 나라라 해도 지나침이 없을 것 같습니다. 전라도의 고창·화순과 인천의 강화도 고인돌은 세계문화유산으로 등재돼 있기도 합니다.

율하리 고인돌 유적을 돌아보면 다양한 형태의 무덤을 볼 수 있습니다. 묘역의 규모가 큰 무덤도 있고 어린아이가 묻혔을 법한 작은 무덤도 보입니다. 땅속 깊이 묻고 지표면까지 바위와 돌을 층층이 쌓아 넣은 무덤도 있고 얕게 묻고 돌널만 두른 무덤도 있습니다. 큰 고인돌이 대표성을 띠다 보니 고인돌이라면 당연히 권력자의 무덤일 것이라는 인식이 강하지만 다양한 형태에서 짐작할 수 있듯이 권력이 없는 사람도 묻힐 수 있는 당시의 일반적인 무덤 양식이었습니다.

우리나라에 고인돌이 많다는 것은 한반도에서 일찍부터 문명 생활을 한 세력이 있었다는 것을 보여줍니다. 사람들이 모여서 죽은 이를 기억하고 기리기 위해 무덤을 만들고 꾸미는 행위는 먹고 사는 일이 우선 해결되지 않았다면 생각하기

대형 고인돌의 하부 구조(위)와 작은 고인돌의 내부 모습

어려운 일이지요.

율하리 고인돌에서는 둘레에 촘촘하게 돌을 박아 놓은 것을 쉽게 볼 수 있습니다. 고인돌의 주인공이 생전에 가졌던 권력의 크기를 표현하는 방법이었다고 합니다. 확보한 영역이 넓을수록 권력도 그만큼 컸다고 볼 수 있습니다.

이것이 경상도를 대표하는 양식이라면 전라도 고인돌은 부장품의 화려함과 그 개수로 권력을 나타냈다고 하니 재미있는 일이지요. 모르고 보면 그냥 그러려니 싶겠지만 알고 보면 그만큼 생각해볼 만한 것들이 많아집니다.

'김해율하유적전시관' 안에는 무덤 내부가 드러나 있는 고인돌이 있는데 굉장히 실감나게 만들어졌습니다. 실제 무덤을 그대로 복원한 것이 아닌가 착각할 정도입니다. 발굴 당시 A-1지구에 있던 무덤을 바탕삼아 모형으로 만든 것이라고 합니다. 고인돌의 겉모습에 익숙해져 있던 사람들은 고인돌 내부를 생생하게 들여다볼 수 있어 흥미롭습니다.

구지봉의 고인돌

지금껏 김해 문화유산하면 구지봉과 수로왕릉·수로왕비릉을 떠올릴만큼 지나치게 그쪽으로만 치우쳐 있었습니다. 그러다보니 다른 빛나는 문화유산이 많음에도 상대적으로 묻히게 되는 아쉬움이 있었지요.

고대 항구 유적지를 잘 보존하여 관광자원으로 활용하는 일본이나 다른 나라의 경우를 타산지석으로 삼아도 좋을 것 같습니다. 율하리 고인돌 유적과 관동리 항만 유적, 김해 시가지 유적과 분성산을 잘 연결해서 만들어낸다면 김해의 훌륭한 역사·문화 자산이 되지 않을까 싶습니다.

국립김해박물관

국립박물관은 한 시·도에 하나씩 있는 경우가 대부분이지만 경남에는 두 개가 있습니다. 임진왜란 전문박물관인 국립진주박물관과 가야 전문박물관인 국립김해박물관입니다. 국립김해박물관은 김해 가락국과 경남뿐만 아니라 경북·전남·전북 등 가야 전체의 역사와 유물을 함께 아우르고 있습니다.

국립김해박물관의 건물 외관은 철의 나라였던 가야의 특징을 제대로 보여주고 있습니다. 철광석 원석에서 쇠를 뽑아내려면 불을 잘 다룰 줄 알아야 했는데 철의 나라라는 이미지에 걸맞게 검은색을 띤 용광로 모양을 하고 있습니다.

박물관이나 기념관은 겉모습으로 무엇인가를 상징하는 경우가 많습니다. 이순신 장군의 옥포해전을 기리는 옥포대첩기념관은 판옥선 모양이고 함안박물관은 대표 유물인 불꽃무늬 토기로 겉모습을 꾸몄습니다. 박물관을 찾을 때 건물 모양을

국립김해박물관

자세히 들여다보면서 특징을 짐작해보는 것도 제대로 즐기는 방법입니다.

국립김해박물관은 철과 관련된 유물이 많습니다. 청동기시대를 지나 철기시대로 접어들면서 본격적인 권력이 형성됩니다. 금과 은으로 용과 봉황무늬를 새겨 넣은 둥근고리큰칼과 장식이 화려한 미늘쇠 등의 유물을 통해 강한 권력을 가진 통치자가 있었음을 알 수 있습니다.

오늘날 화폐와 같은 기능을 했던 덩이쇠는 중국과 일본, 고구려·신라·백제에 수출했던 것으로 가야의 정체성을 잘 보여주는 것입니다. 무사가 착용했던 갑주투구, 전투마에게 씌웠던 말갑옷과 말얼굴가리개, 그리고 기꽂이와 등자 같은 다양한 말갖춤은 튼튼한 군사력을 갖춘 가야 세력의 실체를 일러 줍니다.

죽은 사람의 영혼을 저승으로 싣고 가는 수단으로 여겼다는 수레바퀴모양 토기에서 옛날 사람들의 세계관도 짐작해 볼 수 있습니다. 권력자의 위세품인 미늘쇠에 붙어 있는 새 모양 장식도 수레바퀴모양 토기와 마찬가지 기능을 했으리라 여겨집니다.

봉하마을과 화포천

노무현 전 대통령의 생가가 있는 봉하마을 근처에는 화포천이 있습니다. 지금은 잘 다듬어져서 많은 사람들이 즐겨 찾는 생태 공원이 되었지요. 하지만 화포천이 이런 모습을 갖추게 된 것은 그리 오래 된 일이 아닙니다.

화포천의 새벽

쓰레기로 덮여 있던 화포천에 일찍부터 관심을 가진 사람이 노무현 대통령이었습니다. 당시 화포천의 아름다움이 조금씩 알려지고 있었지만 곳곳에 뒹구는 쓰레기는 치울 엄두를 내지 못하는 상황이었지요. 고향에서 농사를 지으며 살고 싶었던 노무현 대통령은 화포천 살리기에 몸소 나섰습니다. 주민들과 함께 쓰레기를 치우고 봉하 들녘을 친환경농업으로 가꾸기 시작하면서 지금의 화포천이 만들어졌습니다.

  화포천이 깨끗해졌다는 것은 일본에서 태어난 황새 봉순이의 방문으로 확인이 되었습니다. 우리나라에서는 멸종된 황새가 일본 도요오카시로부터 날아들었습니다. 대한해협을 건넌 이 최초의 황새에게 봉하마을을 찾은 암컷 황새라는 뜻으로 봉순이라는 이름이 붙었습니다.

화포천의 산책로

황새는 덩치가 커서 먹을거리가 풍성해야 살 수 있습니다. 오염된 산천에서는 미꾸라지나 드렁허리 같은 황새의 먹을거리가 제대로 살지 못합니다. 우리가 멸종된 황새를 되살리려는 것은 생태계 복원과 관련이 있습니다. 새들이 살기 힘든 곳에서는 인간 또한 살아가기가 어렵기 때문이지요.

봉하마을은 정치적인 성향의 여부와 상관없이 임기를 마친 대통령이 고향으로 돌아와 살았던 최초이고 유일한 마을이라는 점에서 큰 의의가 있습니다. 모두들 서울로 서울로 몰려가는 세상에 퇴직한 대통령이 고향으로 돌아와 고향을 가꾸며 산다는 것은 그만큼 상징성이 높은 일이기도 합니다.

양산

　부산에 인접한 양산은 오래된 역사와 전통을 뒤로 한 채 이제 아파트 숲이 빽빽하게 들어선 신도시의 이미지가 가장 먼저 떠오르는 곳이 되었습니다. 그런 만큼 역사에 관심을 가지고 보존하는 일이 더욱 중요한 과제가 된 셈이지요.

　통도사를 빼놓고 이야기하기가 어려운 곳이 양산입니다. 문화재청에 등재돼 있는 양산의 문화재는 2021년 현재 모두 263개입니다. 이 가운데 통도사가 보유하고 있거나 관련돼 있는 것이 175개로 전체의 66.5%를 웃돌고 있습니다. 통도사를 제대로 모르고는 양산을 이야기할 수 없는 까닭입니다.

양산을 압도하는 통도사

통도사는 삼보사찰 중 하나로 석가모니 부처님의 진신사리를 모시는 불보사찰입니다. 통도사를 지은 신라의 자장율사는 석가모니의 정수리뼈와 진신사리를 인도에서 가져와 금강계단을 꾸렸습니다.

스님이 되려면 먼저 지켜야 할 계율을 받아야 하는데 그런 수계의식을 중국이나 인도가 아니라 우리나라에서 행할 수 있게 된 최초 건축물이 통도사 금강계단입니다. 금강계단의 설치는 신라 불교가 자립할 역량을 갖췄음을 안팎에 표방한 것으로 의미가 큽니다.

금강계단 앞에 있는 건물이 통도사의 중심 전각입니다. 들어가면서 보는 정면에 대웅전 현판이 걸려 있고 왼쪽으로 돌면 금강계단, 다시 왼쪽으로 돌면 대방광전 현판이 걸려 있습니다. 그리고 금강계단 쪽에 달린 현판은 적멸보궁입니다.

통도사 금강계단

네 개의 현판이 걸려 있는 이 중심 건물 안에는 불상이 모셔져 있지 않습니다. 대신 정면에다 금강계단이 보이도록 창을 내었습니다. 금강계단에는 부처님 정수리뼈와 진신사리가 모셔져 있습니다. 사람이 만든 불상이 아니라 진짜 부처님을 모시고 있는 것이지요.

통도사에는 현세불인 석가모니불과 미래불인 미륵불을 이어주는 장치가 있습니다. 용화전 앞 봉발탑이 주인공입니다. 봉발탑은 쉽게 보기 어려운 탑으로 독특한 모양을 하고 있습니다. 스님들이 밥 먹을 때 쓰는 발우를 엎어놓은 듯합니다. "석가모니의 발우와 가사를 미래에 출현할 미륵불에게 드리기 위해 그 제자인 가섭이 인도 계족산에서 멸진정에 들어 기다리고 있다"는 불경에서 봉발탑의 의미를 찾을 수 있습니다.

봉발탑

구룡지

　통도사 맨 안쪽 대웅전과 삼성각 사이에는 자장율사가 항복
시킨 아홉 마리의 용 가운데 눈먼 한 마리가 통도사를 지키
기 위해 살고 있습니다. 조그만 연못 구룡지가 그 자리입니
다. 절에 있는 연못은 보통 극락을 상징하기도 하지요. 하지
만 절에는 불에 타기 쉬운 목조건물이 많다 보니 소화기 역
할을 하기도 했습니다.

　이뿐만이 아니라 불을 막기 위한 비방은 여러 가지가 있습
니다. 통도사 전각 처마 아래 앞으로 튀어나온 공포 위 곳곳
에는 소금을 담은 조그만 단지가 놓여져 있습니다. 소금은
바다에서 나기 때문에 불과 상극인 물을 뜻하지요. 이 정도
만 이야기를 해도 절간에 소금단지를 두는 이유를 금방 눈치
를 챌 수 있을 겁니다

문화재와 돌아볼 암자가 많은 통도사는 사람들의 발길이 끊이질 않습니다. 절을 찾는 사람들 중에 소금단지의 내력을 제대로 알고 눈여겨 챙겨보는 이가 그리 많지 않을 것 같습니다. 알고 보면 눈에 담기는 것들이 그만큼 많아지기 마련이지요.

합천 해인사는 이와는 좀 다른 비방을 씁니다. 스님들이 날을 정해 땅에다 소금을 묻었는데 그 장소는 아무에게도 알리지 않았다고 합니다. 그래야 효험이 있다고 믿었던 거지요. 그런데 지금은 널리 알려 사람들과 함께 소금단지를 묻는 행사를 진행합니다. 소방시설이 잘 갖추어진 요즘도 화재 소식을 종종 접하게 되는 걸 보면 그야말로 불과의 전쟁입니다.

전각 기둥 위에 놓인 소금단지

무풍한송길

　통도사는 아름다운 암자가 많은 것으로도 유명합니다. 암자
는 원래 산속 깊은 곳에 있는 스님들의 수행 장소로 알려져
있지요. 하지만 지금은 세상이 변해 사람들과 소통을 할 수
있도록 암자 순례길을 만들어 놓았습니다. 소나무·참나무 갖
은 나무가 뿜어내는 맑은 향기를 마시며 길을 걷다 보면 절로
힐링이 되는 것을 느낄 수 있습니다.

　통도사 들머리에는 잘 자란 소나무 길이 있습니다. '무풍한
송길'이라는 이름이 붙어 있는데 바람이 춤추는 시원한 소나
무 길이라는 뜻이지요. 자태가 멋진 소나무들이 찾는 이들을
반깁니다. 솔향과 시원한 그늘과 계곡 물소리를 따라 걷기에
더없이 좋습니다. 이 길에 들어서면 절로 고개가 끄덕여지는
부처님의 말씀들이 눈길을 붙잡습니다. 중생에게 베풀 수 있
는 가장 공평한 자비가 이런 게 아닐까 싶습니다.

만고 충신 박제상

양산 역사의 첫머리에는 박제상이 있습니다. 신라 눌지왕 시절 고구려와 왜에 볼모로 보내졌던 임금의 동생 둘을 목숨을 희생해 가며 귀환시킨 만고 충신입니다. 삽량주, 지금 양산의 우두머리였던 그는 임금의 요청에 따라 고구려에 가서 아우 복호를 데려옵니다. 곧이어 왜에 들어가 또 다른 아우 미사흔을 도망치게 한 다음 본인은 붙잡혀 불에 태워 죽임을 당했습니다.

<삼국사기>에는 당시 정황이 이렇게 적혀 있습니다. "왜인을 말로써는 깨우칠 수 없으니 마땅히 속이는 꾀로 돌아오게 해야 하겠습니다. 제가 왜국으로 가거든 제가 나라를 배반했다는 죄를 내려서 그들에게 이 소문을 들리게 해주십시오"

죽음을 각오하고 왜국으로 건너간 박제상은 둘 다 도망치면 모두 잡혀 죽게 된다는 것을 미리 알고 본인은 남는 대신 미사흔만 빼돌렸습니다. 왜왕은 박제상을 곧바로 귀양 보냈다가 얼마 뒤에 나무를 쌓고 불을 질러 온몸을 태운 뒤 그의 목을 베었습니다.

일연 스님은 <삼국유사>에서 박제상이 죽음에 이르는 전말을 자세하게 적었습니다. "나는 계림(신라)의 신하이지 왜국의 신하가 아니다. 차라리 계림의 개·돼지가 될지언정 왜국의 신하는 될 수 없으며 차라리 계림의 매를 맞을지언정 왜국의 벼슬과 녹은 받을 수 없다."

화가 난 왜왕은 죽이기 전에 발바닥 가죽을 벗기고는 갈대 위를 달리게 했습니다. 갈대잎 가장자리는 닿으면 베일 만큼 예리합니다. 벗겨진 발바닥에서 얼마나 많은 피가 흘렀을까요. 갈대잎의 불그스럼한 자국을 두고 박제상의 피라고 하는 까닭이 여기에 있습니다.

박제상의 행적을 살펴보면서 여러 가지 생각을 해보게 됩니다. 신라 시조인 박혁거세의 후손으로 신라 왕족이었기에 나라와 임금을 위해 목숨을 바칠 수 있었다는 것은 당시 사회의 분위기나 조건으로 보자면 충분히 가능한 일이라 여겨집니다.

하지만 박제상의 죽음은 혼자만의 비극으로 끝나지 않았습니다. 박제상이 죽은 후 아내는 남편을 기다리다 망부석이 되었고, 아들 백결 선생은 기운 옷을 또 기워 입을 정도로 찢어지게 가난하게 살았다고 합니다. 설령 박제상이 남겨진 가족의 비극을 짐작했다 하더라도 그의 선택은 달라지지 않았겠지요.

권력을 개인의 욕망을 실현하는 수단으로 여기는 것은 시공을 초월해 크게 다르지 않을 겁니다. 지금도 권력을 등에 업고 호가호위하며 부귀영화를 탐하는 많은 사람들을 보고 있으니까요. 아무나 할 수 없는 일을 해낸 박제상이 역사 속 위대한 인물로 남을 수 있었던 까닭입니다.

일본과의 관계는 지금도 여전히 극복해야 할 과제로 남아 있습니다. <삼국사기>의 기록에 따르면 신라는 건국 이래 서기 500년까지 왜로부터 서른두 차례 침공을 당했다고 나옵니다. 이런 기록까지 새삼 떠올리지 않더라도 왜로부터 우리 민족이 당한 고통은 참으로 그 뿌리가 깊고 오래됐다는 생각이 듭니다.

박제상을 기리기 위해 1946년 세워진 사당이 효충사입니다. 사당 자리는 박제상 생가터로 전해지고 있는데, 박제상과 아들 백결 선생의 초상과 위패가 모셔져 있습니다. 백결 선생은 평생 가난하게 살면서도 세상을 달관하고 거문고 연주에 높은 수준을 보인 명인이었습니다.

　근처에 있는 춘추공원의 삼조의열단에는 박제상을 기리는 빗돌이 모셔져 있습니다. 삼조의열은 세 조정의 의로운 인물이라는 뜻입니다. 신라조의 충신은 박제상이고 고려조와 조선조의 충신은 각각 양산방어사로서 왜적을 무찌른 김원현과 임진왜란 때 동래성 전투에서 전사한 양산군수 조영규입니다.

삼조의열단

나라에서 제사를 지낸 나루 가야진

　원동면 용당리에 있던 나루 가야진도 양산 역사가 오래되었음을 말해줍니다. <세종실록지리지>는 "가야진은 속칭 옥지연인데 신룡이 있다고 하여 해마다 봄과 가을에 향촉을 내려 제사를 지낸다"고 적었습니다. 국가 차원에서 제사를 지낼 정도로 중요한 자리였다는 얘기입니다.

　가야진은 가야와 신라가 경계를 맞대고 영토를 다투었던 역사의 현장입니다. <삼국사기>를 보면 가야진 동남쪽 지금의 물금읍 일대로 짐작되는 황산진 어귀에서 신라 군사가 가야와 싸워 이겼다는 기록이 나옵니다. 신라 임금이 가야를 치려고 황산진 일대에서 낙동강을 건넜다는 얘기도 적혀 있습니다.

가야진사

가야진 앞 낙동강은 깊고 조용합니다. 맞은편 김해 땅에는 용산이 낙동강을 향해 튀어나와 있습니다. 요즘은 3월에만 하지만 전에는 음력 2월 봄철과 음력 8월 가을에 제사를 올렸으며 날이 가물면 따로 기우제를 지냈습니다. 이밖에 임금이 아프거나 특별한 일이 생겼을 때도 제사를 지냈다고 합니다.

2010년 가야진사 일대에서 문화재 발굴을 한 적이 있었습니다. 사당 등 건물터 둘과 제사에 썼던 소대가리 모양 그릇을 비롯해 여러 분청사기와 기와가 나왔습니다. 이 또한 예로부터 가야진이 중요한 나루였음을 증명하는 것들이지요. 지금은 가야진사를 비롯한 건물들도 살펴보면서 쉬거나 놀 수 있도록 일대를 잘 다듬어 놓았습니다.

황산잔도와 용화사

물금읍에서 원동면 화제리 토교마을에 이르는 낙동강변 험한 비탈길을 황산잔도라고 합니다. 이런 벼랑길이 여기 말고는 밀양에 작원잔도가 있고 경북 문경에 토끼비리가 있습니다. 밀양의 작원잔도는 황산잔도에서 낙동강을 끼고 조금 올라가면 바로 나옵니다.

이와 같은 잔도들은 조선 시대에 서울과 동래를 잇는 동래로의 일부였습니다. 임진왜란 때 왜군도 이곳을 지나 북진을 했습니다. 길이 험하고 좁기 때문에 여기를 막으면 적군을 물리칠 수 있었는데 그때는 전혀 대비하지 못해 그럴 겨를조차 없었습니다. 황산잔도는 무인지경으로 왜적에게 내줬고 그나마 작원잔도에서 하루 남짓 버틴 것이 전부였습니다.

가야진사 낙동강변의 목련

원래 있었던 황산잔도는 일제가 경부선 철도를 만들면서 덮어써서 사라졌습니다. 지금은 옛 황산잔도를 따라 낙동강 위로 탐방로가 놓여 있습니다. 길 따라 걷다 보면 동래부사 정현덕선정비를 만날 수 있는데 옛날에는 사람들이 쉽게 볼 수 있도록 황산잔도처럼 통행이 많은 길목에 비석을 세웠습니다.

근처 용화사에도 황산잔도와 관련된 유물이 있습니다. 마당 한켠에 있는 빗돌 가운데 왼편에 황산잔로비라고 새겨져 있습니다. 오른쪽 빗돌은 지장보살을 기리는 것으로 한글과 한자가 함께 적혀 있어서 이채롭습니다.

용화사는 낙동강을 앞에 두고 있어 풍경이 아주 좋습니다. 양산과 낙동강을 무대로 깊고 풍성한 문학작품을 창작한 요산 김정한의 소설 '수라도'에도 등장합니다. 전각은 대웅전과 산신각이 전부인데 크고 멋진 나무 한 그루가 이 조그만 절간에 온통 그늘을 내려주고 있습니다.

북정리고분군과 양산시립박물관

북정리고분군은 양산을 대표하는 고대 유적입니다. 5~6세기에 걸쳐 조성된 크고 작은 고분들이 언덕배기에 들어서 있습니다. 이들 고분은 형식은 가야지만 안에 들어 있는 내용은 신라라는 특징이 있습니다.

신라 고분은 평지에 있지만 북정리고분군은 산기슭에 능선을 따라 있습니다. 가야 고분에서는 토기가 많이 나오지만 북정리고분군에서는 신라의 경주에 있는 대형 고분에서 주로 나오는 금동제 장식품이 많이 나왔습니다. 이로써 북정리고분군의 주인공들이 신라에 일찌감치 포섭된 가야 세력이었음을 짐작할 수 있습니다.

 북정리고분군 가운데 가장 유명한 것은 부부총과 금조총입니다. 부장품이나 무덤의 위치와 규모를 가지고 어느 시대 어떤 부류의 무덤인지는 짐작하지만 주인이 정확히 누구인지는 밝혀지지 않아서 '능'이 아니라 '총'이라 부르게 되었습니다.

 부부가 함께 묻힌 부부총은 5세기 중반에 숨진 남편의 무덤을 먼저 만들었고 그 뒤 아내가 숨지자 함께 묻었습니다. 우리나라에서 순장이 확인되는 마지막 무덤이라는 특징도 있습니다. 생전에 모시던 주인이 죽었을 때 주인을 모셨던 사람까지 함께 묻는 것이 순장입니다. 지금 관점에서 보면 이보다 더 끔찍한 제도가 있을까 싶습니다.

북정리고분군

순장을 할 때 산 사람을 그대로 묻었을까요? 아니면 죽여서 묻었을까요? 끔찍하기로 치자면 더하고 덜하고가 없겠지만 그래도 산 사람을 그대로 묻는 것은 너무 잔인하지요. 살아 있는 채로 묻을 수는 없는 노릇이어서 미리 목숨을 끊은 다음에 묻었다고 합니다.

금조총은 1990년에 부부총을 재조사하다가 발견됐습니다. 금으로 만든 새다리 장식품이 나와서 금조총이라는 이름을 얻었습니다. 이것만 발굴된 것은 아닙니다. 금동모자, 금귀걸이, 금팔찌, 은제 허리띠, 청동솥, 철제품, 토기 등이 출토됐습니다. 구릉 정상에 커다랗게 자리잡은 부부총과 달리 그 아래 비탈에 놓여 있던 조그만 금조총에서 이렇게 많은 유물이 나왔으니, 당시 많은 사람들이 놀라워했을 만도 합니다.

양산시립박물관은 북정리고분군 아래에 있습니다. 북정리고분군에서 발굴된 유물들을 보관·전시해야 마땅하지만 정작 진귀한 유물들은 일본에 빼앗기는 바람에 복제품이 많습니다. 일제강점기인 1920년에 발굴을 당했고 무덤 안에 있던 유물은 일본 도쿄국립박물관에 많이 옮겨가 있습니다.

양산 사람들은 그동안 약탈당한 문화재를 되찾아오는 환수 운동을 꾸준히 벌여왔습니다. 2013년 4월 양산유물전시관으로 시작해 이듬해에 지금 이름으로 바꾼 양산시립박물관도 문화재 환수 운동에 힘을 보태왔습니다.

2013년 10월부터 이듬해 1월까지 열린 양산 지명 600주년 기념 특별전 '백년만의 귀환, 양산 부부총'은 그런 노력으로 일군 작은 결실이었습니다. 도쿄국립박물관에 있는 부부총 출토 유물 68개를 빌려오는 형식으로나마 고향 나들이를 시켰던 겁니다. 약탈 문화재에 대한 시민들의 관심을 한 번 더 높이는 계기도 되었지만 지속적인 행사로 이어지지 못한 아쉬움은 어쩔 수 없었습니다.

문화재 환수는 결코 쉽지 않은 일이고 비단 우리나라만의 일도 아닙니다. 식민 지배를 받았던 약소국가들로부터 강대국들이 약탈한 유물이 세계 곳곳에 흩어져 주인을 잃은 채 떠돌고 있는 게 현실이니까요.

양산시립박물관은 문을 열고 난 후 짧은 시간 동안 다양한 행사와 지역 밀착 기획으로 많은 시민을 끌어들이는 데 성공을 했습니다. 열성으로 활동하지 않고서 내실이 있는 박물관을 만들기는 쉽지 않겠지요. 지역박물관이 어떤 역할을 해야 하는지를 양산박물관은 잘 보여주고 있습니다.